ALS GOTT DEN LIEBEN MOND ERSCHUF

Die Gedichte und Geschichten in diesem Buch haben Dichter geschrieben. Damit man sich vorstellen kann, in welcher Zeit und wo sie gelebt haben, findet man bei jedem Dichternamen Datum und Ort von Geburt und Tod. Und weil es früher im allgemeinen nicht üblich gewesen ist, daß Dichten als Broterwerb betrachtet wurde, sind auch die Berufe notiert worden. Vignetten und Illustrationen, die nicht bezeichnet sind, haben wir in alten Kalendern und Almanachen gefunden.

Als Gott den lieben Mond erschuf

Ein deutsches Lesebuch.
Herausgegeben von
Sybil Gräfin Schönfeldt.

Annette Betz Verlag

Wer der Dichtkunst Stimme nicht vernimmt,
ist ein Barbar, er sei auch, wer er sei.

GOETHE

Man sollte alle Tage wenigstens ein kleines Lied hören,
ein gutes Gedicht lesen, ein treffliches Gemälde sehen,
und wenn es möglich zu machen wäre,
einige vernünftige Worte sprechen.

GOETHE

Wenn sich die Sprüche widersprechen,
ist's eine Tugend und kein Verbrechen.
Du lernst nur wieder von Blatt zu Blatt,
daß jedes Ding zwei Seiten hat.

HEYSE

Wie die Welt von morgen aussehen wird,
hängt zum großen Teil vom Maß der Einbildungskraft jener ab,
die heute lesen lernen. Deshalb brauchen die Kinder Bücher.

LINDGREN

Kannst du nicht allen gefallen durch deine Tat und dein Kunstwerk,
mache es wenigen recht,
vielen gefallen ist schlimm.

SCHILLER

Wer für Erwachsene schreibt, schreibt für die Zeit.
Wer für die Kinder schreibt, für die Ewigkeit.

ANDERSEN

ALS GOTT DEN LIEBEN MOND ERSCHUF

EIN DEUTSCHES LESEBUCH
HERAUSGEGEBEN VON SYBIL GRÄFIN SCHÖNFELDT
GESTALTET VON MARTIN ANDERSCH

Der Mensch braucht den Dichter, um das auszusprechen,
was er selbst nicht auszudrücken vermag.

GOETHE

Wenn die Bevölkerung einer Nation
gute Bücher in Fülle hat, wird sie im Licht leben.

COMENIUS

Ich möchte mich der wundersamen Historien,
so ich aus zarter Kindheit herübergenommen
oder auch wie sie mir vorgekommen sind,
in meinem Leben nicht entschlagen, um kein Geld.

LUTHER

Das Auswendiglernen und Auswendigwissen
von Gedichten oder von Stellen aus Gedichten
verschönert das einsame Leben
und erhebt oft in bedeutenden Augenblicken.

HUMBOLDT

WIEN MÜNCHEN

ANNETTE BETZ VERLAG
1979

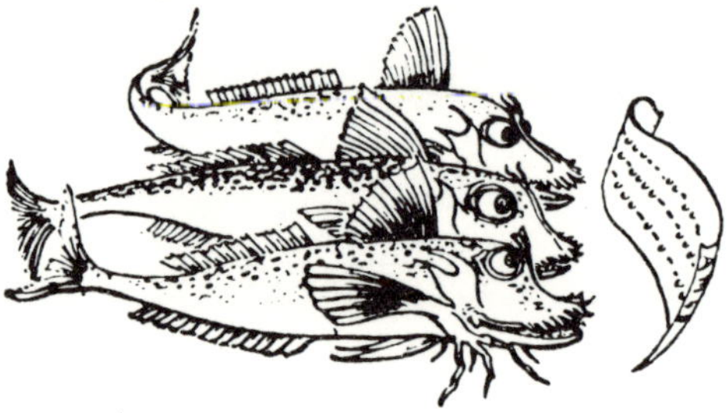

ISBN 3 7641 0154 7

B 211/1

Umschlag und grafische Gestaltung
von Martin Andersch

Papier und Gesamtherstellung:
Salzer-Ueberreuter, Wien
Printed in Austria

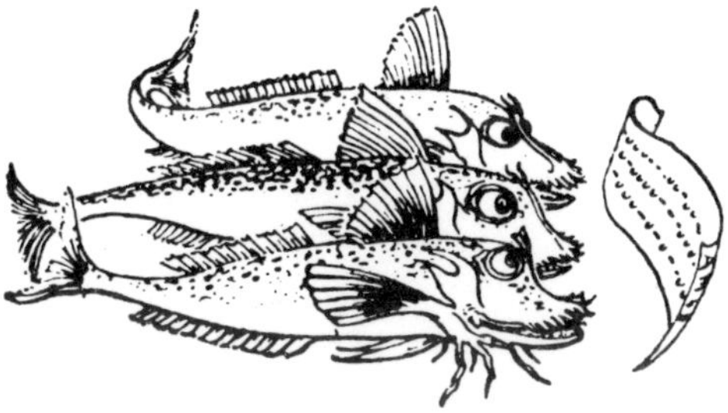

ALFRED MAHLAU 1948

INHALT

Ein alphabetisches Verzeichnis der Gedichtanfänge befindet sich am Ende des Buches.

IN DER FRÜHE

(1)

CHRISTIAN MORGENSTERN

Geboren am 6. Mai 1871
in München,
Schriftsteller,
Übersetzer, Redakteur,
gestorben am
31. März 1914
in Meran

DER MOND

Als Gott den lieben Mond erschuf,
gab er ihm folgenden Beruf:

Beim Zu- sowohl wie beim Abnehmen
sich deutschen Lesern zu bequemen,

ein A formierend und ein Z – daß keiner groß
zu denken hätt'.

Befolgend dies, ward der Trabant
ein völlig deutscher Gegenstand.

(2)

JOSEPH FREIHERR VON EICHENDORFF

Geboren am 10. März 1788
in Lubowitz bei Ratibor,
Regierungsrat in Danzig,
gestorben am
26. November 1857
in Neisse

WÜNSCHELRUTE

Schläft ein Lied in allen Dingen,
die da träumen fort und fort,
und die Welt hebt an zu singen,
triffst du nur das Zauberwort.

(3)

JOHANN WOLFGANG VON GOETHE

Geboren am 28. August 1749
in Frankfurt am Main,
Rechtsanwalt in Frankfurt,
Minister in Weimar,
gestorben am
22. März 1832
in Weimar

DAS GÖTTLICHE

Edel sei der Mensch,
hilfreich und gut!
Denn das allein
unterscheidet ihn
von allen Wesen,
die wir kennen.

Heil den unbekannten
höhern Wesen,
die wir ahnen!
Ihnen gleiche der Mensch;
sein Beispiel lehr' uns
jene glauben.

Denn unfühlend
ist die Natur:
Es leuchtet die Sonne
über Bös' und Gute,
und dem Verbrecher
glänzen wie dem Besten
der Mond und die Sterne.

Wind und Ströme,
Donner und Hagel
rauschen ihren Weg
und ergreifen
vorübereilend
einen um den andern.

Auch so das Glück
tappt unter die Menge,
faßt bald des Knaben
lockige Unschuld,
bald auch den kahlen
schuldigen Scheitel.

Nach ewigen, eh'rnen,
großen Gesetzen
müssen wir alle
unseres Daseins
Kreise vollenden.

Nur allein der Mensch
vermag das Unmögliche:
Er unterscheidet,
wählet und richtet;
er kann dem Augenblick
Dauer verleihen.

Er allein darf
den Guten lohnen,
den Bösen strafen,
heilen und retten,
alles Irrende, Schweifende
nützlich verbinden.

Und wir verehren
die Unsterblichen,
als wären sie Menschen,
täten im Großen,
was der Beste im Kleinen
tut oder möchte.

Der edle Mensch
sei hilfreich und gut!
Unermüdet schaff' er
das Nützliche, Rechte,
sei uns ein Vorbild
jener geahneten Wesen!

(4)

MARTIN RINCKART

Geboren am 23. April 1586
in Eilenburg,
Geistlicher,
gestorben am
8. Dezember 1649
in Eilenburg

NUN DANKET ALLE GOTT

Nun danket alle Gott mit Herzen, Mund und Händen,
der große Dinge tut an uns und aller Enden,
der uns von Mutterleib und Kindesbeinen an
unzählig viel zu gut und noch jetzund getan.

Der ewig reiche Gott woll' uns auf unser Leben
ein immer fröhlich Herz und edlen Frieden geben;
und uns in seiner Gnad' erhalten fort und fort,
und uns aus aller Not erlösen hier und dort.

Lob, Ehr' und Preis sei Gott, dem Vater und dem Sohne
und dem, der beiden gleich im höchsten Himmelsthrone;
dem dreimaleinen Gott, als der ursprünglich war
und ist und bleiben wird jetzund und immerdar.

(5)

MATTHIAS CLAUDIUS

Geboren am 15. August 1740
in Reinfeld in Holstein,
Revisor bei der
schleswig-holsteinischen Bank
in Altona,
gestorben am
21. Januar 1815
in Hamburg

TÄGLICH ZU SINGEN

Ich danke Gott und freue mich
wie 's Kind zur Weihnachtgabe,
daß ich bin, bin! Und daß ich dich,
schön menschlich Antlitz! habe;

daß ich die Sonne, Berg und Meer
und Laub und Gras kann sehen
und abends unterm Sternenheer
und lieben Monde gehen;

und daß mir denn zumute ist,
als wenn wir Kinder kamen
und sahen, was der heil'ge Christ
bescheret hatte, Amen!

Ich danke Gott mit Saitenspiel,
daß ich kein König worden;
ich wär' geschmeichelt worden viel
und wär' vielleicht verdorben.

Auch bet' ich ihn von Herzen an,
daß ich auf dieser Erde
nicht bin ein großer reicher Mann
und auch wohl keiner werde.

Denn Ehr' und Reichtum treibt und bläht,
hat mancherlei Gefahren,
und vielen hat's das Herz verdreht,
die weiland wacker waren.

Und all das Geld und all das Gut
gewährt zwar viele Sachen;
Gesundheit, Schlaf und guten Mut
kann's aber doch nicht machen.

Und die sind doch, bei Ja und Nein!
ein rechter Lohn und Segen!
Darum will ich mich nicht groß kastei'n
des vielen Geldes wegen.

Gott gebe mir nur jeden Tag,
soviel ich darf zum Leben.
Er gibt's dem Sperling auf dem Dach;
wie sollt' er's mir nicht geben!

LUDWIG RICHTER 1869

(6)

MARIE FREIFRAU VON EBNER-ESCHENBACH

Geboren am 13. September 1830
in Zdislawitz in Mähren,
Ehefrau des österreichischen Feldmarschalleutnants
Moriz Freiherr v. E.-E.,
gestorben am
12. März 1916
in Wien

EIN KLEINES LIED

Ein kleines Lied! Wie geht's nur an,
daß man so lieb es haben kann?
Was liegt darin? Erzähle!

Es liegt darin ein wenig Klang,
ein wenig Wohllaut und Gesang
und eine ganze Seele.

(7)

EDUARD MÖRIKE

Geboren am 8. September 1804
in Ludwigsburg,
Pfarrer in Kleversulzbach,
gestorben am
4. Juni 1875
in Stuttgart

ZUM NEUEN JAHR

Wie heimlicher Weise
ein Engelein leise
mit rosigen Füßen
die Erde betritt,
so nahte der Morgen.
Jauchzt ihm, ihr Frommen,
ein heilig Willkommen,
ein heilig Willkommen!
Herz, jauchze du mit!

In Ihm seis begonnen,
der Monde und Sonnen
an blauen Gezelten
des Himmels bewegt.
Du, Vater, Du rate!
Lenke Du und wende!
Herr, Dir in die Hände
sei Anfang und Ende,
sei alles gelegt!

IN DER FRÜHE

Kein Schlaf noch kühlt das Auge mir,
dort gehet schon der Tag herfür
an meinem Kammerfenster.
Es wühlet mein verstörter Sinn
noch zwischen Zweifeln her und hin
und schaffet Nachtgespenster.
– Ängste, quäle
dich nicht länger, meine Seele.
Freu dich! schon sind da und dorten
Morgenglocken wach geworden.

EDUARD MÖRIKE

RÜCKBLICK

Bei jeder Wendung deiner Lebensbahn,
auch wenn sie glückverheißend sich erweitert,
und du verlierst, um Größeres zu gewinnen:
Betroffen stehst du plötzlich still, den Blick
gedankenvoll auf das Vergangene heftend;
die Wehmut lehnt an deine Schulter sich
und wiederholt in deine Seele dir,
wie lieblich alles war und daß es nun
damit vorbei auf immer sei, auf immer.

Ja, liebes Kind, und dir sei unverhohlen:
Was vor dir liegt von künft'gem Jugendglück,
die Spanne mißt es einer Mädchenhand.
Doch also ward des Lebens Ordnung uns
gesetzt von Gott: den schreckt sie nimmermehr,
der einmal recht in seinem Geist gefaßt,
was unser Dasein soll. Du, freue dich
gehabter Freuden! Andere Freuden folgen,
den Ernst begleitend; dieser aber sei
der Kern und sei die Mitte deines Glücks!

(8)

HUGO VON HOFMANNSTHAL

Geboren am 1. Februar 1874
in Wien,
Pseudonym: Loris Melikow,
Rechtswissenschaftler und Philologe,
gestorben am
15. Juli 1929
in Rodaun

REISELIED

Wasser stürzt, uns zu verschlingen,
rollt der Fels, uns zu erschlagen,
kommen schon auf starken Schwingen
Vögel her, uns fortzutragen!

Aber unten liegt ein Land,
spiegelnd Früchte ohne Ende
in den alterslosen Seen,

Marmorstirn und Brunnenrand,
steigt aus blumigem Gelände,
und die leichten Winde wehn!

OTTO UBBELOHDE 1921

JOHANN WOLFGANG VON GOETHE

MAHOMETS GESANG

Seht den Felsenquell,
freudehell,
wie ein Sternenblick!
Über Wolken
nährten seine Jugend
gute Geister
zwischen Klippen im Gebüsch.

Jünglingfrisch
tanzt er aus der Wolke
auf die Marmorfelsen nieder,
jauchzet wieder
nach dem Himmel.

Durch die Gipfelgänge
jagt er bunten Kieseln nach,
und mit frühem Führertritt
reißt er seine Bruderquellen
mit sich fort.

Drunten werden in dem Tal
unter seinem Fußtritt Blumen,
und die Wiese
lebt von seinem Hauch.

OTTO UBBELOHDE 1921

Doch ihn hält kein Schattental,
keine Blumen,
die ihm seine Knie umschlingen,
ihm mit Liebesaugen schmeicheln:
Nach der Eb'ne dringt sein Lauf
schlangenwandelnd.

Bäche schmiegen
sich gesellig an. Nun tritt er
in die Eb'ne silberprangend,
und die Eb'ne prangt mit ihm,
und die Flüsse von der Eb'ne
und die Bäche von den Bergen
jauchzen ihm und rufen: Bruder!

Bruder, nimm die Brüder mit,
mit zu deinem alten Vater,
zu dem ew'gen Ozean,
der mit ausgespannten Armen
unser wartet,
die sich, ach! vergebens öffnen,
seine Sehnenden zu fassen;
denn uns frißt in öder Wüste
gier'ger Sand; die Sonne droben
saugt an unserm Blut; ein Hügel
hemmet uns zum Teiche! Bruder,
nimm die Brüder von der Eb'ne,
nimm die Brüder von den Bergen
mit, zu deinem Vater mit!

Kommt ihr alle! –
Und nun schwillt er
herrlicher; ein ganz Geschlechte
trägt den Fürsten hoch empor!
Und im rollenden Triumphe
gibt er Ländern Namen, Städte
werden unter seinem Fuß.

Unaufhaltsam rauscht er weiter,
läßt der Türme Flammengipfel,
Marmorhäuser, eine Schöpfung
seiner Fülle, hinter sich.

Zedernhäuser trägt der Atlas
auf den Riesenschultern; sausend
wehen über seinem Haupte
tausend Flaggen durch die Lüfte,
Zeugen seiner Herrlichkeit.

Und so trägt er seine Brüder,
seine Schätze, seine Kinder
dem erwartenden Erzeuger
freudebrausend an das Herz.

(9)

ANNETTE FREIIN VON DROSTE-HÜLSHOFF

Geboren am 12. Januar 1798
in Hülshoff bei Münster,
lebte unverheiratet
in Rüschhaus,
gestorben am
24. Mai 1848
auf der Meersburg
am Bodensee

AM TURME

Ich steh' auf hohem Balkone am Turm,
umstrichen vom schreienden Stare,
und lass' gleich einer Mänade den Sturm
mir wühlen im flatternden Haare;
o wilder Geselle, o toller Fant,
ich möchte dich kräftig umschlingen
und, Sehne an Sehne, zwei Schritte vom Rand
auf Tod und Leben dann ringen!

Und drunten seh' ich am Strand, so frisch
wie spielende Doggen, die Wellen
sich tummeln rings mit Geklaff und Gezisch
und glänzende Flocken schnellen.
Oh, springen möcht' ich hinein alsbald,
recht in die tobende Meute,
und jagen durch den korallenen Wald
das Walroß, die lustige Beute!

ALFRED RETHEL 1846

Und drüben seh' ich ein Wimpel wehn
so keck wie eine Standarte,
seh' auf und nieder den Kiel sich drehn
von meiner luftigen Warte;
oh, sitzen möcht' ich im kämpfenden Schiff,
das Steuerruder ergreifen
und zischend über das brandende Riff
wie eine Seemöwe streifen.

Wär' ich ein Jäger auf freier Flur,
ein Stück nur von einem Soldaten,
wär' ich ein Mann doch mindestens nur,
so würde der Himmel mir raten;
nun muß ich sitzen so fein und klar,
gleich einem artigen Kinde,
und darf nur heimlich lösen mein Haar
und lassen es flattern im Winde!

EDUARD MÖRIKE

GESANG WEYLAS

Du bist Orplid, mein Land!
das ferne leuchtet;
vom Meere dampfet dein besonnter Strand
den Nebel, so der Götter Wange feuchtet.

Uralte Wasser steigen
verjüngt um deine Hüften, Kind!
Vor deiner Gottheit beugen
sich Könige, die deine Wärter sind.

(10)

HEINRICH HEINE

Geboren am 12. Dezember 1799
in Düsseldorf,
Kaufmann,
Rechtswissenschaftler und Journalist,
gestorben am
16. Februar 1856
in Paris

AUS ALTEN MÄRCHEN WINKT ES . . .

Aus alten Märchen winkt es
hervor mit weißer Hand,
da singt es und da klingt es
von einem Zauberland:

Wo große Blumen schmachten
im gold'nen Abendlicht,
und zärtlich sich betrachten
mit bräutlichem Gesicht;

wo alle Bäume sprechen,
und singen wie ein Chor,
und laute Quellen brechen
wie Tanzmusik hervor;

und Liebesweisen tönen,
wie du sie nie gehört,
bis wundersüßes Sehnen
dich wundersüß betört!

Ach, könnt' ich dorthin kommen
und dort mein Herz erfreun
und aller Qual entnommen
und frei und selig sein!

Ach! jenes Land der Wonne,
das seh' ich oft im Traum,
doch kommt die Morgensonne,
zerfließt's wie eitel Schaum.

(11)

THEODOR STORM

Geboren am 14. September 1817
in Husum,
Amtsrichter in Husum,
gestorben am
4. Juli 1888
in Husum

DER KLEINE HÄWELMANN

Es war einmal ein kleiner Junge, der hieß Häwelmann. Des Nachts schlief er in einem Rollenbett und auch des Nachmittags, wenn er müde war; wenn er aber nicht müde war, so mußte seine Mutter ihn darin in der Stube umherfahren, und davon konnte er nie genug bekommen.

Nun lag der kleine Häwelmann eines Nachts in seinem Rollenbett und konnte nicht einschlafen; die Mutter aber schlief schon lange neben ihm in ihrem großen Himmelbett. »Mutter«, rief der kleine Häwelmann, »ich will fahren!« Und die Mutter langte im Schlaf mit dem Arm aus dem Bett und rollte die kleine Bettstelle hin und her, und wenn ihr der Arm müde werden wollte, so rief der kleine Häwelmann: »Mehr, mehr!«, und dann ging das Rollen wieder von vorne an. Endlich aber schlief sie gänzlich ein; und soviel Häwelmann auch schreien mochte, sie hörte es nicht; es war rein vorbei. Da dauerte es nicht lange, so sah der Mond in die Fensterscheiben, der gute alte Mond, und was er da sah, war so possierlich, daß er sich erst mit seinem Pelzärmel über das Gesicht fuhr, um sich die Augen auszuwischen; so etwas hatte der alte Mond all sein Lebtage nicht gesehen: Da lag der kleine Häwelmann mit offenen Augen in seinem Rollenbett und hielt das eine Beinchen wie einen Mastbaum in die Höhe. Sein kleines Hemd hatte er ausgezogen und hing es wie ein Segel an seiner kleinen Zehe auf; dann nahm er ein Hemdzipfelchen in jede Hand und fing mit beiden Backen an zu blasen. Und allmählich, leise, leise, fing es an zu rollen, über den Fußboden, dann die Wand hinauf, dann kopfüber die Dekke entlang und dann die andere Wand wieder hinunter. »Mehr, mehr!« schrie Häwelmann, als er wieder auf dem Boden war; und dann blies er wieder seine Backen auf, und dann ging es wieder kopfüber und kopfunter. Es war ein großes Glück für den kleinen Häwelmann, daß es gerade Nacht war und die Erde auf dem Kopf stand; sonst hätte er doch gar zu leicht den Hals brechen können.

Als er dreimal die Reise gemacht hatte, guckte der Mond ihm plötzlich ins Gesicht. »Junge«, sagte er, »hast du noch nicht genug?« »Nein«, schrie Häwelmann, »mehr, mehr! Mach mir die Tür auf! Ich will durch die Stadt fahren; alle Menschen sollen mich fahren sehen.« – »Das kann ich nicht«, sagte der gute Mond; aber er ließ einen langen Strahl durch das Schlüsselloch fallen; und darauf fuhr der kleine Häwelmann zum Hause hinaus.

Auf der Straße war es ganz still und einsam. Die hohen Häuser standen im hellen Mondschein und glotzten mit ihren schwarzen Fenstern recht dumm in die Stadt hinaus; aber die Menschen waren nirgends zu sehen. Es rasselte recht, als der kleine Häwelmann in seinem Rollenbette über das Straßenpflaster fuhr; und der gute Mond ging immer neben ihm und leuchtete. So fuhren sie Straßen aus, Straßen ein; aber die Menschen waren nirgends zu sehen. Als sie bei der Kirche vorbeikamen, da krähte auf einmal der große goldene Hahn auf dem Glockenturm. Sie hielten still. »Was machst du da?« rief der kleine Häwelmann hinauf. – »Ich krähe zum ersten Mal!« rief der goldene Hahn herunter. – »Wo sind denn die Menschen?« rief der kleine Häwelmann hinauf. – »Die schlafen«, rief der goldene Hahn herunter, »wenn ich zum dritten Mal krähe, dann wacht der erste

OTTO UBBELOHDE 1920

Mensch auf.« – »Das dauert mir zu lange«, sagte Häwelmann, »ich will in den Wald fahren, alle Tiere sollen mich fahren sehen!« – »Junge«, sagte der gute alte Mond, »hast du noch nicht genug?« – »Nein«, schrie Häwelmann, »mehr, mehr! Leuchte, alter Mond, leuchte!« Und damit blies er die Backen auf, und der gute alte Mond leuchtete, und so fuhren sie zum Stadttor hinaus und übers Feld und in den dunkeln Wald hinein. Der gute Mond hatte große Mühe, zwischen den vielen Bäumen durchzukommen; mitunter war er ein ganzes Stück zurück, aber er holte den kleinen Häwelmann doch immer wieder ein.

Im Walde war es still und einsam; die Tiere waren nicht zu sehen; weder die Hirsche noch die Hasen, auch nicht die kleinen Mäuse. So fuhren sie immer weiter, durch Tannen- und Buchenwälder, bergauf und bergab. Der gute Mond ging nebenher und leuchtete in alle Büsche; aber die Tiere waren nicht zu sehen; nur eine kleine Katze saß oben in einem Eichbaum und funkelte mit den Augen. Da hielten sie still. »Das ist der kleine Hinze!« sagte Häwelmann, »ich kenne ihn wohl; er will die Sterne nachmachen.« Und als sie weiterfuhren, sprang die kleine Katze mit von Baum zu Baum. »Was machst du da?« rief der kleine Häwelmann hinauf. – »Ich illuminiere!« rief die kleine Katze herunter. – »Wo sind denn die andern Tiere?« rief der kleine Häwelmann hinauf. – »Die schlafen!« rief die kleine Katze herunter und sprang wieder einen Baum weiter; »horch nur, wie sie schnarchen!« – »Junge«, sagte der gute alte Mond, »hast du noch nicht genug?« – »Nein«, schrie Häwelmann, »mehr, mehr! Leuchte, alter Mond, leuchte!«, und dann blies er die Backen auf, und der gute alte Mond leuchtete; und so fuhren sie zum Walde hinaus und dann über die Heide bis ans Ende der Welt, und dann gerade in den Himmel hinein.

Hier war es lustig; alle Sterne waren wach und hatten die Augen auf und funkelten, daß der ganze Himmel blitzte. »Platz da!« schrie Häwelmann und fuhr in den hellen Haufen hinein, daß die Sterne links und rechts vor Angst vom Himmel fielen. – »Junge«, sagte der gute alte Mond, »hast du noch nicht genug?« – »Nein«, schrie der kleine Häwelmann, »mehr, mehr!« und – hast du nicht gesehen! fuhr er dem alten guten Mond quer über die Nase, daß er ganz dunkelbraun im Gesicht wurde. »Pfui!« sagte der Mond und nieste dreimal, »alles mit Maßen!«, und damit putzte er seine Laterne aus, und alle Sterne machten die Augen zu. Da wurde es im ganzen Himmel auf einmal so dunkel, daß man es ordentlich mit Händen greifen konnte. »Leuchte, alter Mond, leuchte!« schrie Häwelmann, aber der Mond war nirgends zu sehen und auch die Sterne nicht; sie waren schon alle zu Bett gegangen. Da fürchtete der kleine Häwelmann sich sehr, weil er so allein im Himmel war. Er nahm seine Hemdzipfelchen in die Hände und blies die Backen auf; aber er wußte weder aus noch ein, er fuhr kreuz und quer, hin und her, und niemand sah ihn fahren, weder die Menschen noch die Tiere, noch auch die lieben Sterne.

Da guckte endlich unten, ganz unten am Himmelsrande ein rotes rundes Gesicht zu ihm herauf, und der kleine Häwelmann meinte, der Mond sei wieder aufgegangen. »Leuchte, alter Mond, leuchte!« rief er, und dann blies er wieder die Backen auf und fuhr quer durch den ganzen Himmel und gerade darauf los. Es war aber die Sonne, die gerade aus dem Meere heraufkam. »Junge«, rief sie und sah ihm mit ihren glühenden Augen ins Gesicht, »was machst du hier in meinem Himmel?« Und – eins, zwei, drei! nahm sie den kleinen Häwelmann und warf ihn mitten in das große Wasser. Da konnte er schwimmen lernen.
Und dann?

Ja und dann? Weißt du nicht mehr? Wenn ich und du nicht gekommen wären und den kleinen Häwelmann in unser Boot genommen hätten, so hätte er doch leicht ertrinken können!

(12)

E. T. A. HOFFMANN

Eigentlich Ernst Wilhelm Theodor H., geboren am 24. Januar 1776 in Königsberg, Komponist, Zeichner, Musiklehrer, Dirigent, Kammergerichtsrat in Berlin, gestorben am 25. Juni 1822 in Berlin

DAS MÄRCHEN VON DER HARTEN NUSS

Pirlipats Mutter war die Frau eines Königs, mithin eine Königin, und Pirlipat selbst in demselben Augenblick, als sie geboren wurde, eine geborne Prinzessin. Der König war außer sich vor Freude über das schöne Töchterchen, das in der Wiege lag, er jubelte laut auf, er tanzte und schwenkte sich auf einem Beine, und schrie ein Mal über das andere: Heißa! – hat man was Schöneres jemals gesehen als mein Pirlipatchen? – Aber alle Minister, Generale und Präsidenten und Stabsoffiziere sprangen, wie der Landesvater, auf einem Beine herum und schrien sehr: Nein, niemals! Zu leugnen war es aber auch in der Tat gar nicht, daß wohl, solange die Welt steht, kein schöneres Kind geboren wurde als eben Prinzessin Pirlipat. Ihr Gesichtchen war wie von zarten lilienweißen und rosenroten Seidenflocken gewebt, die Äuglein lebendige funkelnde Azure, und es stand hübsch, daß die Löckchen sich in lauter glänzenden Goldfaden kräuselten. Dazu hatte Pirlipatchen zwei Reihen kleiner Perlzähnchen auf die Welt gebracht, womit sie zwei Stunden nach der Geburt dem Reichskanzler in den Finger biß, als er die Lineamente näher untersuchen wollte, so daß er laut aufschrie: »O Jemine!« Andere behaupten, er habe: »Au weh!« geschrien, die Stimmen sind noch heutzutage darüber sehr geteilt. Kurz, Pirlipatchen biß wirklich den Reichskanzler in den Finger, und das entzückte Land wußte nun, daß auch Geist, Gemüt und Verstand in Pirlipats kleinem engelschönen Körperchen wohne. Wie gesagt, alles war vergnügt, nur die Königin war sehr ängstlich und unruhig, niemand wußte, warum. Vorzüglich fiel es auf, daß sie Pirlipats Wiege so sorglich bewachen ließ. Außerdem, daß die Türen von Trabanten besetzt waren, mußten, die beiden Wärterinnen dicht an der Wiege abgerechnet, noch sechs andere Nacht für Nacht ringsumher in der Stube sitzen. Was aber ganz närrisch schien und was niemand begreifen konnte, jede dieser sechs Wärterinnen mußte einen Kater auf den Schoß nehmen und ihn die ganze Nacht streicheln, daß er immerfort zu spinnen genötigt wurde. Es ist unmöglich, daß ihr, liebe Kinder, erraten könnt, warum Pirlipats Mutter all diese Anstalten machte, ich weiß es aber und will es euch gleich sagen.

Es begab sich, daß einmal an dem Hofe von Pirlipats Mutter viele vortreffliche Könige und sehr angenehme Prinzen versammelt waren, weshalb es denn sehr glänzend herging und viele Ritterspiele, Komödien und Hofbälle gegeben wurden. Der König, um recht zu zeigen, daß es ihm an Gold und Silber gar nicht mangle, wollte nun einmal einen recht tüchtigen Griff in den Kronschatz tun und was Ordentliches daraufgehen lassen. Er ordnete daher, zumal er von dem Oberhofküchenmeister insgeheim erfahren, daß der Hofastronom die Zeit des Einschlachtens angekündigt, einen großen Wurstschmaus an, warf sich in den Wagen und lud selbst sämtliche Könige und Prinzen – nur auf einen Löffel Suppe ein, um sich der Überraschung mit dem Köstlichen zu erfreuen. Nun sprach er sehr freundlich zur Frau Königin: »Dir ist ja schon bekannt, Liebchen, wie ich die Würste gern habe!«

Die Königin wußte schon, was er damit sagen wollte, es hieß nämlich nichts anders, als sie selbst sollte sich, wie sie auch sonst schon

getan, dem sehr nützlichen Geschäft des Wurstmachens unterziehen. Der Oberschatzmeister mußte sogleich den großen goldnen Wurstkessel und die silbernen Kasserollen zur Küche abliefern; es wurde ein großes Feuer von Sandelholz angemacht, die Königin band ihre damastne Küchenschürze um, und bald dampften aus dem Kessel die süßen Wohlgerüche der Wurstsuppe. Bis in den Staatsrat drang der anmutige Geruch: der König, von innerem Entzücken erfaßt, konnte sich nicht halten.
»Mit Erlaubnis, meine Herren!« rief er, sprang schnell nach der Küche, umarmte die Königin, rührte etwas mit dem goldnen Zepter in dem Kessel und kehrte dann beruhigt in den Staatsrat zurück.

Eben nun war der wichtige Punkt gekommen, daß der Speck in Würfel geschnitten und auf silbernen Rosten geröstet werden sollte. Die Hofdamen traten ab, weil die Königin dies Geschäft aus treuer Anhänglichkeit und Ehrfurcht vor dem königlichen Gemahl allein unternehmen wollte. Allein sowie der Speck zu braten anfing, ließ sich ein ganz feines wisperndes Stimmchen vernehmen: »Von dem Brätlein gib mir auch, Schwester! Will auch schmausen, bin ja auch Königin – gib mir von dem Brätlein!« Die Königin wußte wohl, daß es Frau Mauserinks war, die also sprach. Frau Mauserinks wohnte schon seit vielen Jahren in des Königs Palast. Sie behauptete, mit der königlichen Familie verwandt und selbst Königin in dem Reiche Mausolien zu sein, deshalb hatte sie auch eine große Hofhaltung unter dem Herde. Die Königin war eine gute, mildtätige Frau; wollte sie daher auch sonst Frau Mauserinks nicht gerade als Königin und als ihre Schwester anerkennen, so gönnte sie ihr doch von Herzen an dem festlichen Tage die Schmauserei und rief: »Kommt nur hervor, Frau Mauserinks, Ihr mögt immerhin von meinem Speck genießen.« Da kam auch Frau Mauserinks sehr schnell und lustig hervorgehüpft, sprang auf den Herd und ergriff mit den zierlichen kleinen Pfötchen ein Stückchen Speck nach dem andern, das ihr die Königin hinlangte. Aber nun kamen alle Gevattern und Muhmen der Frau Mauserinks hervorgesprungen, und auch sogar ihre sieben Söhne, recht unartige Schlingel, die machten sich über den Speck her, und nicht wehren konnte ihnen die erschrockene Königin. Zum Glück kam die Oberhofmeisterin dazu und verjagte die zudringlichen Gäste, so daß noch etwas Speck übrigblieb, welcher, nach Anweisung des herbeigerufenen Hofmathematikers, sehr künstlich auf alle Würste verteilt wurde.

Pauken und Trompeten erschallten, alle anwesenden Potentaten und Prinzen zogen in glänzenden Feierkleidern zum Teil auf weißen Zeltern, zum Teil in kristallnen Kutschen zum Wurstschmause. Der König empfing sie mit herzlicher Freundlichkeit und Huld und setzte sich dann, als Landesherr mit Kron' und Zepter angetan, an die Spitze des Tisches. Schon in der Station der Leberwürste sah man, wie der König immer mehr und mehr erblaßte, wie er die Augen gen Himmel hob – leise Seufzer entflohen seiner Brust: ein gewaltiger Schmerz schien in seinem Innern zu wühlen! Doch in der Station der Blutwürste sank er laut schluchzend und ächzend in den Lehnsessel zurück, er hielt beide Hände vors Gesicht, er jammerte und stöhnte.

Alles sprang auf von der Tafel, der Leibarzt bemühte sich vergebens, des unglücklichen Königs Puls zu erfassen, ein tiefer, namenloser Jammer schien ihn zu zerreißen. Endlich, endlich, nach vielem Zureden, nach Anwendung starker Mittel, als da sind gebrannte Federposen und dergleichen, schien der König etwas zu sich selbst zu kommen, er stammelte kaum hör-

bar die Worte: »Zu wenig Speck.«
Da warf sich die Königin trostlos ihm zu Füßen und schluchzte: »O mein armer unglücklicher königlicher Gemahl! O welchen Schmerz mußten Sie dulden! – Aber sehen Sie hier die Schuldige zu Ihren Füßen – strafen, strafen Sie sie hart! – Ach – Frau Mauserinks mit ihren sieben Söhnen, Gevattern und Muhmen hat den Speck aufgefressen und . . .« Damit fiel die Königin rücklingsüber in Ohnmacht.
Aber der König sprang voller Zorn auf und rief laut: »Oberhofmeisterin, wie ging das zu?«
Die Oberhofmeisterin erzählte, soviel sie wußte, und der König beschloß Rache zu nehmen an der Frau Mauserinks und ihrer Familie, die ihm den Speck aus der Wurst weggefressen hatten. Der Geheime Staatsrat wurde berufen, man beschloß, der Frau Mauserinks den Prozeß zu machen und ihre sämtlichen Güter einzuziehen; da aber der König meinte, daß sie unterdessen ihm doch noch immer den Speck wegfressen könnte, so wurde die ganze Sache dem Hofuhrmacher und Arkanisten übertragen.

Dieser Mann, der ebenso hieß wie ich, nämlich Christian Elias Drosselmeier, versprach durch eine ganz besonders staatskluge Operation die Frau Mauserinks mit ihrer Familie auf ewige Zeiten aus dem Palast zu vertreiben. Er erfand auch wirklich kleine, sehr künstliche Maschinen, in die an einem Fädchen gebratener Speck getan wurde und die Drosselmeier rings um die Wohnung der Frau Speckfresserin aufstellte. Frau Mauserinks war viel zu weise, um nicht Drosselmeiers List einzusehen, aber alle ihre Warnungen, alle ihre Vorstellungen halfen nichts, von dem süßen Geruch des gebratenen Specks verlockt, gingen alle sieben Söhne und viele, viele Gevattern und Muhmen der Frau Mauserinks in Drosselmeiers Maschinen hinein und wurden, als sie eben den Speck wegnaschen wollten, durch ein plötzlich vorfallendes Gitter gefangen, dann aber in der Küche selbst schmachvoll hingerichtet. Frau Mauserinks verließ mit ihrem kleinen Häufchen den Ort des Schreckens. Gram, Verzweiflung, Rache erfüllte ihre Brust. Der Hof jubelte sehr, aber die Königin war besorgt, weil sie die Gemütsart der Frau Mauserinks kannte und wohl wußte, daß sie den Tod ihrer Söhne und Verwandten nicht ungerächt hingehen lassen würde.

In der Tat erschien auch Frau Mauserinks, als die Königin eben für den königlichen Gemahl ein Lungenmus bereitete, das er sehr gern aß, und sprach: »Meine Söhne, meine Gevattern und Muhmen sind erschlagen, gib wohl acht, Frau Königin, daß Mausekönigin dir nicht dein Prinzeßchen entzweibeißt – gib wohl acht.« Darauf verschwand sie wieder und ließ sich nicht mehr sehen, aber die Königin war so erschrocken, daß sie das Lungenmus ins Feuer fallen ließ, und zum zweiten Mal verdarb Frau Mauserinks dem König eine Lieblingsspeise, worüber er sehr zornig war.

Nun wißt ihr wohl, Kinder, warum die Königin das wunderschöne Prinzeßchen Pirlipat so sorglich bewachen ließ. Mußte sie nicht fürchten, daß Frau Mauserinks ihre Drohung erfüllen, wiederkommen und das Prinzeßchen totbeißen würde? Drosselmeiers Maschinen halfen gegen die kluge und gewitzigte Frau Mauserinks ganz und gar nichts, und nur der Astronom des Hofes, der zugleich Geheimer Oberzeichen- und Sterndeuter war, wollte wissen, daß die Familie des Katers Schnurr imstande sein werde, die Frau Mauserinks von der Wiege abzuhalten; demnach geschah es also, daß jede der Wärterinnen einen der Söhne jener Familie, die übrigens bei Hofe als Geheime Legationsräte angestellt waren, auf dem Schoße halten und durch schickliches Krauen ihm den beschwerlichen Staatsdienst zu versüßen suchen mußte.

Es war einmal schon Mitternacht, als die eine der beiden Geheimen Oberwärterinnen, die dicht an der Wiege saßen, wie aus tiefem Schlafe auffuhr. Alles rund umher lag vom Schlafe befangen – kein Schnurren – tiefe Totenstille, in der man das Picken des Holzwurms vernahm! Doch wie ward der Geheimen Oberwärterin, als sie dicht vor sich eine große, sehr häßliche Maus erblickte, die auf den Hinterfüßen aufgerichtet stand und den fatalen Kopf auf das Gesicht der Prinzessin gelegt hatte. Mit einem Schrei des Entsetzens sprang sie auf, alles erwachte, aber in dem Augenblick rannte Frau Mauserinks (niemand anders war die große Maus an Pirlipats Wiege) schnell nach der Ecke des Zimmers. Die Legationsräte stürzten ihr nach, aber zu spät – durch eine Ritze in dem Fußboden des Zimmers war sie verschwunden.

Pirlipatchen erwachte von dem Rumor und weinte sehr kläglich. »Dank dem Himmel!« riefen die Wärterinnen, »sie lebt!« Doch wie groß war ihr Schrecken, als sie hinblickten nach Pirlipatchen und wahrnahmen, was aus dem schönen zarten Kinde geworden. Statt des weiß und roten goldgelockten Engelsköpfchens saß ein unförmlicher dicker Kopf auf einem winzigen kleinen zusammengekrümmten Leibe, die azurblauen Äuglein hatten sich verwandelt in grüne hervorstehende starrblickende Augen, und das Mündchen hatte sich verzogen von einem Ohr zum andern.
Die Königin wollte vergehen in Wehklagen und Jammer, und des Königs Studierzimmer mußte mit wattierten Tapeten ausgeschlagen werden, weil er ein Mal über das andere mit dem Kopf gegen die Wand rannte und dabei mit sehr jämmerlicher Stimme rief: »O ich unglückseliger Monarch!«

Er konnte zwar nun einsehen, daß es besser gewesen wäre, die Würste ohne Speck zu essen und die Frau Mauserinks mit ihrer Sippschaft unter dem Herde in Ruhe zu lassen, daran dachte aber Pirlipats königlicher Vater nicht, sondern er schob einmal alle Schuld auf den Hofuhrmacher und Arkanisten Christian Elias Drosselmeier aus Nürnberg. Deshalb erließ er den weisen Befehl: Drosselmeier habe binnen vier Wochen die Prinzessin Pirlipat in den vorigen Zustand herzustellen oder wenigstens ein bestimmtes untrügliches Mittel anzugeben, wie dies zu bewerkstelligen sei, widrigenfalls er dem schmachvollen Tode unter dem Beil des Henkers verfallen sein solle.

Drosselmeier erschrak nicht wenig, indessen vertraute er bald seiner Kunst und seinem Glück und schritt sogleich zu der ersten Operation, die ihm nützlich schien. Er nahm Prinzeßchen Pirlipat sehr geschickt auseinander, schrob ihre Händchen und Füßchen ab und besah sogleich die innere Struktur, aber da fand er leider, daß die Prinzessin, je größer, desto unförmlicher werden würde, und wußte sich nicht zu raten und zu helfen. Er setzte die Prinzessin behutsam wieder zusammen und versank an ihrer Wiege, die er nie verlassen durfte, in Schwermut.
Schon war die vierte Woche angegangen – ja bereits Mittwoch, als der König mit zornfunkelnden Augen hineinblickte und, mit dem Zepter drohend, rief: »Christian Elias Drosselmeier, kuriere die Prinzessin, oder du mußt sterben!«

Drosselmeier fing an bitterlich zu weinen, aber Prinzeßchen Pirlipat knackte vergnügt Nüsse. Zum ersten Mal fiel dem Arkanisten Pirlipats ungewöhnlicher Appetit nach Nüssen und der Umstand auf, daß sie mit Zähnchen zur Welt gekommen. In der Tat hatte sie gleich nach der Verwandlung so lange geschrien, bis ihr zufällig eine Nuß vorkam, die sie sogleich aufknackte, den Kern aß und dann ruhig wurde. Seit der Zeit konnten die Wärterinnen nicht aufhören, ihr Nüsse zu bringen. »O heiliger Instinkt der Natur, ewig unerforschliche Sympathie aller Wesen!« rief Christian Elias Drosselmeier aus. »Du zeigst mir die Pforte zum Geheimnis, ich will anklopfen, und sie wird sich öffnen!« Er bat sogleich um die Erlaubnis, mit dem Hofastronom sprechen zu können, und wurde mit starker Wache hingeführt. Beide Herren umarmten sich unter vielen Tränen, da sie zärtliche Freunde waren, zogen sich dann in ein geheimes Kabinett zurück und schlugen viele Bücher nach, die von dem Instinkt, von den Sympathien und Antipathien und andern geheimnisvollen Dingen handelten.

Die Nacht brach herein, der Hofastronom sah nach den Sternen und stellte mit Hilfe des auch hierin sehr geschickten Drosselmeier das Horoskop der Prinzessin Pirlipat. Das war eine große Mühe, denn die Linien verwirrten sich immer mehr und mehr, endlich aber – welche Freude, endlich lag es klar vor ihnen, daß die Prinzessin Pirlipat, um den Zauber, der sie verhäßlicht, zu lösen und um wieder so schön zu werden wie vorher, nichts zu tun hätte, als den süßen Kern der Nuß Krakatuk zu genießen.

Die Nuß Krakatuk hatte eine solche harte Schale, daß eine achtundvierzigpfündige Kanone darüber wegfahren konnte, ohne sie zu zerbrechen. Diese harte Nuß mußte aber von einem Manne, der noch nie rasiert worden und der niemals Stiefeln getragen, vor der Prinzessin aufgebissen und ihr von ihm mit geschlossenen Augen der Kern dargereicht werden. Erst nachdem er sieben Schritte rückwärts gegangen, ohne zu stolpern, durfte der junge Mann wieder die Augen erschließen.

Drei Tage und drei Nächte hatte Drosselmeier mit dem Astronomen ununterbrochen gearbeitet, und es saß gerade des Sonnabends der König bei dem Mittagstisch, als Drosselmeier, der Sonntag in aller Frühe geköpft werden sollte, voller Freude und Jubel hineinstürzte und das gefundene Mittel, der Prinzessin Pirlipat die verlorene Schönheit wiederzugeben, verkündete. Der König umarmte ihn mit heftigem Wohlwollen, versprach ihm einen diamantnen Degen, vier Orden und zwei

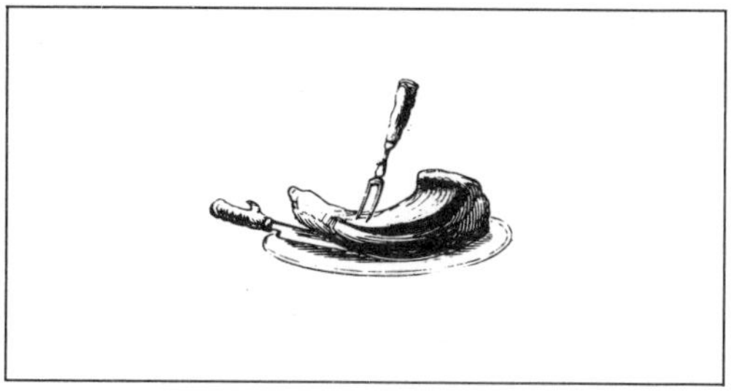

neue Sonntagsröcke. »Gleich nach Tisch«, setzte er freundlich hinzu, »soll es ans Werk gehen, sorgen Sie, teurer Arkanist, daß der junge unrasierte Mann in Schuhen mit der Nuß Krakatuk gehörig bei der Hand sei, und lassen Sie ihn vorher keinen Wein trinken, damit er nicht stolpert, wenn er sieben Schritte rückwärts geht wie ein Krebs, nachher kann er erklecklich saufen!«

Drosselmeier wurde über die Rede des Königs sehr bestürzt, und nicht ohne Zittern und Zagen brachte er es stammelnd heraus, daß das Mittel zwar gefunden wäre, beides, die Nuß Krakatuk und der junge Mann zum Aufbeißen derselben, aber erst gesucht werden müßten, wobei es noch obendrein zweifelhaft bliebe, ob Nuß und Nußknacker jemals gefunden werden dürften.
Hoch erzürnt schwang der König das Zepter über das gekrönte Haupt und schrie mit einer Löwenstimme: »So bleibt es bei dem Köpfen.«

Ein Glück war es für den in Angst und Not versetzten Drosselmeier, daß dem Könige das Essen gerade den Tag sehr wohl geschmeckt hatte, er mithin in der guten Laune war, vernünftigen Vorstellungen Gehör zu geben, an denen es die großmütige und von Drosselmeiers Schicksal gerührte Königin nicht mangeln ließ. Drosselmeier faßte Mut und stellte zuletzt vor, daß er doch eigentlich die Aufgabe, das Mittel, wodurch die Prinzessin geheilt werden könne, zu nennen, gelöst und sein Leben gewonnen habe. Der König nannte das dumme Ausreden und einfältigen Schnickschnack, beschloß aber endlich, nachdem er ein Gläschen Magenwasser zu sich genommen, daß beide, der Uhrmacher und der Astronom, sich auf die Beine machen und nicht anders als mit der Nuß Krakatuk in der Tasche wiederkehren sollten. Der Mann zum Aufbeißen derselben sollte, wie es die Königin vermittelte, durch mehrmaliges Einrücken einer Aufforderung in einheimische und auswärtige Zeitungen und Intelligenz-Blätter herbeigeschafft werden.

Drosselmeier und der Hofastronom waren schon fünfzehn Jahre unterwegs, ohne der Nuß Krakatuk auf die Spur gekommen zu sein. Wo sie überall waren, welche sonderbare seltsame Dinge ihnen widerfuhren, davon könnt' ich euch, ihr Kinder, vier Wochen lang erzählen, ich will es aber nicht tun, sondern nur gleich sagen, daß Drosselmeier in seiner tiefen Betrübnis zuletzt eine sehr große Sehnsucht nach seiner lieben Vaterstadt Nürnberg empfand. Ganz besonders überfiel ihn diese Sehnsucht, als er gerade einmal mit seinem Freunde mitten in einem großen Walde in Asien ein Pfeifchen Knaster rauchte. »O schöne – schöne Vaterstadt Nürnberg – schöne Stadt, wer dich nicht gesehen hat, mag er auch viel gereist sein nach London, Paris und Peterwardein, ist ihm das Herz doch nicht aufgegangen, muß er doch stets nach dir verlangen – nach dir, o Nürnberg, schöne Stadt, die schöne Häuser mit Fenstern hat.«

Als Drosselmeier so sehr wehmütig klagte, wurde der Astronom von tiefem Mitleid ergriffen und fing so jämmerlich zu heulen an, daß man es weit und breit in Asien hören konnte. Doch faßte er sich wieder, wischte sich die Tränen aus den Augen und fragte: »Aber wertgeschätzter Kollege, warum sitzen wir hier und heulen? Warum gehen wir nicht nach Nürnberg, ist's denn nicht gänzlich egal, wo und wie wir die fatale Nuß Krakatuk suchen?« – »Das ist auch wahr«, erwiderte Drosselmeier getröstet. Beide standen alsbald auf, klopften die Pfeifen aus und gingen schnurgerade in einem Strich fort, aus dem Walde mitten in Asien nach Nürnberg.

Kaum waren sie dort angekommen, so lief Drosselmeier schnell zu seinem Vetter, dem Puppendrechsler, Lackierer und Vergolder Christoph Zacharias Drosselmeier, den er in vielen, vielen Jahren nicht mehr gesehen. Dem erzählte nun der Uhrmacher die ganze Geschichte von der Prinzessin Pirlipat, der Frau Mauserinks und der Nuß Krakatuk, so daß der ein Mal über das andere die Hände zusammenschlug und voll Erstaunen ausrief: »Ei Vetter, Vetter, was sind das für wunderbare Dinge!«

Drosselmeier erzählte weiter von den Abenteuern seiner weiten Reise, wie er zwei Jahre bei dem Dattelkönig zugebracht, wie er vom Mandelfürsten schnöde abgewiesen, wie er bei der naturforschenden Gesellschaft in Eichhornshausen vergebens angefragt, kurz, wie es ihm überall mißlungen sei, auch nur eine Spur von der Nuß Krakatuk zu erhalten.

Während dieser Erzählung hatte Christoph Zacharias oftmals mit den Fingern geschnippt – sich auf einem Fuße herumgedreht – mit der Zunge geschnalzt – dann gerufen »Hm, hm – I – Ei – O – das wäre der Teufel!« Endlich warf er Mütze und Perücke in die Höhe, umhalste den Vetter mit Heftigkeit und rief: »Vetter – Vetter! Ihr seid geborgen, geborgen seid Ihr, sag' ich, denn alles müßte mich trügen, oder ich besitze selbst die Nuß Krakatuk.« Er holte alsbald eine Schachtel hervor, aus der er eine vergoldete Nuß von mittelmäßiger Größe hervorzog. »Seht«, sprach er, indem er die Nuß dem Vetter zeigte, »seht, mit dieser Nuß hat es folgende Bewandtnis: Vor vielen Jahren kam einst zur Weihnachtszeit ein fremder Mann mit einem Sack voll Nüssen hieher, die er feilbot. Gerade vor meiner Puppenbude geriet er in Streit und setzte den Sack ab, um sich besser gegen den hiesigen Nußverkäufer, der nicht leiden wollte, daß der Fremde Nüsse verkaufe, und ihn deshalb angriff, zu wehren. In dem Augenblick fuhr ein schwer beladener

Lastwagen über den Sack, alle Nüsse wurden zerbrochen bis auf eine, die mir der fremde Mann, seltsam lächelnd, für einen blanken Zwanziger vom Jahre 1720 feilbot. Mir schien das wunderbar, ich fand gerade einen solchen Zwanziger in meiner Tasche, wie ihn der Mann haben wollte, kaufte die Nuß und vergoldete sie, selbst nicht recht wissend, warum ich die Nuß so teuer bezahlte und dann so wert hielt.«

Jeder Zweifel, daß des Vetters Nuß wirklich die gesuchte Nuß Krakatuk war, wurde augenblicklich gehoben, als der herbeigerufene Hofastronom das Gold sauber abschabte und in der Rinde der Nuß das Wort Krakatuk mit chinesischen Charakteren eingegraben fand. Die Freude der Reisenden war groß und der Vetter der glücklichste Mensch unter der Sonne, als Drosselmeier ihm versicherte, daß sein Glück gemacht sei, da er außer einer ansehnlichen Pension hinfüro alles Gold zum Vergolden umsonst erhalten werde.
Beide, der Arkanist und der Astronom, hatten schon die Schlafmützen aufgesetzt und wollten zu Bette gehen, als letzterer, nämlich der Astronom, also anhob: »Bester Herr Kollege, ein Glück kommt nie allein – glauben Sie, nicht nur die Nuß Krakatuk, sondern auch den jungen Mann, der sie aufbeißt und den Schönheitskern der Prinzessin darreicht, haben wir gefunden! – Ich meine niemand anders als den Sohn Ihres Herrn Vetters! Nein, nicht schlafen will ich«, fuhr er begeistert fort, »sondern noch in dieser Nacht des Jünglings Horoskop stellen!« Damit riß er die Nachtmütze vom Kopf und fing gleich an zu observieren.

Des Vetters Sohn war in der Tat ein netter wohlgewachsener Junge, der noch nie rasiert worden und niemals Stiefel getragen. In früher Jugend war er zwar ein paar Weihnachten hindurch ein Hampelmann gewesen, das merkte man ihm aber nicht im mindesten an, so war er durch des Vaters Bemühungen ausgebildet worden. An den Weihnachtstagen trug er einen schönen roten Rock mit Gold, einen Degen, den Hut unter dem Arm und eine vorzügliche Frisur mit einem Haarbeutel. So stand er sehr glänzend in seines Vaters Bude und knackte aus angeborner Galanterie den jungen Mädchen die Nüsse auf, weshalb sie ihn auch Schön Nußknackerchen nannten.

Den andern Morgen fiel der Astronom dem Arkanisten entzückt um den Hals und rief: »Er ist es, wir haben ihn, er ist gefunden; nur zwei Dinge, liebster Kollege, dürfen wir nicht außer acht lassen. Fürs erste müssen Sie Ihrem vortrefflichen Neffen einen robusten hölzernen Zopf flechten, der mit dem untern Kinnbacken so in Verbindung steht, daß dieser dadurch stark angezogen werden kann; dann müssen wir aber, kommen wir nach der Residenz, auch sorgfältig verschweigen, daß wir den jungen Mann, der die Nuß Krakatuk aufbeißt, gleich mitgebracht haben; er muß sich vielmehr lange nach uns einfinden. Ich lese in dem Horoskop, daß der König, zerbeißen sich erst einige die Zähne ohne weitern Erfolg, dem, der die Nuß aufbeißt und der Prinzessin die verlorene Schönheit wiedergibt, Prinzessin und Nachfolge im Reich zum Lohn versprechen wird.«

Der Vetter Puppendrechsler war gar höchlich damit zufrieden, daß sein Söhnchen die Prinzessin Pirlipat heiraten und Prinz und König werden sollte, und überließ ihn daher den Gesandten gänzlich. Der Zopf, den Drosselmeier dem jungen hoffnungsvollen Neffen ansetzte, geriet überaus wohl, so daß er mit dem Aufbeißen der härtesten Pfirsichkerne die glänzendsten Versuche anstellte.
Da Drosselmeier und der Astronom das Auffinden der Nuß Krakatuk sogleich nach der Residenz berichtet, so waren dort auch auf der Stelle die nötigen Aufforderungen erlassen worden, und als die Reisenden mit dem Schönheitsmittel ankamen, hatten sich schon viele hübsche Leute, unter denen es sogar Prinzen gab, eingefunden, die, ihrem gesunden Gebiß vertrauend, die Entzauberung der Prinzessin versuchen wollten. Die Gesandten erschraken nicht wenig, als sie die Prinzessin wiedersahen. Der kleine Körper mit den winzigen Händchen und Füßchen konnte kaum den unförmlichen Kopf tragen. Die Häßlichkeit des Gesichtes wurde noch durch einen weißen baumwollenen Bart vermehrt, der sich um Mund und Kinn gelegt hatte. Es kam alles so, wie es der Hofastronom im Horoskop gelesen. Ein Milchbart in Schuhen nach dem andern biß sich an der Nuß Krakatuk Zähne und Kinnbacken wund, ohne der Prinzessin im mindesten zu helfen, und wenn er dann von den dazu bestellten Zahnärzten halb ohnmächtig weggetragen wurde, seufzte er: »Das war eine harte Nuß!«

Als nun der König in der Angst seines Herzens dem, der die Entzauberung vollenden werde, Tochter und Reich versprochen, meldete sich der artige sanfte Jüngling Drosselmeier und bat, auch den Versuch beginnen zu dürfen. Keiner als der junge Drosselmeier hatte so sehr der Prinzessin Pirlipat gefallen; sie legte die kleinen Händchen auf das Herz und seufzte recht innig: »Ach, wenn es doch *der* wäre, der die Nuß Krakatuk wirklich aufbeißt und mein Mann wird.«
Nachdem der junge Drosselmeier den König und die Königin, dann aber die Prinzessin Pirlipat sehr höflich gegrüßt, empfing er aus den Händen des Ober-Zeremonienmeisters die Nuß Krakatuk, nahm sie ohne weiters zwischen die Zähne, zog stark den Zopf an, und Krak – Krak zerbröckelte die Schale in viele Stücke. Geschickt reinigte er den Kern von den noch daran hängenden Fasern und überreichte ihn mit einem untertänigen Kratzfuß der Prinzessin, worauf er die Augen verschloß und rückwärts zu schreiten begann. Die Prinzessin verschluckte alsbald den Kern, und – o Wunder! – verschwunden war die Mißgestalt, und statt ihrer stand ein engelschönes Frauenbild da, das Gesicht wie von lilienweißen und rosaroten Seidenflocken gewebt, die Augen wie glänzende

Azure, die vollen Locken wie von Goldfaden gekräuselt. Trompeten und Pauken mischten sich in den lauten Jubel des Volks. Der König, sein ganzer Hof, tanzte wie bei Pirlipats Geburt auf einem Beine, und die Königin mußte mit Eau de Cologne bedient werden, weil sie in Ohnmacht gefallen vor Freude und Entzücken.

Der große Tumult brachte den jungen Drosselmeier, der noch seine sieben Schritte zu vollenden hatte, nicht wenig aus der Fassung, doch hielt er sich und streckte eben den rechten Fuß aus zum siebenten Schritt, da erhob sich, häßlich piepend und quiekend, Frau Mauserinks aus dem Fußboden, so daß Drosselmeier, als er den Fuß niedersetzen wollte, auf sie trat und dermaßen stolperte, daß er beinahe gefallen wäre. – O Mißgeschick! – urplötzlich war der Jüngling ebenso mißgestalt, als es vorher Prinzessin Pirlipat gewesen. Der Körper war zusammengeschrumpft und konnte kaum den dicken ungestalten Kopf mit großen hervorstechenden Augen und dem breiten, entsetzlich aufgähnenden Maule tragen. Statt des Zopfes hing ihm hinten ein schmaler hölzerner Mantel herab, mit dem er den untern Kinnbacken regierte.

Uhrmacher und Astronom waren außer sich vor Schreck und Entsetzen, sie sahen aber, wie Frau Mauserinks sich blutend auf dem Boden wälzte. Ihre Bosheit war nicht ungerächt geblieben, denn der junge Drosselmeier hatte sie mit dem spitzen Absatz seines Schuhes so derb in den Hals getroffen, daß sie sterben mußte. Aber indem Frau Mauserinks von der Todesnot erfaßt wurde, da piepte und quiekte sie ganz erbärmlich: »O Krakatuk, harte Nuß – an der ich nun sterben muß – hi hi – pipi fein Nußknackerlein, wirst auch bald des Todes sein – Söhnlein mit den sieben Kronen, wird's dem Nußknacker lohnen, wird die Mutter rächen fein, an dir, du klein Nußknackerlein – o Leben so frisch und rot, von dir scheid' ich, o Todesnot! – Quiek.« Mit diesem Schrei starb Frau Mauserinks und wurde von dem königlichen Ofenheizer fortgebracht.

Um den jungen Drosselmeier hatte sich niemand bekümmert, die Prinzessin erinnerte aber den König an sein Versprechen, und sogleich befahl er, daß man den jungen Helden herbeischaffe. Als nun aber der Unglückliche in seiner Mißgestalt hervortrat, da hielt die Prinzessin beide Hände vors Gesicht und schrie: »Fort, fort mit dem abscheulichen Nußknakker!« Alsbald ergriff ihn auch der Hofmarschall bei den kleinen Schultern und warf ihn zur Tür heraus.
Der König war voller Wut, daß man ihm habe einen Nußknacker als Eidam aufdringen wollen, schob alles auf das Ungeschick des Uhrmachers und des Astronomen und verwies beide auf ewige Zeiten aus der Residenz.

Das hatte nun nicht in dem Horoskop gestanden, welches der Astronom in Nürnberg gestellt, er ließ sich aber nicht abhalten, aufs neue zu observieren, und da wollte er in den Sternen lesen, daß der junge Drosselmeier sich in seinem neuen Stande so gut nehmen werde, daß er trotz seiner Ungestalt Prinz und König werden würde. Seine Mißgestalt könne aber nur dann verschwinden, wenn der Sohn der Frau Mauserinks, den sie nach dem Tode ihrer sieben Söhne mit sieben Köpfen geboren und welcher Mausekönig geworden, von seiner Hand gefallen sei und eine Dame ihn, trotz seiner Mißgestalt, liebgewinnen werde. Man soll denn auch wirklich den jungen Drosselmeier in Nürnberg zur Weihnachtszeit in seines Vaters Bude, zwar als Nußknacker, aber doch als Prinzen gesehen haben!
Das ist, ihr Kinder, das Märchen von der harten Nuß, und ihr wißt nun, warum die Leute so oft sagen: »Das war eine harte Nuß!« und wie es kommt, daß die Nußknacker so häßlich sind.

EDUARD MÖRIKE

IM FRÜHLING

Hier lieg' ich auf dem Frühlingshügel:
Die Wolke wird mein Flügel,
ein Vogel fliegt mir voraus.
Ach, sag mir, alleinzige Liebe,
wo du bleibst, daß ich bei dir bliebe!
Doch du und die Lüfte, ihr habt kein Haus.

Der Sonnenblume gleich
steht mein Gemüte offen,
sehnend,
sich dehnend,
in Lieben und Hoffen.
Frühling, was bist du gewillt?
Wann werd' ich gestillt?

Die Wolke seh' ich wandeln und den Fluß,
es dringt der Sonne goldner Kuß
mir tief bis ins Geblüt hinein;
die Augen, wunderbar berauschet,
tun, als schliefen sie ein,
nur noch das Ohr dem Ton der Biene lauschet.

Ich denke dies und denke das,
ich sehne mich, und weiß nicht recht, nach was:
Halb ist es Lust, halb ist es Klage;
mein Herz, o sage,
was webst du für Erinnerung
in golden grüner Zweige Dämmerung?
– Alte unnennbare Tage!

JOHANN WOLFGANG VON GOETHE

OSTERSPAZIERGANG

*Vom Eise befreit sind Strom und Bäche
durch des Frühlings holden, belebenden Blick,
im Tale grünet Hoffnungsglück;
der alte Winter, in seiner Schwäche,
zog sich in rauhe Berge zurück.
Von dorther sendet er, fliehend, nur
ohnmächtige Schauer körnigen Eises
in Streifen über die grünende Flur;
aber die Sonne duldet kein Weißes,
überall regt sich Bildung und Streben,
alles will sie mit Farben beleben;
doch an Blumen fehlt's im Revier,
sie nimmt geputzte Menschen dafür.
Kehre dich um, von diesen Höhen
nach der Stadt zurückzusehen!
Aus dem hohlen, finstren Tor
dringt ein buntes Gewimmel hervor.
Jeder sonnt sich heute so gern.
Sie feiern die Auferstehung des Herrn,
denn sie sind selber auferstanden:
Aus niedriger Häuser dumpfen Gemächern,
aus Handwerks- und Gewerbesbanden,
aus dem Druck von Giebeln und Dächern,
aus der Straßen quetschender Enge,
aus der Kirchen ehrwürdiger Nacht
sind sie alle ans Licht gebracht.
Sieh nur, sieh! wie behend sich die Menge
durch die Gärten und Felder zerschlägt,
wie der Fluß, in Breit' und Länge,
so manchen lustigen Nachen bewegt;
und bis zum Sinken überladen,
entfernt sich dieser letzte Kahn.
Selbst von des Berges fernen Pfaden
blinken uns farbige Kleider an.
Ich höre schon des Dorfs Getümmel;
hier ist des Volkes wahrer Himmel,
zufrieden jauchzet groß und klein:
Hier bin ich Mensch, hier darf ich's sein.*

PETER VON CORNELIUS 1811

MATTHIAS CLAUDIUS

DER FRÜHLING.
AM ERSTEN MAIMORGEN

Heute will ich fröhlich, fröhlich sein,
keine Weis' und keine Sitte hören;
will mich wälzen und für Freude schrei'n,
und der König soll mir das nicht wehren;

denn er kommt mit seiner Freuden Schar
heute aus der Morgenröte Hallen,
einen Blumenkranz um Brust und Haar
und auf seiner Schulter Nachtigallen;

und sein Antlitz ist ihm rot und weiß,
und er träuft von Tau und Duft und Segen –
ha! mein Thyrsus sei ein Knospenreis,
und so tauml' ich meinem Freund entgegen.

KUCKUCK

Wir Vögel singen nicht egal;
der singet laut, der andre leise,
Kauz nicht wie ich, ich nicht wie Nachtigall,
ein jeder hat so seine Weise.

CHRISTIAN MORGENSTERN

NEIN!

Pfeift der Sturm?
Keift ein Wurm?
Heulen
Eulen
hoch vom Turm?

Nein!

Es ist des Galgenstrickes
dickes
Ende, welches ächzte,
gleich als ob
im Galopp
eine müdgehetzte Mähre
nach dem nächsten Brunnen lechzte
(der vielleicht noch ferne wäre).

DER LATTENZAUN

Es war einmal ein Lattenzaun,
mit Zwischenraum, hindurchzuschaun.

Ein Architekt, der dieses sah,
stand eines Abends plötzlich da –

und nahm den Zwischenraum heraus
und baute draus ein großes Haus.

Der Zaun indessen stand ganz dumm,
mit Latten ohne was herum.

Ein Anblick gräßlich und gemein.
Drum zog ihn der Senat auch ein.

Der Architekt jedoch entfloh
nach Afri – od – Ameriko.

(13)

GOTTHOLD EPHRAIM LESSING

Geboren am 22. Januar 1729
in Kamenz in der Lausitz,
Dramaturg, Kritiker,
Bibliothekar in Wolfenbüttel,
gestorben am
15. Februar 1781
in Braunschweig

DER LÖWE UND DER HASE

Ein Löwe würdigte einen drolligen Hasen seiner näheren Bekanntschaft. »Aber ist es denn wahr«, fragte ihn einst der Hase, »daß euch Löwen ein elender krähender Hahn so leicht verjagen kann?«
»Allerdings ist es wahr«, antwortete der Löwe, »und es ist eine allgemeine Anmerkung, daß wir großen Tiere durchgängig eine gewisse kleine Schwachheit an uns haben. So wirst du zum Exempel von dem Elefanten gehört haben, daß ihm das Grunzen eines Schweins Schauder und Entsetzen erweckt.«
»Wahrhaftig?« unterbrach ihn der Hase. »Ja, nun begreif' ich auch, warum wir Hasen uns so entsetzlich vor den Hunden fürchten.«

DIE SPERLINGE

Eine alte Kirche, welche den Sperlingen unzählige Nester gab, ward ausgebessert. Als sie nun in ihrem neuen Glanze dastand, kamen die Sperlinge wieder, ihre alten Wohnungen zu suchen. Allein sie fanden sie alle vermauert. »Zu was«, schrien sie, »taugt denn nun das große Gebäude? Kommt, verlaßt den unbrauchbaren Steinhaufen!«

DIE EICHE UND DAS SCHWEIN

OTTO SPECKTER 1830

Ein gefräßiges Schwein mästete sich unter einer hohen Eiche mit der herabgefallenen Frucht. Indem es die eine Eichel zerbiß, verschluckte es bereits eine andere mit dem Auge. »Undankbares Vieh!« rief endlich der Eichbaum herab. »Du nährest dich von meinen Früchten, ohne einen einzigen dankbaren Blick auf mich in die Höhe zu richten.«
Das Schwein hielt einen Augenblick inne und grunzte zur Antwort: »Meine dankbaren Blicke sollten nicht außenbleiben, wenn ich nur wüßte, daß du deine Eicheln meinetwegen hättest fallen lassen.«

(14)

MARTIN LUTHER

Geboren am 10. November 1483
in Eisleben,
Magister, Priester,
Reformator,
gestorben am
18. Februar 1546
in Eisleben

VOM KRANICH UND WOLFE

DIE GESELLSCHAFT MIT DEM LÖWEN

Da der Wolf einstmals ein Schaf geiziglich fraß, blieb ihm ein Bein im Halse überzwerch stecken, davon er große Not und Angst hatte, und erbot sich, dem großen Lohn und Geschenk zu geben, der ihm helfe. Da kam der Kranich und stieß seinen langen Kragen dem Wolf in den Rachen und zog das Bein heraus. Da er aber den verheißenen Lohn fordert, sprach der Wolf: »Willst du noch Lohn haben? Danke Gott, daß ich dir den Hals nicht abgebissen habe. Du solltest mir etwas schenken, daß du lebendig aus meinem Rachen gekommen bist.«
Wer den Leuten in der Welt will wohltun, der muß sich erwägen, Undank zu verdienen: die Welt lohnet nicht anders denn mit Undank, wie man spricht: »Wer einen vom Galgen erlöset, dem hilft derselbige gern daran.«

Es gesellten sich ein Rind, eine Ziege und ein Schaf zum Löwen und zogen miteinander auf die Jagd in einen Forst. Da sie nun einen Hirsch gefangen und in vier Teile gleich geteilet hatten, sprach der Löwe: »Ihr wisset, daß ein Teil mein ist, als eures Gesellen; das andere gebühret mir als einem Könige unter den Tieren; das dritte will ich haben darum, daß ich stärker bin und mehr darnach gelaufen und gearbeitet habe denn ihr alle drei; wer aber das vierte haben will, der muß mir's mit Gewalt nehmen.« Also mußten die drei für ihre Mühe das Nachsehen und den Schaden zum Lohn haben. Fahr nicht hoch; halt dich zu deinesgleichen! Es ist mit Herren nicht gut Kirschen essen; sie werfen einen mit den Stielen. Das ist eine Gesellschaft mit dem Löwen, wo einer allein den Genuß, der andere allein den Schaden hat.

(15)

FRIEDRICH RÜCKERT

Geboren am 16. Mai 1789
in Schweinfurt,
Professor der
orientalischen Sprachen
in Erlangen und Berlin,
gestorben am
31. Januar 1866
in Neuseß bei Coburg

VOM BÄUMLEIN, DAS ANDERE BLÄTTER HAT GEWOLLT

Es ist ein Bäumlein gestanden im Wald
in gutem und schlechtem Wetter,
das hat von unten bis oben
nur Nadeln gehabt statt Blätter;
die Nadeln, die haben gestochen,
das Bäumlein, das hat gesprochen:

Alle meine Kameraden
haben schöne Blätter an,
und ich habe nur Nadeln,
niemand rührt mich an;
dürft' ich wünschen, wie ich wollt',
wünscht' ich mir Blätter von lauter Gold.

Wie's Nacht ist, schläft das Bäumlein ein,
und früh ist's aufgewacht;
da hatt' es goldne Blätter fein,
das war eine Pracht!
Das Bäumlein spricht: »Nun bin ich stolz;
goldne Blätter hat kein Baum im Holz.«

Aber wie es Abend ward,
ging der Jude durch den Wald,
mit großem Sack und großem Bart,
der sieht die goldnen Blätter bald;
er steckt sie ein, geht eilends fort
und läßt das leere Bäumlein dort.

Das Bäumlein spricht mit Grämen:
»Die goldnen Blättlein dauern mich;
ich muß vor den andern mich schämen,
sie tragen so schönes Laub an sich;
dürft' ich mir wünschen noch etwas,
so wünscht' ich mir Blätter von hellem Glas.«

Da schlief das Bäumlein wieder ein,
und früh ist's wieder aufgewacht;
da hatt' es glasene Blätter fein,
das war eine Pracht!
Das Bäumlein spricht: »Nun bin ich froh;
kein Baum im Walde glitzert so.«

Da kam ein großer Wirbelwind
mit einem argen Wetter,
der fährt durch alle Bäume geschwind
und kommt an die glasenen Blätter;
da lagen die Blätter von Glase
zerbrochen in dem Grase.

Das Bäumlein spricht mit Trauern:
»Mein Glas liegt in dem Staub,
die andern Bäume dauern
mit ihrem grünen Laub;
wenn ich mir noch was wünschen soll,
wünsch' ich mir grüne Blätter wohl.«

Da schlief das Bäumlein wieder ein,
und wieder früh ist's aufgewacht;
da hatt' es grüne Blätter fein,
das Bäumlein lacht
und spricht: »Nun hab' ich doch Blätter auch,
daß ich mich nicht zu schämen brauch'.«

Da kommt mit vollem Euter
eine alte Geiß gesprungen,
sie sucht sich Gras und Kräuter
für ihre Jungen;
sie sieht das Laub und fragt nicht viel,
sie frißt es ab mit Stumpf und Stiel.

Da war das Bäumlein wieder leer,
es sprach nun zu sich selber:
»Ich begehre nun keine Blätter mehr,
weder grüner noch roter, noch gelber!
Hätt' ich nur meine Nadeln,
ich wollte sie nicht tadeln.«

Und traurig schlief das Bäumlein ein,
und traurig ist es aufgewacht;
da besieht es sich im Sonnenschein
und lacht und lacht!
Alle Bäume lachen's aus;
das Bäumlein macht sich aber nichts draus.

Warum hat's Bäumlein denn gelacht
und warum denn seine Kameraden?
Es hat bekommen in einer Nacht
wieder alle seine Nadeln,
daß jedermann es sehen kann;
geh 'naus, sieh's selbst, doch rühr's nicht an.
Warum denn nicht?
Weil's sticht.

VOM BÜBLEIN, DAS ÜBERALL MITGENOMMEN HAT SEIN WOLLEN

Denk an! Das Büblein ist einmal
spazierengangen im Wiesental,
da wurd' es müd gar sehr
und sagt': »Ich kann nicht mehr;
wenn nur was käme
und mich mitnähme!«
Da ist das Bächlein geflossen kommen
und hat 's Büblein mitgenommen;
das Büblein hat sich aufs Bächlein gesetzt
und hat gesagt: »So gefällt mir's jetzt.«

Aber was meinst du? Das Bächlein war kalt,
das hat das Büblein gespürt gar bald;
es hat gefroren gar sehr,
es sagt': »Ich kann nicht mehr;
wenn nur was käme
und mich mitnähme!«
Da ist das Schifflein geschwommen kommen
und hat 's Büblein mitgenommen;
das Büblein hat sich aufs Schifflein gesetzt
und hat gesagt: »Da gefällt mir's jetzt.«

Aber siehst du? Das Schifflein war schmal.
Das Büblein denkt: Da fall ich einmal;
da fürcht' es sich gar sehr
und sagt': »Ich mag nicht mehr;
wenn nur was käme
und mich mitnähme!«
Da ist die Schnecke gekrochen gekommen
und hat 's Büblein mitgenommen;
das Büblein hat sich ins Schneckenhäuslein gesetzt
und hat gesagt: »Da gefällt mir's jetzt.«

Aber denk: Die Schnecke war kein Gaul,
sie war im Kriechen gar zu faul;
dem Büblein ging's langsam zu sehr;
es sagt': »Ich mag nicht mehr;
wenn nur was käme
und mich mitnähme.«
Da ist der Reiter geritten gekommen,
der hat 's Büblein mitgenommen;
das Büblein hat sich hinten aufs Pferd gesetzt,
und hat gesagt: »So gefällt mir's jetzt.«

Aber gib acht! Das ging wie der Wind,
es ging dem Büblein gar zu geschwind;
es hopst' drauf hin und her,
und schrie: »Ich kann nicht mehr;
wenn nur was käme
und mich mitnähme!«
Da ist ein Baum ihm ins Haar gekommen
und hat das Büblein mitgenommen;
es hat's gehängt an einen Ast gar hoch,
dort hängt das Büblein und zappelt noch.

Das Kind fragt:
Ist denn das Büblein gestorben?
Antwort:
Nein! Es zappelt ja noch!
Morgen gehn wir 'naus und tun's 'nunter.

(16)

FRIEDRICH HEBBEL

Geboren am 18. März 1813
in Wesselburen
in Dithmarschen,
Schreiber beim Kirchspielvogt,
Philologe,
gestorben am
13. Dezember 1863
in Wien

AUS MEINER JUGEND

Der Hauptreiz der Kindheit beruht darauf, daß alles, bis zu den Haustieren herab, freundlich und wohlwollend gegen sie ist, denn daraus entspringt ein Gefühl der Sicherheit, das bei dem ersten Schritt in die feindselige Welt hinaus entweicht und nie zurückkehrt. Besonders in den unteren Ständen ist dies der Fall. Das Kind spielt nicht vor der Tür, ohne daß die benachbarte Dienstmagd, die zum Einkaufen oder Wasserschöpfen über die Straße geschickt wird, ihm eine Blume schenkt; die Obsthändlerin wirft ihm aus ihrem Korb eine Kirsche oder eine Birne zu, ein wohlhabender Bürger wohl gar eine kleine Münze, für die es sich eine Semmel kaufen kann; der Fuhrmann knallt vorüberkommend mit seiner Peitsche, der Musikant entlockt seinem Instrument im Gehen einige Töne, und wer nichts von allem tut, der fragt es wenigstens nach seinem Namen und Alter oder lächelt es an. Freilich muß es reinlich gehalten sein.

Dieses Wohlwollen wurde auch mir und meinem Bruder in reichlichem Maße zuteil, besonders von den Mitbewohnern unseres Hauses, den vorzugsweise sogenannten Nachbarn, die uns fast ebensoviel galten wie die Mutter und mehr als der strenge Vater. Im Sommer hatten sie ihre Arbeit und konnten sich nur wenig mit uns abgeben, da war es aber auch nicht notwendig, denn wir spielten von früh bis spät, von der Betzeit bis zur Bettzeit im Garten und hatten an den Schmetterlingen Gesellschaft genug. Aber im Winter, bei Regen und Schnee, wo wir aufs Haus beschränkt waren, ging fast alles, was uns unterhielt und erheiterte, von ihnen aus.

Die Frau des Tagelöhners, Meta mit Namen, eine riesige, etwas vorwärtsgebeugte Figur mit einem alttestamentarisch ehernen Gesicht, an das ich durch die Cumäische Sibylle des Michelangelo in der Sixtinischen Kapelle lebhaft wieder erinnert worden bin, kam gewöhnlich, ein rotes Tuch um den Kopf gewunden, in den langen Winterabenden zur Zeit der Dämmerung zu uns herum und blieb bis zum Lichtanzünden. Dann erzählte sie Hexen- und Spukgeschichten, die aus ihrem Munde eindringlicher als aus jedem anderen klangen; wir hörten vom Blocksberg und vom höllischen Sabbat, der Besenstiel, der so verächtlich erscheinende, erhielt seine unheimliche Bedeutung, und die finstre Schornsteinhöhle, die in jedem Hause, und also auch in dem unsrigen, auf eine so boshafte Weise von den Mächten der Hölle und ihren Dienerinnen mißbraucht werden konnte, flößte uns Entsetzen ein.

Genau erinnere ich mich noch des Eindrucks, den die Erzählung von der verruchten Müllerin, die sich nachts in eine Katze verwandelte, auf mich machte, und wie ich mich beruhigte, daß sie für diesen schlechten Streich doch endlich die gebührende Strafe erhielt; der Katze wurde nämlich, als sie einmal den nächtlichen Spaziergang antrat, von dem Müllerburschen, dem sie verdächtig vorkam, eine Pfote abgehauen, und am nächsten Tag lag die Müllerin mit blutigem rechten Arm ohne Hand im Bett.
Wenn Licht angezündet wurde, gingen wir gewöhnlich zum Nachbar Ohl hinüber, und in seiner Stube war es uns freilich heimlicher als in Metas Atmosphäre. Der Nachbar Ohl war ein

Mann, den ich nie verdrießlich gesehen habe, sooft er auch Ursache hatte, es zu sein. Mit leerem Magen, ja, was bei ihm mehr sagen wollte, mit leerer Pfeife tanzte, sang und pfiff er uns etwas vor, wenn wir kamen, und sein immer freundliches, ja vergnügtes Gesicht leuchtet mir, trotz der beträchtlich geröteten Nase, die ich mir nach der Erzählung meiner Mutter einmal mit Sehnsucht gewünscht haben soll, als ich, auf den Knien von ihm geschaukelt, zu ihm hinaufsah, und trotz der gewalkten, spitz zulaufenden Mütze, die er beständig trug, noch jetzt wie ein Stern.

Es hatte eine Zeit gegeben, wo er der einzige Maurer im Ort und Herr von zwanzig bis dreißig Gesellen gewesen war, von denen sich später viele zu Meistern aufwarfen und ihm die Arbeit wegnahmen; damals hätte er, wie man ihm nachsagte, sich eine sorgenfreie Zukunft gründen können, wenn er nicht die Kegelbahn zu oft besucht und ein gutes Glas Wein zu sehr geliebt hätte, aber wer die bösen Tage trug wie er, der war wegen des unbekümmerten Genusses der guten nicht zu schelten.
Ich kann seiner nicht ohne Rührung gedenken; wie sollte ich auch? Er hat den Paukenschläger und den Trompeter, die er mir und meinem Bruder einst zum Jahrmarkt schenkte, von dem Spielwarenverkäufer mit größter Mühe erborgt und sich, da seine Armut ihm das Abtragen der kleinen Schuld erst spät gestattete, noch nach Jahren, als ich schon lang und altklug an seiner Seite ging, darum mahnen lassen müssen. Unerschöpflich war er in Erfindungen, uns zu unterhalten, und da dazu bei Kindern nichts als guter Wille gehört, so mißlang es ihm nie.

Eine Hauptfreude war es für uns, wenn er ein Stück Kreide in die Hand nahm, sich mit uns an seinen runden Tisch setzte und zu zeichnen anfing, Mühlen, Häuser, Tiere und was es weiter gab. Dabei kamen ihm die lustigsten Einfälle, die mir noch in den Ohren klingen. Selbst sein höchster Genuß war keiner für ihn, wenn wir ihn nicht teilten. Er bestand darin, daß er des Sonntagsvormittags nach der Predigt und vor der Mahlzeit langsam zur Erinnerung an bessere Zeiten ein sogenanntes halbes Plank Branntewein trank und eine Pfeife dazu rauchte. Von diesem Branntewein mußten wir jeder einen Fingerhut voll bekommen, oder er schmeckte ihm selbst nicht. Das Getränk war allerdings nicht das schicklichste für uns, aber die Quantität war gering genug, um nachteilige Folgen zu verhüten, mein Vater verbot jedoch diese Sonntagsfeier, als er dahinterkam. Dies betrübte den guten Alten sehr, hielt ihn aber, wie ich hinzusetzen muß, nicht ab, uns wieder mittrinken zu lassen, nur daß es ganz in der Stille geschah und daß er uns dringend anempfahl, dem Vater nachher aus dem Wege zu gehen, damit er keine Gelegenheit erhalte, einen von uns zu küssen und so die Übertretung seiner Vorschrift zu entdecken; ein Kuß, den Lippen meines Bruders aufgedrückt, hatte ihm nämlich das erstemal das Spiel verraten.

Zuweilen brachte der eine oder der andere seiner beiden unverheirateten Brüder, die meistens im Lande herumstreiften und Taugenichtse sein mochten, den Winter bei ihm zu. Sie fanden bei ihm immer willig Aufnahme und blieben, bis sie der Frühling oder der Hunger forttrieb; er jagte sie nicht, so schmal sein Stück Brot war, er brach es mit Freuden noch einmal durch, aber wenn er gar nichts hatte, so konnte er freilich auch nichts geben.
Wenn Onkel Hans oder Johann kamen, war es für uns ein Fest, denn sie ließen ein neues Stück Welt in unser Nest fallen, sie erzählten uns von Wäldern und ihren Abenteuern darin, von Räubern und Mördern, denen sie nur kaum entgangen seien, von Schwarzsauer, das sie in einsamen Waldschenken gegessen, und von Menschenfingern und Zehen, die sie zuletzt auf dem Grunde der Schüssel gefunden haben wollten.

Der Hausfrau waren die aufschneiderischen Schmarotzerschwäger höchst unwillkommen, denn sie trug die Last des Lebens nicht so leichten Muts wie ihr Mann, und sie wußte, daß sie nicht wieder gingen, solange noch ein Stück Speck im Schornstein hing, aber sie begnügte sich, heimlich zu murren und etwa gegen meine Mutter ihr Herz auszuschütten.

Uns Kinder hatte auch sie gern und beschenkte uns im Sommer, sooft sie konnte, mit roten und weißen Johannisbeeren, die sie sich selbst von einer geizigen Freundin erbettelte, ich scheute jedoch ihre zu große Nähe, denn sie machte sich ein Geschäft daraus, mir die Nägel zu beschneiden, sooft es not tat, und das war mir, wegen des damit verbundenen prickelnden Gefühls in den Nervenenden, äußerst verhaßt.

Sie las fleißig in der Bibel, und der erste starke, ja fürchterliche Eindruck aus diesem düstern Buch kam mir, lange bevor ich selbst darin zu lesen vermochte, durch sie, indem sie mir aus dem Jeremias die schreckliche Stelle vorlas, worin der zürnende Prophet weissagt, daß zur Zeit der großen Not die Mütter ihre eigenen Kinder schlachten und sie essen würden. Ich erinnere mich noch, welch ein Grausen diese Stelle mir einflößte, als ich sie hörte, vielleicht, weil ich nicht wußte, ob sie sich auf die Vergangenheit oder auf die Zukunft, auf Jerusalem oder auf Wesselburen bezog, und weil ich selbst ein Kind war und eine Mutter hatte.
In meinem vierten Jahre wurde ich in eine Klippschule gebracht. Eine alte Jungfer, Susanna mit Namen, hoch und männerhaft von Wuchs, mit freundlichen blauen Augen, die wie Lichter aus einem grau-blassen Gesicht hervorschimmerten, stand ihr vor.

Wir Kinder wurden in dem geräumigen Saal, der zur Schulstube diente und ziemlich finster war, an den Wänden herumgepflanzt, die Knaben auf der einen Seite, die Mädchen auf der andern; Susannas Tisch, mit Schulbüchern beladen, stand in der Mitte, und sie selbst saß, ihre weiße tönerne Pfeife im Munde und eine Tasse Tee vor sich, in einem Respekt einflößenden, urväterlichen Lehnstuhl dahinter. Vor ihr lag ein langes Lineal, das aber nicht zum Linienziehen, sondern zu unserer Abstrafung benutzt wurde, wenn wir mit Stirnerunzeln und Räuspern nicht länger im Zaum zu halten waren; eine Tüte voll Rosinen, zur Belohnung außerordentlicher Tugenden bestimmt, lag daneben. Die Klapse fielen jedoch regelmäßiger als die Rosinen, ja die Tüte war, so sparsam Susanna auch mit dem Inhalt umging, zuweilen völlig leer, wir lernten daher Kants kategorischen Imperativ zeitig genug kennen. An den Tisch wurde groß und klein von Zeit zu Zeit herangerufen, die vorgerückteren Schüler zum Schreibunterricht, der Troß, um seine Lektion aufzusagen und, wie es nun kam, Schläge auf die Finger mit dem Lineal oder Rosinen in Empfang zu nehmen.
Eine unfreundliche Magd, die sich hin und wieder sogar einen Eingriff ins Strafamt erlaubte, ging ab und zu und ward von dem jüngsten Zuwachs mitunter auf äußerst unerfreuliche Weise in Anspruch genommen, weshalb sie scharf darüber wachte, daß er nicht zu viel von den mitgebrachten Süßigkeiten zu sich nahm.
Hinter dem Hause war ein kleiner Hof, an den Susannas Gärtchen stieß; auf dem Hof trieben wir in den Freistunden unsre Spiele, das Gärtchen wurde vor uns verschlossen gehalten. Es stand voll Blumen, deren phantastische Gestalten ich noch im schwülen Sommerwind schwanken sehe; von diesen Blumen brach Susanna uns bei guter Laune wohl hin und wieder einige ab, jedoch erst dann, wenn sie dem Welken nah waren; früher raubte sie den sauber angelegten und sorgfältig gejäteten Beeten, zwischen denen sich Fußsteige hinzogen, die kaum für die hüpfenden Vögel breit genug schienen, nichts von ihrem Schmuck.

Susanna verteilte ihre Geschenke übrigens sehr parteiisch. Die Kinder wohlhabender Eltern erhielten das Beste und durften ihre oft unbescheidenen Wünsche laut aussprechen, ohne zurechtgewiesen zu werden; die ärmeren mußten mit dem zufrieden sein, was übrigblieb, und bekamen gar nichts, wenn sie den Gnadenakt nicht stillschweigend abwarteten.
Das trat am schreiendsten zu Weihnacht hervor. Dann fand eine große Verteilung von Kuchen und Nüssen statt, aber in treuster Befolgung der Evangeliumsworte: Wer da hat, dem wird gegeben! Die Töchter des Kirchspielschreibers, einer gewaltigen Respektsperson, die Söhne des Arztes usw. wurden mit halben Dutzenden von Kuchen, mit ganzen Tüchern voll Nüssen beladen; die armen Teufel dagegen, deren Aussichten für den Heiligen Abend im Gegensatz zu diesen ausschließlich auf Susannas milder Hand beruhten, wurden kümmerlich abgefunden. Der Grund war, weil Susanna auf Gegengeschenke rechnete, auch wohl rechnen mußte, und von Leuten, die nur mit Mühe das Schulgeld aufzubringen wußten, keine erwarten durfte.

Ich wurde nicht ganz zurückgesetzt, denn Susanna erhielt im Herbst regelmäßig von unserem Birnbaum ihren Tribut, und ich genoß ohnehin meines »guten Kopfs« wegen vor vielen eine Art von Vorzug, aber ich empfand den

Unterschied doch auch und hatte besonders viel von der Magd zu leiden, die mir das Unschuldigste gehässig auslegte, das Ziehen eines Taschentuchs zum Beispiel einmal als ein Zeichen, daß ich es gefüllt haben wolle, was mir die glühendste Schamröte auf die Wangen und die Tränen in die Augen trieb.
Sobald Susannas Parteilichkeit und die Ungerechtigkeit ihrer Magd mir ins Bewußtsein traten, hatte ich den Zauberkreis der Kindheit überschritten. Es geschah sehr früh.
Noch jetzt sind mir aus dieser Schulstube zwei Momente lebhaft gegenwärtig.
Ich erinnere mich zunächst, daß ich dort von der Natur und dem Unsichtbaren, das der ahnende Mensch hinter ihr vermutet, den ersten furchtbaren Eindruck empfing. Das Kind hat eine Periode, und sie dauert ziemlich lange, wo es die ganze Welt von seinen Eltern, wenigstens von dem immer etwas geheimnisvoll im Hintergrund stehenbleibenden Vater, abhängig glaubt und wo es sie ebensogut um schönes Wetter wie um ein Spielzeug bitten könnte.

Diese Periode nimmt natürlich ein Ende, wenn es zu seinem Erstaunen die Erfahrung macht, daß Dinge geschehen, welche den Eltern so unwillkommen sind wie ihm selbst die Schläge, und mit ihr entweicht ein großer Teil des mystischen Zaubers, der das heilige Haupt der Erzeuger umfließt, ja es beginnt erst, wenn sie vorüber ist, die eigentliche menschliche Selbständigkeit. Mir öffnete ein fürchterliches Gewitter, das mit einem Wolkenbruch und einem Schloßenfall verbunden war, die Augen über diesen Punkt.
Es war ein schwüler Sommernachmittag, einer von denen, welche die Erde ausdörren und alle ihre Kreaturen rösten. Wir Kinder saßen träge und gedrückt mit unseren Katechismen oder Fibeln auf den Bänken umher, Susanna selbst nickte schlaftrunken ein und ließ uns die Späße und Neckereien, durch die wir uns wach zu erhalten suchten, nachsichtig hingehen, nicht einmal die Fliegen summten, bis auf die ganz kleinen, die immer munter sind, als auf einmal der erste Donnerschlag erscholl und im wurmstichigen Gebälk des alten ausgewohnten Hauses schmetternd und krachend nachdröhnte. In desperatester Mischung, wie es eben nur bei Gewittern des Nordens vorkommt, folgte nun ein Schloßengeprassel, welches in weniger als einer Minute an der Windseite alle Fensterscheiben zertrümmerte, und gleich darauf, ja dazwischen, ein Regenguß, der eine neue Sündflut einzuleiten schien.

Wir Kinder, erschreckt auffahrend, liefen schreiend und lärmend durcheinander; Susanna selbst verlor den Kopf, und ihrer Magd gelang es erst, die Läden zu schließen, als nichts mehr zu retten, sondern der bereits hereingebrochenen Überschwemmung zur Erhöhung des allgemeinen Entsetzens und zur Vermehrung der eingerissenen Verwirrung nur noch die ägyptische Finsternis beizugesellen war. In den Pausen zwischen dem einen Donnerschlag und dem anderen faßte Susanna sich zwar notdürftig wieder und suchte ihre Schützlinge, die sich, je nach ihrem Alter, entweder an ihre Schürze gehängt hatten oder für sich mit geschlossenen Augen in den Ecken kauerten, nach Kräften zu trösten und zu beschwichtigen; aber plötzlich zuckte wieder ein bläulich flammender Blitz durch die Ladenritzen, und die Rede erstarb ihr auf den Lippen, während die Magd, fast so ängstlich wie das jüngste Kind, heulend aufkreischte: »Der liebe Gott ist bös!« und wenn es wieder finster im Saal wurde, pädagogisch griesgrämlich hinzusetzte: »Ihr taugt auch alle nichts!«

Dies Wort, aus so widerwärtigem Munde es auch kam, machte einen tiefen Eindruck auf mich, es nötigte mich, über mich selbst und über alles, was mich umgab, hinaufzublicken, und entzündete den religiösen Funken in mir.
Aus der Schule ins väterliche Haus zurückgeholt, fand ich auch dort den Greuel der Verwüstung vor; unser Birnbaum hatte nicht bloß seine jungen Früchte, sondern auch seinen ganzen Blätterschmuck verloren und stand kahl da wie im Winter; ja ein sehr ergiebiger Pflaumenbaum, der nicht nur uns selbst, sondern noch obendrein den halben Ort und wenigstens unsre ziemlich weitläufige Gevatterschaft zu versorgen pflegte, war sogar um den reichsten seiner Äste gekommen und glich in seiner Verstümmelung einem Menschen mit gebrochenem Arm. War es nun schon für die Mutter ein leidiger Trost, daß unser Schwein jetzt auf acht Tage mit leckerer Kost versehen sei, so wollte er mir ganz und gar nicht eingehen, und kaum die reichlich umherliegenden Glasscherben, aus de-

nen sich auf die leichteste Weise von der Welt durch Unterklebung mit feuchter Erde die trefflichsten Spiegel machen ließen, boten für die unwiederbringlichen Herbstfreuden einigen Ersatz.

Jetzt aber begriff ich's auf einmal, warum mein Vater des Sonntags immer in die Kirche ging und warum ich nie ein reines Hemd anziehen durfte, ohne dabei: »Das walte Gott!« zu sagen; ich hatte den Herrn aller Herren kennengelernt, seine zornigen Diener Donner und Blitz, Hagel und Sturm hatten ihm die Pforten meines Herzens weit aufgetan, und in seiner vollen Majestät war er eingezogen. Es zeigte sich auch kurz darauf, was innerlich mit mir vorgegangen war, denn als der Wind eines Abends wieder mächtig in den Schornstein blies und der Regen stark aufs Dach klopfte, während ich zu Bett gebracht wurde, verwandelte sich das eingelernte Geplapper meiner Lippen plötzlich in ein wirkliches ängstliches Gebet, und damit war die geistige Nabelschnur, die mich bis dahin ausschließlich an die Eltern gebunden hatte, zerrissen, ja es kam gar bald so weit, daß ich mich bei Gott über Vater und Mutter zu beklagen anfing, wenn ich ein Unrecht von ihnen erfahren zu haben glaubte. Weiter knüpfte sich an diese Schulstube mein erster und vielleicht bitterster Martergang. Um deutlich zu machen, was ich sagen will, muß ich etwas ausholen.

Schon in der Kleinkinderschule finden sich alle Elemente beisammen, die der reifere Mensch in potenzierterem Maße später in der Welt antrifft. Die Brutalität, die Hinterlist, die gemeine Klugheit, die Heuchelei, alles ist vertreten, und ein reines Gemüt steht immer so da wie Adam und Eva auf dem Bilde unter den wilden Tieren. Wieviel hievon der Natur, wieviel der ersten Erziehung oder vielmehr der Verwahrlosung von Haus aus beizumessen ist, bleibe hier unentschieden: die Tatsache unterliegt keinem Zweifel.
Das war denn auch in Wesselburen der Fall. Von dem rohen Knaben an, der die Vögel bei lebendigem Leibe rupfte und den Fliegen die Beine ausriß, bis zu dem fixfingrigen Knirps herunter, der seinen Kameraden die buntpapiernen Merkzeichen aus der Fibel stahl, war jede Spezies vorhanden, und das Schicksal, das die besser gearteten und darum zum Leiden verdammten Mitschüler den jungen Sündern zuweilen in Zorn prophezeiten, wenn sie eben Gegenstand ihrer Foppereien oder ihrer Heimtücke geworden waren, ging an mehr als einem buchstäblich in Erfüllung. Der Auswurf hat immer insoweit Instinkt, daß er weiß, wen sein Stachel am ersten und am schärfsten trifft, und so war denn ich den boshaften Anzapfungen eine Zeitlang am meisten ausgesetzt.

Bald stellte sich einer, als ob er sehr eifrig im Katechismus läse, den er dicht vors Gesicht hielt, raunte mir aber übers Blatt weg allerlei Schändlichkeiten ins Ohr und fragte mich, ob ich noch dumm genug sei, zu glauben, daß die Kinder aus dem Brunnen kämen und daß der Storch sie heraufhole. Bald rief ein anderer mir zu: »Willst du einen Apfel haben, so nimm ihn dir aus meiner Tasche, ich habe einen für dich mitgebracht!« Und wenn ich das tat, so schrie er: »Susanna, ich werde bestohlen!« und leugnete sein Wort ab. Ein Dritter bespuckte wohl gar sein Buch, fing dann zu heulen an und behauptete mit frecher Stirn, ich habe es getan. War ich nun solchen Vexationen fast allein preisgegeben, teils weil ich sie am empfindlichsten aufnahm und teils weil sie wegen meiner großen Arglosigkeit am besten bei mir glückten, so gab es dagegen auch andere, die sich alle ohne Ausnahme gefallen lassen mußten. Dazu gehörten vorzugsweise die Prahlereien einiger hoch aufgeschossener Rangen, die uns übrigen in Jahren beträchtlich voraus waren, aber trotzdem noch auf der Abc-Bank saßen und von Zeit zu Zeit die Schule schwänzten. Sie hatten an und für sich nichts davon als doppelte und dreifache Langeweile, denn nach Hause durften sie nicht kommen, und Spielkameraden fanden sie nicht, es blieb ihnen daher nichts übrig, als sich hinter einen Zaun hinzuducken oder in einem ausgetrockneten Wassergraben zu lauern, bis die Erlösungsstunde schlug, und sich dann, als ob sie gewesen wären, wo sie sein sollten, auf dem Heimgang unter uns zu mischen. Aber sie wußten sich zu entschädigen und sich den Spaß nachträglich zu bereiten, wenn sie wieder in die Schule kamen und uns ihre Abenteuer berichteten.

Da war einmal der Vater ganz dicht am Zaun vorbeigegangen, das spanische

Rohr, womit er sie durchzuwalken pflegte, in der Hand, und hatte sie doch nicht bemerkt; da war ein anderes Mal die Mutter, vom Spitz begleitet, an den Graben gekommen, der Hund hatte sie aufgeschnüffelt, die Mutter sie entdeckt und die Lüge, daß sie von Susanna selbst hergeschickt seien, um ihr Kamillenblumen zu pflücken, ihnen doch noch durchgeholfen. Dabei brüsteten sie sich wie alte Soldaten, die den verwunderten Rekruten ihre Heldentaten erzählen, und die Applikation lautete stets: Wir riskieren Peitsche und Stock, ihr höchstens die Rute, und dennoch wagt ihr nichts!
Dies war verdrießlich und um so mehr, da sich die Wahrheit nicht ganz in Abrede stellen ließ; als daher der Sohn eines Altflickers einst mit zerbleutem Rücken zur Schule kam und uns mitteilte, sein Vater habe ihn ertappt und ihn derb mit dem Knieriemen gezüchtigt, er werde es nun aber um so öfter probieren, denn er sei kein Hase, beschloß auch ich, meine Courage zu zeigen, und das noch denselben Nachmittag.

Ich ging also, als meine Mutter mich zur gewohnten Stunde, mit zwei saftigen Birnen für den Durst ausgerüstet, fortschickte, nicht zu Susanna, sondern verkroch mich mit klopfendem Herzen und ängstlich rückwärts spähend in den Holzschuppen unseres Nachbars, des Tischlers, von seinem Sohn, der viel älter war als ich und schon mit in der Werkstatt hantierte, dazu aufgemuntert und dabei unterstützt. Es war sehr heiß und mein Schlupfwinkel so dunkel als dumpf, die beiden Birnen hielten nicht lange vor, auch aß ich sie nicht ohne Gewissensbisse, und eine im Hintergrund mit ihren Jungen kauernde alte Katze, die bei der geringsten meiner Bewegungen grimmig knurrte, trug nicht auf die angenehmste Weise zu meiner Zerstreuung bei. Die Sünde führte ihre Strafe unmittelbar mit sich, ich zählte alle viertel und halbe Stunden der Uhr, deren Schläge gellend und, wie es mir vorkam, drohend vom hohen Turm zu mir herüberdrangen, ich ängstete mich ab, ob ich auch wohl unbemerkt aus dem Schuppen wieder herauskommen werde, und ich dachte nur sehr selten und äußerst flüchtig an den Triumph, den ich morgen zu feiern hoffte.

Es war bereits ziemlich spät, da trat meine Mutter in den Garten und ging, vergnügt und fröhlich um sich blickend, zum Brunnen, um Wasser zu schöpfen. Sie kam fast an mir vorbei, und mir stockte schon davon der Atem, aber wie ward mir erst, als der Vertraute meines Geheimnisses sie plötzlich fragte, ob sie auch wohl wisse, wo Christian sei, und auf ihre stutzend abgegebene Antwort: »Bei Susanna!« halb schalkhaft, halb schadenfroh versetzte: »Nein! nein! Bei der Katze!« und ihr blinzelnd und zwinkernd mein Versteck zeigte. Ich sprang, vor Wut außer mir, hervor und stieß nach dem lachenden Verräter mit dem Fuß, meine Mutter aber, das ganze Gesicht eine Flamme, setzte ihren Eimer beiseite und packte mich bei Armen und Haaren, um mich noch in die Schule zu bringen. Ich riß mich los, ich wälzte mich auf dem Boden, ich heulte und schrie, aber alles war umsonst, sie schleppte mich, viel zu empört darüber, in ihrem überall gepriesenen stillen Liebling einen solchen Missetäter zu entdecken, um auf mich zu hören, mit Gewalt fort, und mein fortgesetztes Widerstreben hatte keine andere Folge, als daß alle Fenster an der Straße aufgerissen wurden und alle Köpfe herausschauten. Als ich ankam, wurden meine Kameraden gerade entlassen, sie rotteten sich aber um mich herum und überhäuften mich mit Spott und Hohn, während Susanna, die einsehen mochte, daß die Lektion zu streng war, mich zu begütigen suchte.
Seit jenem Tage glaube ich zu wissen, wie dem Spießrutenläufer zumute ist.

(17)

PETER ROSEGGER

Geboren am 31. Juli 1843
in Alpl in der Steiermark,
Hirtenjunge, Schneider,
gestorben am
26. Juni 1918
in Krieglach

DREIHUNDERTVIERUNDSECHZIG UND EINE NACHT

Mein Vater hatte vier große Ziegen im Stalle stehen, so wie er vier Kinder hatte, welche zu den ersteren stets in enger Beziehung standen. Jede der Ziegen hatte ihren kleinen Futterbarren, aus dem sie Heu und Klee fraß, während wir sie molken. Keine einzige gab die Milch am leeren Barren. Die Ziegen hießen Zitzerl, Zutzerl, Zeitzerl und Heitzerl und waren, eben auch einer schönen Schenkung zufolge, das Eigentum von uns Kindern. Das Zitzerl und das Zutzerl gehörten meinen zwei Schwesterchen; das Zeitzerl meinem achtjährigen Bruder Jakoberle, das Heitzerl war mein!

Jedes von uns pflegte und hütete sein ihm zugeteiltes Gespons in Treue; die Milch aber taten wir zusammen in einen Topf, die Mutter kochte sie, der Vater schenkte uns dazu die Brotschnitten – und Gott der Herr den Hunger.

Und wenn wir so mit den breiten Holzlöffeln, die unser Oheim geschnitzt hatte und die ihrer Ausdehnung wegen fürs erste kaum in den Mund hinein-, fürs zweite kaum aus demselben herauszubringen waren, unser Nachtmahl ausgeschaufelt hatten, so nahmen wir jedes unseren Roßhaarkotzen und legten uns, eins wie's andere, in den Futterbarren der Ziegen. Das waren eine Zeitlang unsere Betten, und die lieben Tiere befächelten uns mit ihren weichen Bärten die Wangen und beleckten uns die Näschen.

Aber wie wir Kindlein auch in der Krippe lagen, so kam das Einschlafen auch nicht just immer nach dem ersten Lecken. Ich hatte von unserer Ahne eine Menge wundersamer Geschichten und Märchen im Kopfe.

Die erzählte ich nun in solchen Abendstunden, und meine Geschwister waren darüber glückselig, und die Ziegen hörten auch nicht ungern zu; nur daß diese dann und wann, wenn ihnen das Ding gar zu unglaublich vorkam, so ein wenig vor sich hinmeckerten oder mit den Hörnern ungeduldig an den Barren pufften. Einmal, als ich von der Habergaiß erzählte, die, wenn sie um Mitternacht auf dem Felde schreit, den Haber (Hafer) schwarz macht und die nichts frißt als die grauen Bärte alter Kohlenbrenner, da begann mein Heitzerl dermaßen zu meckern, daß die andern drei auch mit einstimmten, bis meine Geschwister schließlich in ein fürchterliches Gelächter ausbrachen und ich wie ein überwiesener Aufschneider erbärmlich schweigen mußte.

Von derselben Zeit an erzählte ich meinen Schlafgenossen lange keine Geschichten, und ich nahm mir vor, mit dem Heitzerl mein Lebtag kein Wort mehr zu reden.

Da kam der Sonnwendtag. An diesem Tage kochte uns die Mutter den üblichen Eierkuchen, mein liebstes Essen auf der Welt. In diesem Jahre aber hatte uns der Geier die beste Leghenne geholt, so wollte sich das Eierkörblein nicht mehr füllen, und als am Sonnwendtag der Kuchen kam, war er ein gar kleinwinzig Küchlein.

Wehmütig lugte ich hin auf den Holzteller.

Mein fünfjährig Schwesterchen guckte mich an, und wie wenn es meine Sehnsucht wahrgenommen hätte, rief es plötzlich: »Du, Peterl, du! Wenn du uns ein ganzes Jahr in jeder Nacht eine Geschichte erzählen magst, so schenk' ich dir meinen Teil von dem Kuchen!«

Dieser hochherzigen Entäußerung der Kleinen

stimmten seltsamerweise auch die anderen bei, sie patschten in die Händchen, und ich ging die Bedingung ein. So stand ich denn plötzlich am Ziele meiner Wünsche und hatte auch mein Ehrgeiz etwas davon.

Ich nahm meinen Kuchen unter die Jacke hinein und ging damit in die Milchkammer, wo mich niemand sehen und stören konnte. Dort verriegelte ich die Tür, setzte mich auf einen umgestülpten Zuber und ließ meine zehn Finger und das wohlgeordnete Heer meiner Zähne über den armen kleinen Kuchen los. Aber nun kamen die Sorgen; daß meine Geschwister strenge auf ihrer Forderung bestehen würden, daran konnte kein Zweifel obwalten. Ihr Opfer war groß genug gewesen. – Ich ging auf meinen Hirtenzügen jeden Pecher, Kohlenbrenner, Halter und jedes wohlerfahrene Weiblein, wie ich's im Wald und auf der Heide traf, um eine Geschichte an. Es waren ergiebige Quellen, und ich war jeden Abend in der Lage, meiner Schuldigkeit nachzukommen. Mitunter allerdings war's ein Elend, bis ich was Neues auftrieb, und nach einer Zeit geschah es nicht selten, daß das Schwesterlein, mich unterbrechend, von seinem Barren herüberrief: »Du! Die wissen wir, die hast uns schon erzählt!«

Ich sah wohl, daß ich auf neue Wege sinnen mußte, und war daher bemüht, das Lesen besser zu lernen, um aus manchen Geschichtenbüchern, wie sie in den Waldhütten nutzlos auf den rußigen Wandstellen herumlagen, Schätze zu ziehen. Nun hatte ich neue Quellen: die Geschichte von der Pfalzgräfin (das Jakoberle sagte immer Schmalzgräfin) Genovefa; die vier Heimonskinder; die schöne Melusina; Wendelin von Höllenstein – ganz wunderbare Dinge zu Dutzenden. Da sagte mein Bruder wohl oft aus seiner Krippe heraus: »Mein Kuchen reut mich gar nicht! Das ist wohl so viel unmöglich schön. Gelt, Zeitzerl?« Nun wurden die Abende zu kurz, und ich mußte eine solche Geschichte in Fortsetzungen geben, womit aber klein Schwesterchen schier nicht einverstanden sein wollte, denn es behauptete, in jeder Nacht eine *ganze* Geschichte! so sei es ausgemacht.

So verging das Jahr. Ich erwarb mir nach und nach eine gewisse Fertigkeit im Erzählen und tat es sogar hochdeutsch, wie es in den Büchern stand! Oft geschah es auch, daß sich während des Erzählens meine Zuhörer tief in die Kotzen vergruben und vor Schauer über die Räuber- und Geistergeschichten zu stöhnen anhuben; aber aufhören durfte ich doch nicht. Es war schon wieder der Sonnwendtag nahe, und mit ihm die Lösung meines Vertrages. Doch – ein eigen Geschick! – noch vor dem letzten Abend ging mir gänzlich der Faden aus. Alle meine Erinnerungen, alle Bücher, deren ich habhaft werden konnte, alle Männlein und Weiblein, denen ich begegnete, waren erschöpft – alles ausgepumpt – alles hoffnungslose Dürre. Bat ich meine Geschwister: »Morgen ist der letzte Abend – schenkt ihn mir!« War ein Geschrei: »Nein, nein, nichts schenken! Du hast deinen Sonnwendkuchen 'kriegt!« Gar die Ziegen meckerten mit.

Am nächsten Tage ging ich herum wie ein verlorenes Schaf. Da kam mir plötzlich der Gedanke: Betrüge sie! Dichte was zusammen! Aber allsogleich schrie das Gewissen drein: Was du erzählst, das muß wahrhaftig sein! Du hast den Kuchen wahrhaftig bekommen!
Doch geschah im Laufe dieses Tages ein Ereignis, von dem ich hoffte, daß es im Drange der Aufregung mich meiner Pflicht entbinden würde.
Mein Bruder Jakoberle verlor sein Zeitzerl. Er ging in Kreuz und Krumm über die Heide, er

ging in den Wald und suchte weinend und rufend die Ziege. Aber endlich spät am Abend brachte er sie heim. Ruhig aßen wir unsere Suppe, gingen in unsere Krippen, und von mir wurde die Geschichte verlangt.
Es war still. Die Zuhörer harrten in Erwartung.
Die Ziegen scharrten im Wiederkauen mit den Zähnen.
Nun denn, so sollen sie die Geschichte haben.
Ich sann – ich begann:

Es war einmal ein großer, großer Wald gewesen. Und in dem Wald war es allweg finster gewesen. Keine Vöglein haben gesungen; nur der Totenvogel hat geschrien. Wenn aber doch die andern Vögel auch gesungen, da haben auf den Bäumen alle Äste und alle Blätter vieltausend Tränen geweint. Mitten in diesem Wald ist eine Heide, wie der Totenacker so still, und wer über dieselbe hingeht und nicht umkehrt, der kommt nicht mehr zurück. Über diese Heide sind einmal zwei blutige Knie gegangen.«
»Jesses Ma –!« rief mein älteres Schwesterlein aus, und alle drei krochen unter die Kotzen.
»Ja, zwei blutige Knie«, fuhr ich fort, »und die sind über die Heide dahingeschwebt gegen den finsteren Wald, wie verlorne Seelen. Aber auf einmal sind die zwei blutigen Knie . . .«
»Ich schenk' dir mein blaues Hosenband, wenn du still bist!« wimmerte mein Bruder angstvoll und verbarg sich noch tiefer in die Decke.
». . . sind die zwei blutigen Knie stillgestanden«, fuhr ich fort, »und auf dem Boden ist ein Stein gelegen, so weiß wie ein Leichentuch. Dann sind zwei funkelnde Lichtlein gewesen zwischen den Bäumen, und darauf sind vier andere blutige Knie dahergegangen . . .«
»Mein neues Paar Schuh' schenk' ich dir, wenn du aufhörst!« hauchte das Jakoberl in seinem Trog und zog aus lauter Furcht das Zeitzerl am Barte zu sich.
»Und so sind alle sechs zusammen gegangen durch den finsteren Wald und heraus auf die Heide und über das Haferfeld herab zu unserm Hause – und herein in den Stall . . .«

Jetzt kreischten alle drei auf, und sie wimmerten und wußten ihrer Angst kein Ende, und klein Schwesterlein versprach mir mit Zagen seinen Teil von dem auch heuer wieder zu erwartenden morgigen Sonnwendkuchen, wenn ich aufhöre. Ich aber fuhr fort! »Jetzt – na, jetzt hab' ich zum Anfang zu sagen vergessen, daß die zwei ersten blutigen Knie unserm Jakoberle und die vier letzteren seinem Zeitzerl gehört haben – wie sie heut im Wald herumgegangen sind, und daß die Knie nicht auswendig, sondern nur inwendig blutig gewesen sind.«

Brach auf einmal das Gelächter los. »Jeder Mensch hat zwei blutige Knie!« rief Schwesterlein, und die Ziegen meckerten, daß ein Jubel war.
Ich hatte meine Rolle ausgespielt. Dreihundertvierundsechzig Nächte lang hatte ich geglänzt als weiser, wahrhaftiger Geschichtenmann; die dreihundertfünfundsechzigste hatte mich entlarvt als argen Schwätzer.
Das Versprechen in betreff des zweiten Sonnwendkuchens wurde rückgängig gemacht; Schwesterlein erklärte, die Zusage sei nichts als Notwehr gewesen.
Und die Gläubigkeit meiner Zuhörer hatte ich mir verdorben ganz und gar, und wenn es in Zukunft an irgendeinem Erzählten seinen Zweifel ausdrücken wollte, so rief es einstimmig: »Aha, das ist wieder ein blutiges Knie!«

(18)

JEAN PAUL

*Eigentlich:
Jean Paul Friedrich Richter,
geboren am 21. März 1763
in Wunsiedel,*

*Hauslehrer, Legationsrat,
gestorben am
14. November 1825
in Bayreuth*

DER TRAUM VON DER MORGENRÖTE

Da sah ich draußen, nah oder fern, ich weiß es nicht, das rechte Land liegen, ausgedehnt, glänzend-dämmernd. Die Sonne schien als Ephemere in ihren eignen Strahlen zu spielen, und die Strahlen hörten auf. Nur die leisen Töne des rechten Landes flogen noch um mein Ohr. Goldgrüne Wölkchen regneten heiß übers Land, und flüssiges Licht tropfte überquellend aus Rosen- und Lilienkelchen. Ein Strahl aus einem Tautropfen schnitt herüber durch mein düsteres Meer, durchstach glühend das Herz und sog darin, aber das Tönen erfrischte es, daß es nicht welkte. Ich sagte laut: »Es regnet drüben heiße Freudentränen; nur die Liebe ist eine warme Träne, der Haß eine kalte.« – Tief hinten im Lande stiegen Welten, wie Dunstkügelchen, unter einem weit umhüllten Sonnenkörper auf. In der Mitte drehte sich ein Spinnrad um, die Sterne waren mit tausend Silberfäden daran gereihet, und es spann sich immer näher und enger vom Himmel hernieder. – An einer Lilie hing ein Bienenschwarm. Eine Rose spielte mit einer Biene, beide neckten sich mit ihren Stacheln und ihrem Honig. Eine schwarze Nachtblume wuchs gierig gen Himmel und bog sich immer heftiger über, je heller es wurde; eine Spinne lief und wob emsig im Blumenkelche, um mit Fäden die Nacht festzuhalten, ja den Leichenschleier der Welt zu spinnen; aber alle Fäden wurden betaut und schimmerten, und der ewige Schnee des Lichts lag auf den Höhen.

Es schläft alles im rechten Lande«, sagt' ich, »aber die Liebe träumt.« Ein Morgenstern kam und küßte eine weiße Rosenknospe und blühte mit ihr weiter – ein Zephyr hing sich küssend an einen Eichengipfel – einer der leisesten Töne kam und küßte eine Maiblume, und ihr Glöckchen wurde heftig emporgeweht – tausend warme Wolken kamen und hingen sich brünstig an Himmel und Erde zugleich – Turteltauben wiegten sich dufttrunken auf Nachtviolen und warfen girrend sich die Küsse auf Blumenblättern zu.

Auf einmal quoll am Himmel ein scharfblitzendes Sternchen heraus – es hieß die Aurora – wie vor Lust riß sich einen Augenblick mein Meer auf. – Statt der dämmernden Ebene lag ein fester breiter Blitz vor mir. Aber es schlug sich wieder zu, das verdämmerte Land erwachte, und alles wurde verändert; denn die Blumen, die Sterne, die Töne, die Tauben waren nur schlummernde Kinder gewesen. Nun umarmte jedes Kind ein Kind, und die Aurora klang unzählig darein. Die hohe Bildsäule des Donnergottes stand in der Landesmitte. Ein Kind um das andere flog auf den Steinarm und setzte einen Schmetterling auf den lebendigen Adler, der den Gott umkreiset. Dann flatterte das Kind wie leichtsinnig auf die nächste Wolke und sah herab nach seinem andern, das liebende Arme aufhob. Ach so wird schon Gott, vor dem wir ja alle Kinder sind, unser Lieben nehmen! Darauf spielten die Kinder untereinander »Liebens«. »Sei meine rote Tulpe«, sagte das eine, und das andere war sie und ließ sich an die Brust stecken. »Sei mein liebes Sternchen oben«, und es war es und wurde – an die Brust gesteckt. »Sei mein Gott« – »und du meiner«, aber dann verwandelten sich beide nicht, sondern sahen sich lange an voll zu großer Liebe und verschwanden wie sterbend dahin. – »Bleibe bei mir, mein Kind, wenn du von mir gehst«,

PHILIPP OTTO RUNGE 1809

sagte das bleibende; da wurde das scheidende in der Ferne ein kleines Abendrot, dann ein Abendsternchen, dann tiefer ins Land hinein nur ein Mondschimmer ohne Mond, und endlich verlor es sich ferner und ferner in einen Flöten- oder Philomelenton.

Aber der Morgenröte gegenüber stand eine Morgenröte auf; immer herzerhebender rauschten beide wie zwei Chöre einander entgegen, mit Tönen statt Farben, gleichsam als wenn unbekannte selige Wesen hinter der Erde ihre Freudenlieder heraufsingen. Die schwarze Blume mit der Spinne bog sich krampfhaft bis zum Knicken nieder. Zu einem Lilienkranze waren vom Rade die Sterne vom Himmel herabgesponnen, und er war nur hellblau gemacht. Der Allklang hatte die Blumen zu Bäumen gereift. Die Kinder waren dem Auge zu Menschen gewachsen und standen endlich als Götter und Göttinnen da, und sie sahen sehr ernst nach Morgen und Abend.

Die Chöre der Morgenröten schlugen jetzt wie Donner einander entgegen, und jeder Schlag zündete einen gewaltigern an. Zwei Sonnen sollten aufsteigen, unter dem Klingen des Morgens. Siehe, als sie kommen wollten, wurde es leiser, und dann überall still. Amor flog im Osten, Psyche flog im Westen auf, und sie fanden sich oben mitten im Himmel, und die beiden Sonnen gingen auf – es waren nur zwei leise Töne, zwei aneinander sterbende und erwachende; sie tönten vielleicht: »Du und ich«; zwei heilige, aber furchtbare, fast aus der tiefsten Brust und Ewigkeit gezogne Laute, als sage sich Gott das erste Wort und antworte sich das erste. Der Sterbliche durfte sie nicht hören, ohne zu sterben. Ich schlief in den Schlaf hinunter, doch, schlaf- und todestrunken, war mir, als verhülle und vergifte mich der Blumenduft eines vorbeifliegenden Paradieses . . .

Da fand ich mich plötzlich am alten ersten Ufer wieder, die böse Feindin stand wieder im Wasser; aber sie zitterte wie vor Frost und zeigte ängstlich auf das glatte Meer hinter ihr, mit den Worten: »Die Ewigkeit ist vorbei, der Sturm kommt, denn das Meer wird geregt.« Ich sah hin, und die Unermeßlichkeit gor zu unzähligen Hügeln auf und zum himmelhohen Sturme; doch tief im Horizont wallete hinter den Zacken ein sanftes Morgenlicht empor. Aber ich erwachte.

PHILIPP OTTO RUNGE 1808–1810

(19)

HANS FALLADA

Eigentlich: Rudolf Ditzen, geboren am 21. Juli 1893 in Greifswald, Rendant und Gutsvorsteher, Verlagsangestellter, gestorben am 5. Februar 1947 in Berlin

GESCHICHTE VON DER MURKELEI

Es war einmal ein Vater, der wünschte sich viele Kinder, am liebsten ein Dutzend, sechs Jungen und sechs Mädchen. Es geschah ihm aber nicht nach Wunsch, sondern er hatte nur zwei: einen Jungen, den nannte er den Murkel, und ein Mädchen, das hieß er die kleine Mücke.

Weil ihm das aber nicht genug war, dachte er sich noch mehr Kinder aus, zu seinen zweien noch zwei, so daß er doch wenigstens ein drittel Dutzend voll hatte. Von den ausgedachten Kindern nun nannte er das älteste Träumlein. Das war ebenso alt wie der Murkel und seine besondere Gefährtin; und wenn der Murkel ein Junge war, so war Träumlein ein Mädchen; war Murkel blond, so war Träumlein dunkel; war Murkel wild und laut, so war Träumlein sanft und leise.

In Wirklichkeit aber gab es Träumlein gar nicht, der Vater hatte sie sich nur ausgedacht. Keiner konnte Träumlein je erblicken, die Mutter nicht und der Murkel auch nicht. Nur der Vater sagte, er sähe sie immer, wann er nur wolle, und er wußte viel von ihr zu erzählen.

Und genau wie mit dem Träumlein war's mit dem Windwalt, den hatte sich der Vater als Spielgesellen für die kleine Mücke erdacht. Das war ein kleiner Junge, rasch wie der Wind und immer vergnügt. Am liebsten lief er barfuß, und stets vergaß er sein Taschentuch. Oft sagte der Vater kopfschüttelnd zu der kleinen Mücke, wenn ihr die Nase fortlief: »Genau wie dein Bruder Windwalt! Wo hast du denn dein Tüchlein? Und natürlich kann dir Windwalt wieder mal nicht aushelfen, denn er hat auch keins!«

Wenn nun der Vater mit den Kindern ausging, und er machte das Hoftor auf, so liefen erst die Hunde durch: Plisch und Peter. Dann kamen die Kinder: Murkel und Mücke. Dann wartete der Vater ein Weilchen, um auch Träumlein und Windwalt durchzulassen, und nun erst kam er nach und machte das Hoftor hinter sich zu. Murkel und Mücke faßten den Vater, eines rechts, eines links, und neben den beiden gingen wieder Träumlein und Windwalt. Wurde der Feldweg einmal sehr schmal, so mußten alle ganz eng nebeneinanderrücken, um Windwalt und Träumlein nicht ins Korn zu drängen. Voran aber tobte der Plischi, der noch jung war, und hintennach zottelte der Peter und ließ sich immer rufen, denn er war schon alt, viel älter als der Vater.

Wenn sie dann eine Weile so nebeneinander hergegangen waren und einander alles erzählt hatten, was der Tag mit sich gebracht hatte, Gutes wie Schlechtes, so rief der Vater wohl: »Kinder, nun lauft alle, und wer den Plischi zuerst greift, soll ihm ein Stück Zucker geben dürfen.«

Da stoben die Kinder los, und wer sonst sie laufen sah, sah nur zwei: den Murkel und die kleine Mücke. Der Vater aber sah vier, und er hastete hinterdrein, dem keuchenden alten Peter auf den Fersen, und er feuerte die Kinder an und rief: »Mücke, faß doch den Windwalt an!« Oder: »Murkel, willst du mal das Träumlein nicht schubsen!«

Dann streckte die kleine Mücke die Hand aus, und wenn sie auch nichts faßte, so war ihr doch, als liefe sie nicht mehr ganz allein, weit hinter dem Murkel. Und auch der besann

sich, sah sich um, wich zur Seite, während der Plischi, der wohl gemerkt hatte, daß die wilde Jagd ihm galt, immer fröhlicher voransprang und immer lauter bellte.
Am Ende aber blieb er doch stehen und ließ die Kinder zu sich, denn es war ihm wohl eingefallen, daß solch fröhliche Jagd stets mit einem Stück Zucker endete. Gab es dann Streit, wer ihn zuerst angefaßt hatte, der Murkel oder die Mücke, so war's keins von beiden gewesen, sondern etwa der Windwalt. Dann paßten die Kinder gut auf, wie der Vater dem Windwalt den Zucker gab. Der Windwalt aber war immer so heftig, daß der Zucker fast sofort aus der Hand des Vaters weiterflog in des Plischi Maul, oder aber zur Erde fiel, von der ihn dann die kleine Mücke aufheben durfte. Träumlein aber hatte immer lange Zeit, ließ den Zucker ruhig in Vaters Hand, und der Plischi mußte erst auf den Hinterbeinen stehen, gehen, tanzen – und machte er's sehr gut, flog plötzlich der Zucker durch die Luft in sein Maul – du sahest nicht, woher.

Zuerst trauten die beiden Kinder ihrem Vater noch nicht recht und meinten, Träumlein und Windwalt seien so etwas wie die Frau Holle und das Aschenputtel aus dem Märchen. Aber wie der Vater immer dabeiblieb und ernst sagte, sie seien wirklich da, die beiden, und es gebe alles, was der Mensch nur ernstlich glaube, da gewöhnten sie sich völlig an ihre unsichtbaren Geschwister.
Besonders schön war das, wenn es dunkel geworden war, und die Kinder lagen in ihren Betten, die Eltern aber saßen noch in einem andern Teil des Hauses. Die Betten der beiden Kinder standen weit auseinander, und sie durften nicht miteinander sprechen, sie taten es auch nicht. Aber flüstern konnten sie, daß es das andere nicht hörte, und das taten sie dann auch: Murkel mit Träumlein, Mücke mit Windwalt. Um sie war die dunkle Nacht, vielleicht ging vor den Fenstern grade der Wind. Sie hörten die alte Linde an dem Hausgiebel rauschen, aber sie waren nicht allein: eines sprach und eines hörte, sie durften alles erzählen, das Verbotene wie das Erlaubte – Windwalt und Träumlein schwatzten nicht.
Kam der Morgen und ging der Murkel, der schon groß war, mit Schiefertafel, Lese- und Rechenfibel in die Schule, so blieb die kleine Mücke doch nicht allein. Sie saß vielleicht in ihrer Sandkiste und baute aus Kirschkernen, die immer zahllos von genaschten Kirschen um den alten Kirschbaum lagen, und aus Gänseblümchen einen Garten. Und wenn etwas nicht gelang, so war der Windwalt daran schuld, gelang es aber sehr gut, so mußte es der Windwalt bewundern.
Unterdes saß der Murkel in der Schule, und wenn auf allen Schulbänken vier Kinder saßen, auf der seinen saßen fünf, ohne daß es der Lehrer merkte: das war das Träumlein, das an seiner Seite saß. Und es war ein Wunder, was das Träumlein alles wußte und wie es half, wenn man zu rasch gelesen hatte.
»Wie heißt das Wort?« fragte der Lehrer streng, denn der eilige Murkel hatte »weiche« gelesen, weil er wußte, daß das lange Wort danach »Heuhaufen« hieß, und es war doch richtig, daß die Heuhaufen weich sind.

Sah er das Wort aber nun näher an, so merkte er wohl, es konnte nicht »weiche« sein, es lag kein »ei« in seiner Mitte, wie ein Ei im Hühnernest. Wenn der Murkel nun das Wort vor den Heuhaufen immer länger anschaute – und es war wieder mal so ein häßliches Wort, wie er sie gar nicht mochte, oben lang und unten lang – und er kam nicht darauf, und der Lehrer sagte schon ganz ungeduldig: »Na, wird's nun bald –?! Das ist ein ganz leichtes Wort!« – da war's dem Murkel, als spräche etwas ganz leise neben ihm das Wort.
Der Lehrer rief ungeduldig: »Willst du mal nicht vorsagen, Ursel!«
Aber darum brauchte sich der Lehrer nicht zu sorgen: was die Ursula Hartig sagte, dahin hörte der Murkel gar nicht. Auf das Träumlein hörte er. Und das Träumlein flüsterte lautlos, mit dem Mund an seinem Ohr, ja, es war beinahe, als flüstere sie es inwendig: »H und o macht ho – eine Silbe! H und e macht he, andere Silbe! Eine Silbe ho, andere Silbe he . . .«
»Hohe Heuhaufen!« rief der Murkel laut.
»Das wurde aber auch Zeit«, sagte der Lehrer. »Setz dich!«

Und der Murkel setzte sich, ganz rot, nicht etwa, weil er sich schämte, sondern weil er so glücklich war. Er war aber so glücklich, weil ihm Träumlein geholfen hatte, und er fühlte genau, das Träumlein gab es wirklich. Der Vater

LUDWIG RICHTER 1863

hatte recht, es war in ihm und um ihn, auch ein Kind war nie allein.
Es kam eine Zeit in dem Leben der Kinder, da wurde der alte Hund Peter sehr krank. Die Haare fielen ihm aus, und er bekam Geschwüre über den ganzen Leib. Wenn die Kinder an seine Hütte liefen und fragten: »Wie ist es, Peter, der Vater geht mit uns aus – kommst du nicht mit?« – da hob der alte Hund mühsam den Kopf und sah die Kinder traurig mit seinen trüben Augen an und wedelte ein kleines bißchen mit seinem Schwanz.
Da fragte der Vater: »Wer von euch will hierbleiben und dem Peter ein wenig Gesellschaft leisten?«
Aber keins wollte es, nicht der Murkel, nicht die kleine Mücke.
»So müssen wir heute ganz ohne unsere Geschwister Windwalt und Träumlein gehen«, sagte der Vater. »Denn die bleiben nun hier. Das wird kein schöner Spaziergang.«

Und das wurde es auch wirklich nicht. Soviel die Kinder dem Vater auch zu erzählen hatten, mit der Zeit verstummten sie. Sie sahen über ihre Schultern, sie sahen rechts, sie sahen links – es war nur die Luft da, mit dem Sommerwind darin. Die war auch sonst da, doch sonst wußten sie, das Träumlein und der Windwalt waren in der Luft. Aber diesmal waren sie es nicht, diesmal waren die beiden daheim beim kranken Hunde Peter. – Und auch der Plischi schlich nur traurig mit und sprang nicht lustig wie sonst voraus, auch ihm fehlte sein Gefährte, der Peter.
Da drängten die Kinder, nach Haus zu kommen, so fehlten ihnen Windwalt und Träumlein. Als sie aber auf den Hof traten, war da ein Herr im weißen Mantel, das war der Tierdoktor, der sagte: »Ja, nun ist der alte Hund gestorben.« Murkel und Mücke fingen an zu weinen, und nun tat es ihnen erst recht weh, daß sie nicht bei ihrem alten Freunde geblieben waren und daß sie ihm nicht adieu gesagt hatten.
Sie begruben den Peter unter vielen Tränen auf der Wiese am Wasser, und am Abend fragten sie ein jedes seinen Gefährten, wie es mit Peter gewesen war, und sie hörten alles, Murkel von Träumlein, Mücke von Windwalt. Nun waren sie schon nicht mehr so traurig, denn es war ihnen, als seien sie doch ein ganz bißchen dabeigewesen.

So lebten die vier gemeinsam, und sie erlebten so viele Dinge miteinander, daß es gar nicht zu erzählen ist. Da war das eine Mal, daß die Kinder heimlich ins Boot gestiegen waren, und die kleine Mücke fiel ins tiefe Wasser und konnte doch nicht schwimmen. Der Murkel schrie, aber der Windwalt rannte wie der Wind, und der Vater kam aus dem Haus geschossen, schneller als eine Schwalbe, und holte die Mücke aus dem Wasser.
Ein anderes Mal waren die Kinder in die Priesterfichten gegangen, um die Nester von den alten Krähen hinunterzuschmeißen, die den ganzen Herbst und Winter zu Hunderten um das Haus krächzten, daß es ein Grausen war. Da verstieg sich der Murkel in einer Fichte und konnte nicht vor und zurück, und vor Hilflosigkeit und Angst fing er an zu brüllen. Die kleine Mücke aber lief aus Schreck fort. Da saß der Murkel nun oben, und die Krähen krächzten und schwirrten immer näher. Er meinte, vor Furcht zu vergehen, und hoffte, es käme jemand, der ihm hülfe. Es kam aber keiner.

Schließlich besann er sich auf das Träumlein, und sofort hörte er auch ihre leise Stimme, die immer war, als spräche sie in ihm. Sie wies ihm einen Aststumpf, auf den er den Fuß setzen konnte, einen Zweig, an dem Halt war. Sie sagte: »Mach nun die Augen zu, Murkel, und rutsch!« Und er machte die Augen zu und rutschte. Da war er heil und gesund unten.
Träumlein und Windwalt waren immer da, sie machten, daß ein Kind nie allein war. Sie redeten und sie waren stumm, sie liefen um die Wette und saßen still, sie halfen und sie hatten immer Zeit, ganz anders als die andern Kinder im Dorf.
Nun wurden die Kinder größer und größer – da wurde wieder alles ganz anders. Denn da geschah es, daß die Mutter anfing zu schelten, und sie sagte: »Vater, was ist das für eine schreckliche Murkelei mit unsern Kindern?! Das halte ich nicht mehr aus, und das mache ich nicht mehr mit! Die Mücke hat ihr Taschentuch verloren. ›Nein‹, sagt sie, ›der Windwalt hat's verspielt.‹ Der Murkel läßt die Tür offenstehen; er soll sie zumachen. ›Nein‹, sagt er, ›ich bin nicht zuletzt durchgegangen, das Träumlein war's.‹ So geht es nun alle Tage: ist ein Klecks im Schulheft, war's der Windwalt; das Loch hat Träumlein in die Hose gerissen; die Katze

Windwalt gezwickt; den Blumentopf Träumlein hinuntergestoßen – nein, was ist das für eine schreckliche Murkelei! Da finde ich nicht mehr heraus!«

Der Vater fragte die Kinder ernst, ob das wohl so wäre, ob alles Schlechte und Verkehrte die unsichtbaren Geschwister, alles Gute und Richtige aber Murkel und Mücke täten. Die Kinder senkten die Köpfe und antworteten nicht. Da sagte der Vater, er wolle es noch eine Woche mit ansehen, sei es dann nicht anders geworden, so müsse er Träumlein und Windwalt in die Welt schicken.
In dieser einen Woche wurde ein Spiegel zerbrochen: hatte der Windwalt getan. Vaters Zeitung lag zerrissen beim Plischi in der Hundehütte, statt auf seinem Schreibtisch: hatte keiner verschleppt, vielleicht aber das Träumlein ...
So ging es immer weiter, bis der Vater die Kinder an der Hand nahm und mit ihnen hinausging in das Land, auf einen Berg, wo man die Seen, die Wälder, die Dörfer und die weiten, langen Landstraßen sieht. Es war ein grauer, windiger Herbsttag, die Kinder gingen still an des Vaters Hand, traurig zottelte der Plischhund hinterdrein.

Als sie auf die Höhe des Berges gekommen waren und das Land unter sich sahen mit den vielen Straßen, nahm der Vater seine eigenen Kinder bei der Hand, und er sprach: »Nun gehet hinaus in die Welt, Träumlein und Windwalt! Meine Kinder wollen jetzt große Menschen sein, da können sie euch nicht mehr gebrauchen.« Und er winkte ihnen zu und rief: »Ihr seid treue und hilfreiche Geschwister gewesen, dafür sollt ihr vielmals bedankt sein. Vielleicht kommt noch einmal wieder eine Zeit, da wir euch brauchen können. Dann kommt ihr wieder zu uns!«
Die Kinder fingen an, jämmerlich zu weinen. Denn wenn sie in der letzten Zeit schon nicht mehr so recht an ihre Geschwister geglaubt hatten, sondern immer gedacht hatten, sie sind nur ein Märchen vom Vater – nun, da sie grausam in die herbstliche, windige Welt gestoßen sein sollten, gedachten sie, wie die lieben Unsichtbaren Abend für Abend bei ihnen in den Betten gelegen hatten, und sie taten ihnen von Herzen leid. Doch vor allen Tränen hatten sie nicht gesehen, welche Straße Windwalt und Träumlein gegangen waren. Darüber bekamen sie schon auf dem Heimweg das Zanken, der Vater aber ging still nebenher, denn er hatte seine Kinder Windwalt und Träumlein von Herzen liebgehabt.

Die Zeit ging und ging, und die Kinder wurden große Leute, die keiner mehr Mücke und Murkel nannte, sondern Herr und Fräulein, und sie hatten so viel zu tun und zu denken, daß sie ihre alten Geschwister fast ganz vergaßen und gar nie mehr an sie dachten. Nur der Vater, der nun sehr alt geworden war, dachte noch an sie, und er sprach oft mit der Mutter darüber, welch lustige Murkelei doch das Haus gewesen war, als darin noch die kleine Mücke, der Windwalt, das Träumlein und der Murkel lebten.
Nach abermals einer Zeit aber bekamen die Mücke wie der Murkel selber Kinder, und als diese Kinder größer geworden waren, verlangten sie, daß ihnen Mücke und Murkel erzählten, wie es gewesen war, als sie selbst Kinder waren. Da besannen sich Mücke und Murkel auf das Träumlein und den Windwalt, und sie erzählten ihren Kindern vieles von den beiden. Und den Kindern war es ganz so, als hätten Träumlein und Windwalt wirklich gelebt, und es waren doch nur ausgedachte Kinder!

So aber ist es auf dieser Welt: Wenn man etwas nur wirklich glaubt, so ist es auch da. Es gibt nicht bloß, was man mit Augen sieht und mit Ohren hört. Von Windwalt und dem Träumlein und von der ganzen Murkelei hast du eben noch nichts gewußt. Aber nun weißt du von ihnen, und nun sind sie auch da, siehst du wohl!

HEINRICH HEINE

MEIN KIND, WIR WAREN KINDER . . .

Mein Kind, wir waren Kinder,
zwei Kinder, klein und froh;
wir krochen ins Hühnerhäuschen,
versteckten uns unter das Stroh.

Wir krähten wie die Hähne,
und kamen Leute vorbei –
»kikereküh!« sie glaubten,
es wäre Hahnengeschrei.

Die Kisten auf unserem Hofe,
die tapezierten wir aus
und wohnten drin beisammen
und machten ein vornehmes Haus.

Des Nachbars alte Katze
kam öfters zu Besuch;
wir machten ihr Bückling und Knickse
und Komplimente genug.

Wir haben nach ihrem Befinden
besorglich und freundlich gefragt,
wir haben seitdem dasselbe
mancher alten Katze gesagt.

Wir saßen auch oft und sprachen
vernünftig wie alte Leut'
und klagten, wie alles besser
gewesen zu unserer Zeit;

wie Lieb und Treu und Glauben
verschwunden aus der Welt
und wie so teuer der Kaffee
und wie so rar das Geld!

ADOLPH MENZEL
1836

(20)

RAINER MARIA RILKE

*Geboren am 4. Dezember 1875
in Prag,
Privatsekretär, Schriftsteller,
gestorben am
29. Dezember 1926
in Montreux*

DAS KARUSSELL

*Mit einem Dach und seinem Schatten dreht
sich eine kleine Weile der Bestand
von bunten Pferden, alle aus dem Land,
das lange zögert, eh es untergeht.
Zwar manche sind an Wagen angespannt,
doch alle haben Mut in ihren Mienen;
ein böser roter Löwe geht mit ihnen
und dann und wann ein weißer Elefant.*

*Sogar ein Hirsch ist da ganz wie im Wald,
nur daß er einen Sattel trägt und drüber
ein kleines blaues Mädchen aufgeschnallt.*

*Und auf dem Löwen reitet weiß ein Junge
und hält sich mit der kleinen heißen Hand,
dieweil der Löwe Zähne zeigt und Zunge.*

Und dann und wann ein weißer Elefant.

*Und auf den Pferden kommen sie vorüber,
auch Mädchen, helle, diesem Pferdesprunge
fast schon entwachsen; mitten in dem
Schwunge
schauen sie auf, irgendwohin, herüber –.*

Und dann und wann ein weißer Elefant.

*Und das geht hin und eilt sich, daß es endet,
und kreist und dreht sich nur und hat kein Ziel.
Ein Rot, ein Grün, ein Grau vorbeigesendet,
ein kleines, kaum begonnenes Profil –.*

*Und manchesmal ein Lächeln, hergewendet,
ein seliges, das blendet und verschwendet
an dieses atemlose blinde Spiel . . .*

THEODOR STORM

VON KATZEN

Vergangnen Maitag brachte meine Katze
zur Welt sechs allerliebste kleine Kätzchen,
Maikätzchen, alle weiß mit schwarzen Schwänzchen.
Fürwahr, es war ein zierlich Wochenbettchen!
Die Köchin aber – Köchinnen sind grausam,
und Menschlichkeit wächst nicht in einer Küche –,
die wollte von den sechsen fünf ertränken,
fünf weiße, schwarzgeschwänzte Maienkätzchen
ermorden wollte dies verruchte Weib.
Ich half ihr heim! Der Himmel segne
mir meine Menschlichkeit! Die lieben Kätzchen,
sie wuchsen auf und schritten binnen kurzem
erhobnen Schwanzes über Hof und Herd;
ja, wie die Köchin auch ingrimmig dreinsah,
sie wuchsen auf, und nachts vor ihrem Fenster
probierten sie die allerliebsten Stimmchen.
Ich aber, wie ich sie so wachsen sah,
ich pries mich selbst und meine Menschlichkeit.
Ein Jahr ist um, und Katzen sind die Kätzchen,
und Maitag ist's! Wie soll ich es beschreiben,
das Schauspiel, das sich jetzt vor mir entfaltet!
Mein ganzes Haus, vom Keller bis zum Giebel,
ein jeder Winkel ist ein Wochenbettchen!
Hier liegt das eine, dort das andre Kätzchen,
in Schränken, Körben, unter Tisch und Treppen,
die Alte gar – nein, es ist unaussprechlich,
liegt in der Köchin jungfräulichem Bette!
Und jede, jede von den sieben Katzen
hat sieben, denkt euch! sieben junge Kätzchen,
Maikätzchen, alle weiß mit schwarzen Schwänzchen!
Die Köchin rast, ich kann der blinden Wut
nicht Schranken setzen dieses Frauenzimmers;
ersäufen will sie alle neunundvierzig!
Mir selber, ach, mir läuft der Kopf davon –
o Menschlichkeit, wie soll ich dich bewahren!
Was fang ich an mit sechsundfünfzig Katzen!

MARTIN LUTHER

VON DER STADT- UND FELDMAUS

Eine Stadtmaus ging spazieren und kam zu einer Feldmaus, die tat ihr gütlich mit Eicheln, Gerste, Nüssen und womit sie konnte. Aber die Stadtmaus sprach: »Du bist eine arme Maus; was willst du hier in Armut leben? Komm mit mir! Ich will dir und mir genug schaffen von allerlei köstlicher Speise.« Die Feldmaus zog mit ihr hin in ein herrliches, schönes Haus, darinnen die Stadtmaus wohnte. Sie gingen beide in die Vorratskammern. Da war vollauf von Brot, Fleisch, Speck, Würsten, Käse und allem. Da sprach die Stadtmaus: »Nun iß und sei guter Dinge! Solcher Speise habe ich täglich im Überflusse.« Indes kommt der Kellner und rumpelt mit den Schlüsseln an der Tür. Die Mäuse erschraken und liefen davon. Die Stadtmaus fand bald ihr Loch; aber die Feldmaus wußte nirgends hin, lief die Wand auf und ab und brachte kaum ihr Leben davon. Als der Kellner wieder hinaus war, sprach die Stadtmaus: »Es hat nun keine Not; laß uns guter Dinge sein!« Die Feldmaus antwortete aber: »Du hast gut sagen; du wußtest dein Loch fein zu treffen, dieweil bin ich schier vor Angst gestorben. Ich will dir sagen, was meine Meinung ist: Bleibe du eine reiche Stadtmaus und friß Würste und Speck! Ich will ein armes Feldmäuslein bleiben und meine Eicheln essen. Du bist keinen Augenblick sicher vor dem Kellner, vor den Katzen, vor den Fallen, und dir ist das ganze Haus feind; ich aber bin daheim sicher und frei in meinem armen Feldlöchlein.«

LUDWIG RICHTER 1880

(21)

MANFRED KYBER

Geboren am 1. März 1880
in Riga,
Verlagsangestellter,
Kabarettist und Kritiker,
gestorben am
10. März 1933
in Löwenstein bei Heilbronn

DER MAUSBALL

Es war einmal ein alter Keller, und in dem alten Keller wohnten fleißige und friedliche Mäuse. Diese Mäuse führten ein mustergültiges Familienleben und teilten alles miteinander. Eines Tages aber fanden sie ein Fäßchen mit Butter, und es war eine große piepsende Freude unter ihnen, und sie beschlossen, ein Butterfest zu feiern und einen Mausball zu veranstalten.
»Wenn nur der Kater dabei nicht einen von uns erwischt«, meinte eine kleine und etwas ängstliche Maus, »es wäre dann doch gleich einer weniger beim Tanzen, und es wäre auch schade.«
»Ich werde das schon besorgen«, sagte eine alte, sehr erfahrene Maus, die vielfache Urgroßmutter war und von allen Mäusen hoch geachtet wurde, »ich werde mit dem Kater sprechen und ihm die Sache vorstellen.«
Sie kletterte auf das Kellerfenster, das gut vergittert war, und draußen sah sie den Kater in der Sonne sitzen und sich die Pfoten putzen.
»Guten Tag, lieber Herr Kater«, sagte die alte Maus.
»Guten Tag«, sagte der Kater.

Lieber Herr Kater«, sagte die alte Maus, »wir haben ein Fäßchen mit Butter gefunden, und wir sind arme Mäuse und wollen uns auch einmal etwas zugute tun. Wir wollen ergebenst bitten, daß Sie heute nacht nicht in den Keller kommen. Vielleicht gehen Sie draußen spazieren, es ist so schöner Mondschein, und Ihre Frau Gemahlin wird sich sicher auch einfinden. Wir wollen gerne ein wenig für uns sein, wir sind dann ruhiger, wie Sie gewiß verstehen werden. Wir wollen einen Mausball veranstalten, einen Maushausball.«
»Da muß man ja die Pfoten auf den Bauch halten und lachen«, sagte der Kater.
»Dabei ist nichts zu lachen, verehrter Herr«, meinte die alte Maus, »ein Mausball ist eine sehr feierliche Angelegenheit. Wir sind nicht schlechter als andere Leute.«
»Diebsgesindel seid ihr, Butter wollt ihr stehlen«, sagte der Kater.

Ach, lieber Herr, was sind das für Ausdrükke«, klagte die alte Maus und wischte sich eine Träne der Kränkung mit der Pfote ab, »wir stehlen niemals etwas, und was wir heute nacht essen wollen, das ist ehrlich erschnupperte Butter.«
»Wir wollen Butter essen und den Reigen der Schönheit tanzen«, piepste eine kleine, freche Maus, die hinter der Alten aufgetaucht war, und schlug dabei sehr leichtfertig einen Trommelwirbel mit dem Schwanze.
»Sei still«, sagte die alte Maus besorgt.

Graue Mäuse, graue Mäuse und der Reigen der Schönheit – da muß man ja die Pfoten auf den Bauch halten und lachen«, sagte der Kater.
»Bitte, bitte, lieber Herr«, sagte die alte Maus, »dabei ist nichts zu lachen. Heute nacht sind wir auch keine grauen Mäuse. Das graue Kleid ist unser Alltagskleid und gewiß sehr zweckmäßig, wie Sie zugeben werden. Heute nacht aber tanzen wir in bunten Kleidern – im Kostüm. Es ist doch ein Mausball, ein Maushausball.«
»Im Kostüm?« fragte der Kater und machte noch rundere Augen, als er sie sonst schon hatte, »da möchte ich aber gerne zusehen.«
»Wie es beliebt, lieber Herr, wie es beliebt«, flötete die alte Maus verbindlich, »es wird uns eine Ehre sein, wenn Sie zusehen, aber bitte nur von außen durch das Kellerfenster. Es ist nur wegen der Sicherheit, lieber Herr, wie Sie gewiß verstehen werden.«
»Ich würde auch sonst niemand verspeisen, wenn ich es verspreche«, sagte der Kater, der, wie alle Katzen, eine sehr vornehme Denkungsart hatte, »wann ist denn der Maushausball?«
»Zu gütig, zu gütig«, sagte die alte Maus und verneigte sich mehrfach, »der Mausball ist um Mitternacht, um Mitternacht, lieber Herr, wenn Sie uns schon die Ehre antun wollen.«
Um Mitternacht saß der Kater am Kellerfenster und sah mit kreisrunden Augen in den Keller hinein.

Graue Mäuse, graue Mäuse – und dazu bunte Kleider und der Reigen der Schönheit, es soll mich wundern, wie das alles zusammenkommt«, murmelte der Kater, und es hätte sich gewiß ein jeder gewundert, wenn er so et was hätte sehen sollen. Aber es war ja Mitternacht, und um Mitternacht sieht alles ganz anders aus, als es sonst aussieht, und das kommt daher, weil das Märchen feine silberne Fäden spinnt von seiner silbernen Spindel, um Berg und Tal und Haus und Hof, so daß alles mit einem schimmernden Silbernetz umsponnen ist – und wer da hineinguckt, der schaut Dinge, die er noch niemals gesehen. Man muß aber gerade im richtigen Augenblick aufpassen, in dem das Märchen seine silberne Spindel zur Hand nimmt – und das verstehen nicht alle. Sonst sieht man nämlich gar nichts, auch wenn es um Mitternacht ist.

Und das Märchen spann feine silberne Fäden in den alten Keller hinein, und an den silbernen Fäden kletterten lauter sehr kleine und sehr spaßhafte Heinzelmännchen in den Keller hinab und brachten den Mäusen die schönsten Kleider, bunte Fräcke für die Mausherren und bunte Röcke für die Mausdamen, und sie halfen sogar allen beim Anziehen. Es war das, weil Mitternacht war und das Märchen feine silberne Fäden spann . . .

Und jeder Mausherr nahm eine Mausdame bei der Pfote, und sie verneigten sich und begannen zu tanzen, immer um einen runden Tisch herum, so daß es wirklich sehr feierlich

aussah, und der Mond beschien den Mausball mit einer ganz besonderen Sorgfalt. Dazu pfiffen die Mäuse eine gefühlvolle Melodie, und zwei Mäuse, die besonders schön singen konnten, sangen mit großer Rührung das berühmte Mauslied:

»Sieben Mäuse – sieben Mäuse –
knusper – knusper – im Gehäuse.
Tief im Keller – tief im Keller –
tanzen sie um einen Teller.
Knusper – knusper – im Gehäuse –
sieben Mäuse – sieben Mäuse.«

Es war wirklich sehr wunderbar, zu sehen, wie die kleinen, grauen Mäuse bei ihrem Mausball den Reigen der Schönheit tanzten in ihren bunten Fräcken und bunten Kleidern. Als sie aber gerade mittendrin waren, kamen noch eilig zwei kleine Mausmädchen gelaufen, die hießen Lieschen und Lenchen Leckerlein, und sie waren so spät gekommen, weil sie schon in der Butter gesessen und sich dick und voll gegessen hatten. Nun wollten sie auch noch tanzen und hatten dabei Fettpfoten und Butterbeine, und so rutschten sie immer auf ihren Butterbeinen aus, wenn sie tanzen wollten, und die alte Maus war sehr ärgerlich über dieses Betragen. Denn das paßt nicht zu einer so feierlichen Angelegenheit, wie es ein Mausball ist.

Als aber der Kater Lieschen und Lenchen Lekkerlein auf ihren Butterbeinen rutschen sah, konnte er es nicht mehr am Kellerfenster aushalten. Er schlich durch ein heimliches Loch, das er kannte, in den Keller und sprang mit einem gewaltigen Satz mitten in den Maushausball hinein.

Die Mäuse liefen entsetzt auseinander, so daß die bunten Fräcke und bunten Kleider flogen. Nur Lieschen und Lenchen Leckerlein konnten nicht so schnell entwischen, weil sie immer wieder auf ihren Fettpfoten und Butterbeinen ausrutschten, und der Kater hätte sie bestimmt verspeist, wenn er es nicht versprochen hätte, das heute nicht zu tun. Denn der Kater war ein hochanständiger Herr mit einer sehr vornehmen Denkungsart, und das war ein großes Glück.

Lieschen und Lenchen Leckerlein rutschten noch viele Male aus, bis sie glücklich bei ihrer Familie angekommen waren und alle Mäuse zusammen im Butterfaß saßen und Butter aßen.

Da muß man ja die Pfoten auf den Bauch halten und lachen«, sagte der Kater, und das tat er. Und das taten auch die Heinzelmännchen, als sie die bunten Fräcke und die bunten Kleider wieder schön einsammelten. Denn das Märchen spann seine silbernen Fäden wieder zurück auf die silberne Spindel, und Mitternacht war vorüber. Es war alles wie sonst, und kleine graue Mäuse saßen im Butterfaß und aßen Butter.

Aber es ist hübsch, daß wir das alles erlebt haben. Denn nun wissen wir, daß auch die kleinen, grauen Mäuse in bunten Fräcken und bunten Kleidern den Reigen der Schönheit tanzen können. Nur Fettpfoten und Butterbeine dürfen sie nicht dabei haben, wie Lieschen und Lenchen Leckerlein. Denn Fettpfoten und Butterbeine darf niemand haben, wenn er den Reigen der Schönheit tanzen will, sonst rutscht er dabei aus – und es wäre nur gut, wenn sich recht viele das merken wollten.

CHRISTIAN MORGENSTERN

DIE MAUSEFALLE

Palmström hat nicht Speck im Haus,
dahingegen eine Maus.

Korf, bewegt von seinem Jammer,
baut ihm eine Gitterkammer.

Und mit einer Geige fein
setzt er seinen Freund hinein.

Nacht ist's und die Sterne funkeln.
Palmström musiziert im Dunkeln.

Und derweil er konzertiert,
kommt die Maus hereinspaziert.

Hinter ihr, geheimer Weise,
fällt die Pforte leicht und leise.

Vor ihr sinkt in Schlaf alsbald
Palmströms schweigende Gestalt.

Morgens kommt v. Korf und lädt
das so nützliche Gerät

in den nächsten, sozusagen
mittelgroßen Möbelwagen,

den ein starkes Roß beschwingt
nach der fernen Waldung bringt,

wo in tiefer Einsamkeit
er das seltne Paar befreit.

Erst spaziert die Maus heraus,
und dann Palmström, nach der Maus.

Froh genießt das Tier der neuen
Heimat, ohne sich zu scheuen.

Während Palmström, glückverklärt,
mit v. Korf nach Hause fährt.

(22)

JOACHIM RINGELNATZ

Eigentlich:
Hans Bötticher,
geboren am 7. August 1883
in Wurzen,
Matrose, Maler,
Vortragskünstler,
gestorben am
16. November 1934
in Berlin

ERNSTER RAT AN KINDER

Wo man hobelt, fallen Späne.
Leichen schwimmen in der Seine.
An dem Unterleib der Kähne
sammelt sich ein zäher Dreck.

An die Strähnen von den Mähnen
von den Löwen und Hyänen
klammert sich viel Ungeziefer.
Im Gefieder von den Hähnen
nisten Läuse; auch bei Schwänen.
(Menschen gar nicht zu erwähnen,
Denn bei ihnen geht's viel tiefer.)

Nicht umsonst gibt's Quarantäne.

Allen graust es, wenn ich gähne.
Ewig rein bleibt nur die Träne
und das Wasser der Fontäne.

Kinder, putzt euch eure Zähne!

JOACHIM RINGELNATZ

KINDERSAND

Das Schönste für Kinder ist Sand.
Ihn gibt's immer reichlich.
Er rinnt unvergleichlich
zärtlich durch die Hand.

Weil man seine Nase behält,
wenn man auf ihn fällt,
ist er so weich.
Kinderfinger fühlen,
wenn sie in ihm wühlen,
nichts und das Himmelreich.

Denn kein Kind lacht
über gemahlene Macht.

MITTAG

LUDWIG EMIL GRIMM 1819

(23)

CONRAD FERDINAND MEYER

Geboren am 11. Oktober 1825
in Zürich,
Privatgelehrter,
gestorben am
28. November 1898
in Kilchberg bei Zürich

MÖWENFLUG

Möwen sah um einen Felsen kreisen
ich in unermüdlich gleichen Gleisen,
auf gespannter Schwinge schweben bleibend,
eine schimmernd weiße Bahn beschreibend,
und zugleich in grünem Meeresspiegel
sah ich um dieselben Felsenspitzen
eine helle Jagd gestreckter Flügel
unermüdlich durch die Tiefe blitzen.
Und der Spiegel hatte solche Klarheit,
daß sich anders nicht die Flügel hoben
tief im Meer als hoch in Lüften oben,
daß sich völlig glichen Trug und Wahrheit.
Allgemach beschlich es mich wie Grauen,
Schein und Wesen so verwandt zu schauen,
und ich fragte mich, am Strand verharrend,
ins gespenstische Geflatter starrend:
Und du selber? Bist du echt beflügelt?
Oder nur gemalt und abgespiegelt?
Gaukelst du im Kreis mit Fabeldingen?
Oder hast du Blut in deinen Schwingen?

(24)

FRIEDRICH VON SCHILLER

Geboren am 10. November 1759
in Marbach,
Regimentsmedikus,
Professor der Geschichte
in Jena,
gestorben am
9. Mai 1805
in Weimar

DIE WORTE DES GLAUBENS

Drei Worte nenn' ich euch, inhaltschwer,
sie gehen von Munde zu Munde,
doch stammen sie nicht von außen her,
das Herz nur gibt davon Kunde,
dem Menschen ist aller Wert geraubt,
wenn er nicht mehr an die drei Worte glaubt.

Der Mensch ist frei geschaffen, ist frei,
und würd er in Ketten geboren,
laßt euch nicht irren des Pöbels Geschrei,
nicht den Mißbrauch rasender Toren;
vor dem Sklaven, wenn er die Kette bricht,
vor dem freien Menschen erzittert nicht.

Und die Tugend, sie ist kein leerer Schall,
der Mensch kann sie üben im Leben,
und sollt er auch straucheln überall,
er kann nach der göttlichen streben,
und was kein Verstand der Verständigen sieht,
das übet in Einfalt ein kindlich Gemüt.

Und ein Gott ist, ein heiliger Wille lebt,
wie auch der menschliche wanke;
hoch über der Zeit und dem Raume webt
lebendig der höchste Gedanke,
und ob alles in ewigem Wechsel kreist,
es beharret im Wechsel ein ruhiger Geist.

Die drei Worte bewahret euch, inhaltschwer,
sie pflanzet von Munde zu Munde,
und stammen sie gleich nicht von außen her,
euer Innres gibt davon Kunde.
Dem Menschen ist nimmer sein Wert geraubt,
solang er noch an die drei Worte glaubt.

(25)

CHRISTIAN FÜRCHTEGOTT GELLERT

Geboren am 4. Juli 1715
in Hainichen im Erzgebirge,
Professor der Philosophie
in Leipzig,
gestorben am
13. Dezember 1769
in Leipzig

BRUDER MENSCH

So jemand spricht: »Ich liebe Gott!«
und hasset seine Brüder,
der treibt mit Gottes Wahrheit Spott
und reißt sie ganz darnieder.
Gott ist die Lieb' und will, daß ich
den Nächsten liebe gleich als mich.

Wer dieser Erde Güter hat
und sieht die Brüder leiden
und macht den Hungrigen nicht satt,
läßt Nackende nicht kleiden,
der übertritt die erste Pflicht
und liebt dich, Gott der Liebe, nicht.

Wir haben einen Gott und Herrn,
sind eines Leibes Glieder;
drum diene deinem Nächsten gern,
denn wir sind alle Brüder.
Gott schuf die Welt nicht bloß für mich –
mein Nächster ist sein Kind wie ich.

(26)

SIMON DACH

Geboren am 29. Juli 1605
in Memel,
Professor für Poesie
und Rektor in Königsberg,
gestorben am
15. April 1659
in Königsberg

LIED DER FREUNDSCHAFT

Der Mensch hat nichts so eigen,
so wohl steht ihm nichts an,
als daß er Treu' erzeigen
und Freundschaft halten kann;
wann er mit seinesgleichen
soll treten in ein Band;
verspricht sich, nicht zu weichen
mit Herzen, Mund und Hand.

Die Red' ist uns gegeben,
damit wir nicht allein
für uns nur sollen leben
und fern von Leuten sein;
wir sollen uns befragen
und sehn auf guten Rat,
das Leid einander klagen,
so uns betreten hat.

Was kann die Freude machen,
die Einsamkeit verhehlt?
Das gibt ein doppelt Lachen,
was Freunden wird erzählt;
der kann sein Leid vergessen,
der es von Herzen sagt;
der muß sich selbst auffressen,
der insgeheim sich nagt.

Gott stehet mir vor allen,
die meine Seele liebt;
dann soll mir auch gefallen,
der mir sich herzlich gibt.
Mit diesem Bundsgesellen
verlach' ich Pein und Not,
geh' auf dem Grund der Höllen
und breche durch den Tod.

JOSEPH RITTER VON FÜHRICH 1840

(27)

FRIEDRICH NIETZSCHE

Geboren am 15. Oktober 1844
in Röcken bei Lützen,
Professor für
alte Sprachen in Basel,
gestorben am
25. August 1900
in Weimar

ECCE HOMO

Ja! Ich weiß, woher ich stamme!
Ungesättigt gleich der Flamme
glühe und verzehr' ich mich.
Licht wird alles, was ich fasse,
Kohle alles, was ich lasse;
Flamme bin ich sicherlich.

FRIEDRICH VON SCHILLER

SPRÜCHE

Willst du dich selber erkennen, so sieh, wie die andern es treiben;
willst du die andern verstehn, blick in dein eignes Herz.

Teuer ist mir der Freund, doch auch den Feind kann ich nützen;
zeigt mir der Freund, was ich kann, lehrt mich der Feind, was ich soll.

Immer strebe zum Ganzen, und kannst du selber kein Ganzes
werden, als dienendes Glied schließ an ein Ganzes dich an!

JOHANN WOLFGANG VON GOETHE

WAS VERKÜRZT MIR DIE ZEIT?

Was verkürzt mir die Zeit?
Tätigkeit!
Was macht sie unerträglich lang?
Müßiggang!
Was bringt in Schulden?
Harren und dulden!
Was macht gewinnen?
Nicht lange besinnen!
Was bringt zu Ehren?
Sich wehren!

TÜRMERLIED

Zum Sehen geboren,
zum Schauen bestellt,
dem Turme geschworen,
gefällt mir die Welt.

Ich blick' in die Ferne,
ich seh' in der Näh'
den Mond und die Sterne,
den Wald und das Reh.

So seh' ich in allen
die ewige Zier,
und wie mir's gefallen,
gefall' ich auch mir.

Ihr glücklichen Augen,
was je ihr gesehn,
es sei, wie es wolle,
es war doch so schön!

(28)

NOVALIS

Eigentlich:
Friedrich Freiherr von Hardenberg,
geboren am 2. Mai 1772
in Wiederstedt,
Assessor an der Saline,
gestorben am
25. März 1801
in Weißenfels

DAS PFERD

Ein Wolf sagte zu einem Pferde: »Warum bleibst du denn dem Menschen so treu, der dich doch sehr plagt, und suchst nicht lieber die Freiheit?«
»Wer würde mich wohl in der Wildnis gegen dich und deinesgleichen verteidigen«, antwortete das philosophische Pferd, »wer mich pflegen, wenn ich krank wäre, wo fänd' ich solches gutes, nahrhaftes Futter, wo einen warmen Stall? Ich lasse dir gern für das alles, das mir meine Sklaverei verschafft, deine Chimäre von Freiheit. Und selbst die Arbeit, die ich habe, ist sie Unglück?«

DIE SCHNECKEN

Einst gingen zwei Jünglinge spazieren und fanden im Fahrweg einige Schnecken, die sie, besorgt, daß sie von einem Fuhrwagen zerdrückt werden möchten, in den Busch dabei warfen. »Ihr Mutwilligen«, riefen die Schnekken, »warum stört ihr uns aus unsrer friedlichen Ruhe und werft uns so mutwillig hierher?« Menschenbrüder, mit wem hadert ihr, wenn euch ein kleines Ungemach geschieht? Mit einem Weltweisen? Oh, ihr Kurzsichtigen!

DER PHILOSOPH

Lehre meinen Kanarienvogel«, sprach ein Tyrann zu einem Philosophen, »den Homer, daß er ihn auswendig hersagen kann, oder geh aus dem Lande; unternimmst du es, und es gelingt nicht, so mußt du sterben.« – »Ich will es ihm lehren«, sprach der Weise, »aber ich muß zehn Jahre Zeit haben.« – »Warum warst du so töricht«, fragten ihn hernach seine Freunde, »und unternahmst etwas Unmögliches?« Lächelnd antwortete er: »In zehn Jahren bin ich oder der Tyrann oder der Vogel gestorben.«

(29)

PAUL GERHARDT

Geboren am 12. März 1607
in Gräfenhainichen,
Geistlicher in
Berlin und Lübben,
gestorben am
27. Mai 1676
in Lübben

GEH AUS, MEIN HERZ

Geh aus, mein Herz, und suche Freud'
in dieser lieben Sommerzeit
an deines Gottes Gaben:
Schau an der schönen Gärten Zier,
und siehe, wie sie mir und dir
sich ausgeschmücket haben.

Die Bäume stehen voller Laub,
das Erdreich decket seinen Staub
mit einem grünen Kleide.
Narzissus und die Tulipan,
die ziehen sich viel schöner an
als Salomonis Seide.

Die Lerche schwingt sich in die Luft,
das Täublein fliegt aus seiner Kluft
und macht sich in die Wälder,
die hochbegabte Nachtigall
ergötzt und füllt mit ihrem Schall
Berg, Hügel, Tal und Felder.

Die Glucke führt ihr Völklein aus,
der Storch baut und bewohnt sein Haus,
das Schwälblein speist die Jungen,
der schnelle Hirsch, das leichte Reh
ist froh und kommt aus seiner Höh'
ins tiefe Gras gesprungen.

Die Bächlein rauschen in dem Sand
und malen sich und ihren Rand
mit schattenreichen Myrten;
die Wiesen liegen hart dabei
und klingen ganz vom Lustgeschrei
der Schaf' und ihrer Hirten.

Die unverdroßne Bienenschar
fliegt hin und her, sucht hie und dar
ihr edle Honigspeise;
des süßen Weinstocks starker Saft
bringt täglich neue Stärk' und Kraft
in seinem schwachen Reise.

Der Weizen wächset mit Gewalt,
darüber jauchzet jung und alt
und rühmt die große Güte
des, der so überflüssig labt
und mit so manchem Gut begabt
das menschliche Gemüte.

Ich selbsten kann und mag nicht ruhn,
des großen Gottes großes Tun
erweckt mir alle Sinnen:
Ich singe mit, wenn alles singt,
und lasse, was dem Höchsten klingt,
aus meinem Herzen rinnen.

(30)

CLEMENS BRENTANO

Geboren am 8. September 1778
in Ehrenbreitstein,
lebte und studierte
vom Geld seiner
Kaufmannsfamilie
gestorben am
28. Juli 1842
in Aschaffenburg

HÖRST DU, WIE DIE BRUNNEN RAUSCHEN?

Hörst du, wie die Brunnen rauschen?
Hörst du, wie die Grille zirpt?
Stille, stille, laß uns lauschen,
selig, wer in Träumen stirbt!
Selig, wen die Wolken wiegen,
wenn der Mond ein Schlaflied singt!
O wie selig kann der fliegen,
dem der Traum die Flügel schwingt,
daß an blauer Himmelsdecke
Sterne er wie Blumen pflückt:
schlafe, träume, flieg – ich wecke
bald dich auf und bin beglückt!

KARL FRIEDRICH SCHINKEL 1803

JOSEPH FREIHERR VON EICHENDORFF

SEHNSUCHT

Es schienen so golden die Sterne,
am Fenster ich einsam stand
und hörte aus weiter Ferne
ein Posthorn im stillen Land.
Das Herz mir im Leib entbrennte,
da hab' ich mir heimlich gedacht:
Ach, wer da mitreisen könnte
in der prächtigen Sommernacht!

Zwei junge Gesellen gingen
vorüber am Bergeshang,
ich hörte im Wandern sie singen
die stille Gegend entlang:
von schwindelnden Felsenschlüften,
wo die Wälder rauschen so sacht,
von Quellen, die von den Klüften
sich stürzen in die Waldesnacht.

Sie sangen von Marmorbildern,
von Gärten, die überm Gestein
in dämmernden Lauben verwildern,
Palästen im Mondenschein,
wo die Mädchen am Fenster lauschen,
wann der Lauten Klang erwacht
und die Brunnen verschlafen rauschen
in der prächtigen Sommernacht.

DER ALTE GARTEN

Kaiserkron' und Päonien rot,
die müssen verzaubert sein,
denn Vater und Mutter sind lange tot,
was blühn sie hier so allein?

Der Springbrunn' plaudert noch immerfort
von der alten schönen Zeit,
eine Frau sitzt eingeschlafen dort,
ihre Locken bedecken ihr Kleid.

Sie hat eine Laute in der Hand,
als ob sie im Schlafe spricht,
mir ist, als hätt' ich sie sonst gekannt –
still, geh' vorbei und weck' sie nicht!

Und wenn es dunkelt das Tal entlang,
streift sie die Saiten sacht,
da gibt's einen wunderbaren Klang
durch den Garten die ganze Nacht.

(31)

INA SEIDEL

Geboren am 15. September 1885
in Halle an der Saale,
Ehefrau des Pfarrers
und Schriftstellers
Heinrich S.,
gestorben am 2. Oktober 1974
in Ebenhausen

TROST

Unsterblich duften die Linden –
was bangst du nur?
Du wirst vergehn, und deiner Füße Spur
wird bald kein Auge mehr im Staube finden.
Doch blau und leuchtend wird der Sommer stehn
und wird mit seinem süßen Atemwehn
gelind die arme Menschenbrust entbinden.
Wo kommst du her? Wie lang bist du noch hier?
Was liegt an dir?
Unsterblich duften die Linden –

CARL GUSTAV CARUS 1821

(32)

STEFAN GEORGE

Geboren am 12. Juli 1868
in Büdesheim bei Bingen,
lebte und reiste
vom Geld des Vaters,
der Gastwirt und
Weinhändler war,
gestorben am
4. Dezember 1933
in Minusio bei Locarno

KOMM IN DEN TOTGESAGTEN PARK

Komm in den totgesagten park und schau:
Der schimmer ferner lächelnder gestade,
der reinen wolken unverhofftes blau
erhellt die weiher und die bunten pfade.

Dort nimm das tiefe gelb, das weiche grau
von birken und von buchs, der wind ist lau,
die späten rosen welkten noch nicht ganz,
erlese, küsse sie und flicht den kranz.

Vergiß auch diese letzten astern nicht,
den purpur um die ranken wilder reben
und auch was übrigblieb von grünem leben
verwinde leicht im herbstlichen gesicht.

(33)

JOSEF WEINHEBER

Geboren am 9. März 1892
in Wien,
Inspektor im Post-
und Telegraphendienst,
gestorben am
8. April 1945
in Kirchstetten

IM GRASE

Glocken und Zyanen,
Thymian und Mohn.
Ach, ein fernes Ahnen
hat das Herz davon.

Und im sanften Nachen
trägt es so dahin.
Zwischen Traum und Wachen
frag' ich, wo ich bin.

Seh' die Schiffe ziehen,
fühl' den Wellenschlag,
weiße Wolken fliehen
durch den späten Tag –.

Glocken und Zyanen,
Mohn und Thymian.
Himmlisch wehn die Fahnen
über grünem Plan:

Löwenzahn und Raden,
Klee und Rosmarin.
Lenk es, Gott, in Gnaden
nach der Heimat hin.

Das ist deine Stille.
Ja, ich hör' dich schon.
Salbei und Kamille,
Thymian und Mohn,

und schon halb im Schlafen
– Mohn und Thymian –
landet sacht im Hafen
nun der Nachen an.

(34)

GOTTFRIED KELLER

Geboren am 19. Juli 1819
in Glattfelden,
Landschaftsmaler,
Erster Staatsschreiber
des Kantons Zürich,
gestorben am
16. Juli 1890
in Zürich

WALDLIED

Arm in Arm und Kron' an Krone steht der Eichenwald verschlungen,
heut hat er bei guter Laune mir sein altes Lied gesungen.

Fern am Rande fing ein junges Bäumchen an sich sacht zu wiegen,
und dann ging es immer weiter an ein Sausen, an ein Biegen;

kam es her in mächt'gem Zuge, schwoll es an zu breiten Wogen,
hoch sich durch die Wipfel wälzend, kam die Sturmesflut gezogen.

Und nun sang und pfiff es graulich in den Kronen, in den Lüften,
und dazwischen knarrt' und dröhnt' es unten in den Wurzelgrüften.

OTTO UBBELOHDE
1924

OTTO UBBELOHDE
1920

Manchmal schwang die höchste Eiche gellend
ihren Schaft alleine,
donnernder erscholl nur immer drauf der Chor
vom ganzen Haine!

Einer wilden Meeresbrandung hat das schöne
Spiel geglichen;
alles Laub war weißlich schimmernd nach
Nordosten hingestrichen.

Also streicht die alte Geige Pan der Alte laut
und leise,
unterrichtend seine Wälder in der alten
Weltenweise.

In den sieben Tönen schweift er unerschöpflich
auf und nieder,
in den sieben alten Tönen, die umfassen alle
Lieder.

Und es lauschen still die jungen Dichter und
die jungen Finken,
kauernd in den dunklen Büschen, sie die
Melodien trinken.

(35)

VOLKSLIED

ICH GING DURCH EINEN GRASGRÜNEN WALD

Ich ging durch einen
grasgrünen Wald,
da hört' ich
die Vögelein singen;
sie sangen so jung,
sie sangen so alt,
die kleinen Vögelein
in dem Wald,
die hört' ich so gerne
wohl singen.

(36)

UNBEKANNT

WENN ICH EIN VÖGLEIN WÄR'

Wenn ich ein Vöglein wär'
und auch zwei Flügel hätt',
flög' ich zu dir,
weil's aber nicht kann sein,
bleib' ich allhier.

Bin ich gleich weit von dir,
bin ich doch im Traum bei dir,
und red' mit dir;
wenn ich erwachen tu,
bin ich allein.

Es vergeht keine Stund' in der Nacht,
da mein Herze nicht erwacht
und an dich gedenkt,
daß du mir vieltausendmal
dein Herze geschenkt.

JOHANN WOLFGANG VON GOETHE

HEIDENRÖSLEIN

Sah ein Knab' ein Röslein stehn,
Röslein auf der Heiden,
war so jung und morgenschön,
lief er schnell, es nah zu sehn,
sah's mit vielen Freuden.
Röslein, Röslein, Röslein rot,
Röslein auf der Heiden.

Knabe sprach: »Ich breche dich,
Röslein auf der Heiden!«
Röslein sprach: »Ich steche dich,
daß du ewig denkst an mich,
und ich will's nicht leiden.«
Röslein, Röslein, Röslein rot,
Röslein auf der Heiden.

Und der wilde Knabe brach
's Röslein auf der Heiden;
Röslein wehrte sich und stach,
half ihm doch kein Weh und Ach,
mußt' es eben leiden.
Röslein, Röslein, Röslein rot,
Röslein auf der Heiden.

DER KÖNIG IN THULE

Es war ein König in Thule
gar treu bis an das Grab,
dem sterbend seine Buhle
einen goldnen Becher gab.

Es ging ihm nichts darüber,
er leert' ihn jeden Schmaus;
die Augen gingen ihm über,
sooft er trank daraus.

Und als er kam, zu sterben,
zählt' er seine Städt' und Reich',
gönnt' alles seinen Erben,
den Becher nicht zugleich.

Er saß beim Königsmahle,
die Ritter um ihn her,
auf hohem Vätersaale,
dort auf dem Schloß am Meer.

Dort stand der alte Zecher,
trank letzte Lebensglut,
und warf den heil'gen Becher
hinunter in die Flut.

Er sah ihn stürzen, trinken
und sinken tief ins Meer.
Die Augen täten ihm sinken:
Trank nie einen Tropfen mehr.

GOTTHOLD EPHRAIM LESSING

NATHAN DER WEISE

Vor grauen Jahren lebt' ein Mann im Osten,
der einen Ring von unschätzbarem Wert
aus lieber Hand besaß. Der Stein war ein
Opal, der hundert schöne Farben spielte,
und hatte die geheime Kraft, vor Gott
und Menschen angenehm zu machen, wer
in dieser Zuversicht ihn trug. Was Wunder,
daß ihn der Mann im Osten darum nie
vom Finger ließ; und die Verfügung traf,
auf ewig ihn bei seinem Hause zu
erhalten? Nämlich so. Er ließ den Ring
von seinen Söhnen dem geliebtesten;
und setzte fest, daß dieser wiederum
den Ring von seinen Söhnen dem vermache,
der ihm der liebste sei; und stets der Liebste,
ohn' Ansehn der Geburt, in Kraft allein
des Rings, das Haupt, der Fürst des Hauses
werde. –

So kam nun dieser Ring, von Sohn zu Sohn,
auf einen Vater endlich von drei Söhnen;
die alle drei ihm gleich gehorsam waren,
die alle drei er folglich gleich zu lieben
sich nicht entbrechen konnte. Nur von Zeit
zu Zeit schien ihm bald der, bald dieser, bald
der dritte – so wie jeder sich mit ihm
allein befand, und sein ergießend Herz
die andern zwei nicht teilten – würdiger
des Ringes; den er denn auch einem jeden

die fromme Schwachheit hatte, zu versprechen.
Das ging nun so, solang es ging. – Allein
es kam zum Sterben, und der gute Vater
kömmt in Verlegenheit. Es schmerzt ihn, zwei
von seinen Söhnen, die sich auf sein Wort
verlassen, so zu kränken. – Was zu tun? –
Er sendet in geheim zu einem Künstler,
bei dem er, nach dem Muster seines Ringes,
zwei andere bestellt und weder Kosten
noch Mühe sparen heißt, sie jenem gleich,
vollkommen gleich zu machen. Das gelingt
dem Künstler. Da er ihm die Ringe bringt,
kann selbst der Vater seinen Musterring
nicht unterscheiden. Froh und freudig ruft
er seine Söhne, jeden insbesondre;
gibt jedem insbesondre seinen Segen –
und seinen Ring – und stirbt.

Was nun noch folgt, versteht sich ja von selbst.
–
Kaum war der Vater tot, so kömmt ein jeder
mit seinem Ring, und jeder will der Fürst
des Hauses sein. Man untersucht, man zankt,
man klagt. Umsonst; der rechte Ring war nicht
erweislich. –

Wie gesagt: die Söhne
verklagten sich; und jeder schwur dem Richter,
unmittelbar aus seines Vaters Hand
den Ring zu haben. – Wie auch wahr! – Nach-
dem
er von ihm lange das Versprechen schon gehabt,
des Ringes Vorrecht einmal zu genießen. –
Wie nicht minder wahr! – Der Vater,
beteu'rte jeder, könne gegen ihn
nicht falsch gewesen sein; und eh' er dieses
von ihm, von einem solchen lieben Vater,
argwohnen lass': eh' müss' er seine Brüder,
so gern er sonst von ihnen nur das Beste

bereit zu glauben sei; des falschen Spiels
bezeihen; und er wolle die Verräter
schon aufzufinden wissen; sich schon rächen.

Der Richter sprach: »Wenn ihr mir nun den
Vater
nicht bald zur Stelle schafft, so weis' ich euch
von meinem Stuhle. Denkt ihr, daß ich Rätsel
zu lösen da bin? Oder harret ihr,
bis daß der rechte Ring den Mund eröffne? –
Doch halt! Ich höre ja, der rechte Ring
besitzt die Wunderkraft, beliebt zu machen;
vor Gott und Menschen angenehm. Das muß
entscheiden! Denn die falschen Ringe werden
doch das nicht können! – Nun; wen lieben zwei
von euch am meisten? – Macht, sagt an! Ihr
schweigt?
Die Ringe wirken nur zurück? und nicht
nach außen? Jeder liebt sich selber nur
am meisten? O so seid ihr alle drei
betrogene Betrüger! Eure Ringe
sind alle drei nicht echt. Der echte Ring
vermutlich ging verloren. Den Verlust
zu bergen, zu ersetzen, ließ der Vater
die drei für einen machen.

Und also«, fuhr der Richter fort, »wenn ihr
nicht meinen Rat, statt meines Spruches, wollt:

geht nur! – Mein Rat ist aber der: ihr nehmt
die Sache völlig, wie sie liegt. Hat von
euch jeder seinen Ring von seinem Vater:
So glaube jeder sicher seinen Ring
den echten. – Möglich, daß der Vater nun
die Tyrannei des Einen Rings nicht länger
in seinem Hause dulden wollen! – Und gewiß,
daß er euch alle drei geliebt, und gleich
geliebt: indem er zwei nicht drücken mögen,
um einen zu begünstigen. – Wohlan!
Es eifre jeder seiner unbestochnen
von Vorurteilen freien Liebe nach!
Es strebe von euch jeder um die Wette,
die Kraft des Steins in seinem Ring an Tag
zu legen! komme dieser Kraft mit Sanftmut,
mit herzlicher Verträglichkeit, mit Wohltun,
mit innigster Ergebenheit in Gott
zu Hilf'! Und wenn sich dann der Steine Kräfte
bei eurn Kindes-Kindeskindern äußern:
so lad' ich über tausend tausend Jahre,
sie wiederum vor diesen Stuhl. Da wird
ein weisrer Mann auf diesem Stuhle sitzen
als ich; und sprechen. Geht!«

(37)

ADALBERT STIFTER

Geboren am 23. Oktober 1805
in Oberplan in Böhmen,
Schulrat und Inspektor
der Volksschulen für
Oberösterreich,
gestorben am
28. Januar 1868 in Linz

DER KARFUNKEL

Bei dem Sesselwalde, an seinem starken Mittagsfalle, da führte einst ein Schäfer seine Schafe ins Gehölz, daß sie auf dem Rasen weideten und daß sie ihm Milch und Wolle geben. Da kam aus dem Sesselwalde ein schwarzer Mann herunter, der sagte, daß in der Harthöhle, wo das Silber rinne, das blutige Licht sei. Der Schäfer wußte nicht, wer der Mann sei und was das Silber und das blutige Licht sei, und konnte ihn auch nicht fragen, weil er gleich fortging. Aber er wartete, bis er wiederkäme. Allein der Mann kam nicht mehr.

Da der Schäfer eines Tages ein verlorenes Lamm suchte, ging er dem Bache entgegen, wo er herabfließt, daß er die springenden Wellen in den Augen hatte. Da er das Lamm immer weiter oben blöken hörte, ging er fort und fort. Er ging so weit hinauf, daß der Wald schon sehr dick war, daß der Bach über Steine und Kugeln floß und daß an den beiden Seiten harte Felsenwände standen. Da sah er aus einem Steine ein Wasser herausfließen und herabfallen, als ob lauter silberne Bänder und Fransen über die Steine herabgebreitet wären. Da stieg er an dem Steine empor und suchte sich an dem glatten Felsen mit Füßen und Händen zu halten.
Als er oben war, sah er, daß das Wasser aus einer Höhle herausrinne und daß die Höhle sehr glänzend hart sei, als wäre sie aus einem kunstreichen Steine gehauen worden. Er ging in die Höhle hinein. Sie wurde immer enger und wurde immer finsterer, und das Wässerlein floß aus ihr hervor.
Da sah er es plötzlich in einem Winkel leuchten, als ob ein roter, blutiger Tropfen dort läge. Er ging näher, und es leuchtete fort. Da gab es ihm ein, er solle die Hand ausstrecken und den Tropfen nehmen. Er nahm den Tropfen; aber es war ein kalter, rauher Stein, den er in der Hand spürte, und der Stein war so groß, daß er ihn kaum mit der Hand fassen konnte.

Er trug den Stein hervor, bis er an das Tageslicht kam, und da sah er, daß es ein Feldstein war, wie man Tausende findet, und daß aus dem Feldsteine ein rotes Äuglein hervorschaue, wie wenn es von den Lidern der harten Steinwände bedeckt wäre und nur rosenfarb blinzeln könne. Wenn man den Stein drehte, warf er Funken auf die Dinge.
Der Schäfer stieg eilig die Felsenwand herab; er ging den fließenden Bach entlang und sputete sich, bis er zu seiner Herde kam. Das Lamm, das er verloren und nicht gefunden hatte, war zu Hause und trank an seiner Mutter. Er wikkelte den Stein in ein Tuch und bewahrte ihn sorgsam.

Da kam einmal ein Hochbauer, und er verkaufte ihm den Stein um fünf Schafe. Und der Hochbauer verkaufte ihn einem Arzte um ein Pferd, und der Arzt verkaufte ihn einem Lombarden um hundert Goldstücke, und der Lombarde ließ ihn von dem gemeinen Gesteine freien und schleifen, und jetzt tragen ihn Fürsten und Könige in ihren Kronen. Er ist sehr groß und leuchtend und ist ein Karfunkel oder ein anderer roter Stein. Sie beneiden sich darum, und wenn sie das Land erobern, wird der Stein sorgsam fortgetragen, als ob man eine eroberte Stadt in einem Schächtelchen davontrüge.

(38)

JUSTINUS KERNER

Geboren am 18. September 1786
in Ludwigsburg,
Arzt,
gestorben am
21. Februar 1862
in Weinsberg

GOLDNER

Es sind wohl zweitausend Jahre oder noch länger, da hat in einem dichten Walde ein armer Hirt gelebt. Der hatte sich ein bretternes Haus mitten im Walde gebaut; darin wohnte er mit seinem Weibe und seinen sechs Kindern, die waren alle Knaben.

An dem Hause war ein Ziehbrunnen und ein Gärtlein, und wenn der Vater das Vieh hütete, so gingen die Kinder hinaus und brachten ihm zu Mittag einen kühlen Trunk aus dem Brunnen oder ein Gericht aus dem Gärtlein. Den jüngsten Knaben riefen die Eltern nur »Goldner«; denn seine Haare waren wie Gold, und obgleich der jüngste, war er doch der stärkste von allen und der größte. Sooft die Kinder hinausgingen, ging Goldner mit einem Baumzweige voran, anders wollte keines gehen; denn jedes fürchtete sich, zuerst auf ein Abenteuer zu stoßen. Ging aber Goldner voran, so folgten sie freudig, eines hinter dem andern nach, durch das dunkelste Dickicht, und wenn auch schon der Mond über dem Gebirge stand.

Eines Abends ergötzten sich die Knaben auf dem Rückwege vom Vater mit Spielen im Walde, und da hatte sich Goldner vor allen so sehr im Spielen ereifert, daß er so hell aussah wie das Abendrot.

»Laßt uns zurückgehen!« sprach der älteste, »es scheint dunkel zu werden.«

»Seht da, der Mond!« sprach der zweite.

Da kam es licht zwischen den dunkeln Tannen hervor, und eine Frauengestalt wie der Mond setzte sich auf einen der moosigen Steine, spann mit einer kristallenen Spindel einen lichten Faden in die Nacht hinaus, nickte mit dem Haupte gegen Goldner und sang:

»Der weiße Fink, die goldne Ros'
Die Königskron im Meeresschoß.«

Sie hätte wohl noch weiter gesungen; aber ihr Faden riß, und sie erlosch wie ein Licht. Nun war es ganz Nacht. Die Kinder faßte ein Grausen; sie sprangen mit kläglichem Geschrei, das eine dahin, das andere dorthin, über Felsen und Klüfte, und verlor eines das andere.

Wohl viele Tage und Nächte irrte Goldner in dem dicken Walde umher, fand aber weder einen seiner Brüder noch die Hütte seines Vaters, noch sonst die Spur eines Menschen; denn es war der Wald gar dicht verwachsen, ein Berg über den andern gestellt und eine Kluft unter die andere. Die Brombeeren, welche überall umherrankten, stillten seinen Hunger und löschten seinen Durst; sonst wäre er gar jämmerlich gestorben.

Endlich am dritten Tage, andere sagen gar erst am sechsten, wurde der Wald hell und immer heller, und da kam er zuletzt hinaus und auf eine schöne grüne Wiese. Da war es ihm so leicht um das Herz, und er atmete mit vollen Zügen die freie Luft ein. Auf der Wiese waren Garne ausgelegt; denn da wohnte ein Vogelsteller, der fing die Vögel, die aus dem Walde flogen, und trug sie in die Stadt zum Verkaufe.

Solch ein Bursche ist mir gerade vonnöten«, dachte der Vogelsteller, als er Goldner erblickte, der auf der grünen Wiese nahe an den Garnen stand und in den blauen Himmel hineinsah und sich nicht satt sehen konnte. Der Vogelsteller wollte sich einen Spaß machen: er zog seine Garne und – husch! war Goldner gefangen und lag unter dem Garne gar erstaunt;

denn er wußte nicht, wie das geschehen war.
»So fängt man die Vögel, die aus dem Walde kommen«, sprach der Vogelsteller laut lachend. »Deine roten Federn sind mir eben recht. Du bist wohl ein verschlagener Fuchs; bleib bei mir, ich lehre dich auch die Vögel fangen!«
Goldner war gleich dabei. Ihn deuchte unter den Vögeln gar ein lustig Leben, zumal er ganz die Hoffnung aufgegeben hatte, die Hütte seines Vaters wiederzufinden.
»Laß erproben, was du gelernt hast!« sprach der Vogelsteller nach einigen Tagen zu ihm. Goldner zog die Garne, und beim ersten Zuge fing er einen schneeweißen Finken.
»Packe dich mit diesem weißen Finken!« schrie der Vogelsteller, »du hast es mit dem Bösen zu tun«, und so stieß er ihn gar unsanft von der Wiese, indem er den weißen Finken, den ihm Goldner gereicht hatte, unter vielen Verwünschungen mit den Füßen zertrat.

Goldner konnte die Worte des Vogelstellers nicht begreifen; er ging getrost wieder in den Wald zurück und nahm sich noch einmal vor, die Hütte seines Vaters zu suchen. Er lief Tag und Nacht, über Felssteine und alte gefallene Baumstämme, fiel auch gar oft über die schwarzen Wurzeln, die aus dem Boden überall hervorragten. Am dritten Tage ward der Wald immer heller und heller, und da kam er endlich hinaus und in einen schönen, lichten Garten, der voll der lieblichsten Blumen war, und weil Goldner so etwas noch nie gesehen, blieb er voll Verwunderung stehen.
Der Gärtner im Garten bemerkte ihn nicht so bald – denn Goldner stand unter den Sonnenblumen, und seine Haare glänzten im Sonnenscheine nicht anders wie so eine Blume –, als er auch zu ihm sprach: »Solch einen Burschen habe ich gerade vonnöten«, und das Tor des Gartens schloß.
Goldner ließ es sich gefallen; denn ihn deuchte unter den Blumen ein gar buntes Leben, zumal er ganz die Hoffnung aufgegeben hatte, die Hütte seines Vaters wiederzufinden.

»Fort in den Wald!« sprach der Gärtner eines Morgens zu Goldner, »hol mir einen wilden Rosenstock, daß ich zahme Rosen darauf pflanze!«
Goldner ging und kam mit einem Stocke der schönsten goldfarbenen Rosen zurück, die waren auch nicht anders, als hätte sie der geschickteste Goldschmied für die Tafel eines Königs geschmiedet.
»Packe dich mit diesen goldenen Rosen!« schrie

der Gärtner, »du hast es mit dem Bösen zu tun«, und so stieß er ihn gar unsanft aus dem Garten, indem er die goldenen Rosen unter vielen Verwünschungen in die Erde trat.

Goldner konnte die Worte des Gärtners nicht begreifen; er ging getrost wieder in den Wald zurück und nahm sich nochmals vor, die Hütte seines Vaters zu suchen. Er lief Tag und Nacht von Baum zu Baum, von Fels zu Fels. Am dritten Tage endlich ward der Wald hell und immer heller, und da kam Goldner hinaus und an das blaue Meer, das in einer unermeßlichen Weite vor ihm lag. Die Sonne spiegelte sich eben in der kristallhellen Fläche, da war es wie fließendes Gold; darauf schwammen schön geschmückte Schiffe mit langen, fliegenden Wimpeln. Eine zierliche Fischerbarke stand am Ufer; in die trat Goldner und sah mit Erstaunen in die Helle hinaus.
»Ein solcher Bursch ist uns gerade vonnöten«, sprachen die Fischer und – husch! stießen sie vom Lande.
Goldner ließ es sich gefallen; denn ihn deuchte bei den Wellen ein goldenes Leben, zumal er ganz die Hoffnung aufgegeben hatte, die Hütte seines Vaters wiederzufinden. Die Fischer warfen ihre Netze aus und fingen nichts.

»Laß sehen, ob du glücklicher bist!« sprach ein alter Fischer mit silbernen Haaren zu Goldner.

Mit ungeschickten Händen senkte Goldner das Netz in die Tiefe, zog und fischte eine – Krone von hellem Golde.
»Triumph!« rief der alte Fischer und fiel Goldner zu Füßen, »ich begrüße dich als unsern König. Vor hundert Jahren versenkte der alte König, welcher keinen Erben hatte, sterbend seine Krone ins Meer, und so lange, bis irgendeinen Glücklichen das Schicksal bestimmt hätte, die Krone aus der Tiefe zu ziehen, sollte der Thron ohne Nachfolger in Trauer gehüllt bleiben.«
»Heil unserm Könige!« riefen die Fischer und setzten Goldner die Krone auf.

Die Kunde von Goldner und der wiedergefundenen Königskrone erscholl von Schiff zu Schiff und über das Meer weit in das Land hinein. Da war die goldene Fläche bald mit bunten Nachen bedeckt und mit Schiffen, die mit Blumen und Laubwerk geziert waren; diese begrüßten alle mit lautem Jubel das Schiff, auf welchem der König Goldner stand. Er stand, die helle Krone auf dem Haupte, am Vorderteile des Schiffes und sah ruhig der Sonne zu, wie sie im Meere erlosch.

(39)

OTTO ERNST

Eigentlich:
Otto Ernst Schmidt,
geboren am 7. Oktober 1862
in Ottensen,
Volksschullehrer
in Hamburg,
gestorben am
5. März 1926
in Groß-Flottbek bei Hamburg

NIS RANDERS

Krachen und Heulen und berstende Nacht,
Dunkel und Flammen in rasender Jagd –
ein Schrei durch die Brandung!

Und brennt der Himmel, so sieht man's gut:
ein Wrack auf der Sandbank! Noch wiegt es die Flut;
gleich holt sich's der Abgrund.

Nis Randers lugt – und ohne Hast
spricht er: »Da hängt noch ein Mann im Mast;
wir müssen ihn holen.«

Da faßt ihn die Mutter: »Du steigst mir nicht ein!
Dich will ich behalten, du bliebst mir allein,
ich will's, deine Mutter!

Dein Vater ging unter und Momme, mein Sohn.
Drei Jahre verschollen ist Uwe schon,
mein Uwe, mein Uwe!«

Nis tritt auf die Brücke, die Mutter ihm nach!
Er weist nach dem Wrack und spricht gemach:
»Und seine Mutter?«

OTTO UBBELOHDE
1921

Nun springt er ins Boot und mit ihm noch sechs,
hohes, hartes Friesengewächs;
schon sausen die Ruder.

Boot oben, Boot unten, ein Höllentanz!
Nun muß es zerschmettern! . . . Nein: es blieb ganz! . . .
Wie lange? Wie lange?

OTTO UBBELOHDE
1921

Mit feurigen Geißeln peitscht das Meer
die menschenfressenden Rosse daher;
sie schnauben und schäumen.

Wie hechelnde Hast sie zusammenzwingt!
Eins auf den Nacken des andern springt
mit stampfenden Hufen!

Drei Wetter zusammen! Nun brennt die Welt!
Was da? – Ein Boot, das landwärts hält. –
Sie sind es! Sie kommen! –

Und Auge und Ohr ins Dunkel gespannt . . .
Still! Ruft da nicht einer? – Er schreit's durch die Hand:
»Sagt Mutter, 's ist Uwe!«

(40)

JOHANN NEPOMUK VOGL

Geboren am 7. Februar 1802
in Wien,
Amtmann in der Kanzlei
der niederösterreichischen
Landstände,
gestorben am
16. November 1866
in Wien

HEINRICH DER VOGLER

Herr Heinrich saß am Vogelherd
recht froh und wohlgemut;
aus tausend Perlen blinkt und blitzt
der Morgenröte Glut.

In Wies und Feld, in Wald und Au –
horch, welch ein süßer Schall!
Der Lerche Sang, der Wachtelschlag,
die süße Nachtigall!

Herr Heinrich schaut so fröhlich drein:
»Wie schön ist heut die Welt!
Was gilt's? Heut gibt's 'nen guten Fang!«
Er lugt zum Himmelszelt.

Er lauscht und streicht sich von der Stirn
das blondgelockte Haar:
»Ei doch! Was sprengt denn dort herauf
für eine Reiterschar?«

Der Staub wallt auf, der Hufschlag dröhnt,
es naht der Waffen Klang.
»Bei Gott! Die Herr'n verderben mir
den ganzen Vogelfang!«

Ei nun, was gibt's? – Es hält der Troß
vorm Herzog plötzlich an;
Herr Heinrich tritt hervor und spricht:
»Wen sucht ihr Herr'n? Sagt an!«

Da schwenken sie die Fähnlein bunt
und jauchzen: »Unsern Herrn!
Hoch lebe Kaiser Heinrich! – Hoch
des Sachsenlandes Stern!«

Dies rufend knien sie vor ihn hin
und huldigen ihm still
und rufen, als er staunend fragt:
»'s ist deutschen Reiches Will'!«

Da blickt Herr Heinrich tief bewegt
hinauf zum Himmelszelt:
»Du gabst mir einen guten Fang!
Herr Gott, wie dir's gefällt!«

(41)

JOHANN GOTTFRIED SEUME

Geboren am 29. Januar 1763
in Poserna bei Weißenfels,
von hessischen Werbern
gedungener Soldat in Kanada,
Korrektor in Grimma,
gestorben am
13. Juni 1810
in Teplitz

DER WILDE

Ein Kanadier, der noch Europens
übertünchte Höflichkeit nicht kannte
und ein Herz, wie Gott es ihm gegeben,
von Kultur noch frei, im Busen fühlte,
brachte, was er mit des Bogens Sehne
fern in Quebeks übereisten Wäldern
auf der Jagd erbeutet zum Verkaufe.
Als er ohne schlaue Rednerkünste,
so, wie man ihm bot, die Felsenvögel
um ein kleines hingegeben hatte,
eilt' er froh mit dem geringen Lohne
heim zu seinen tiefverdeckten Horden
in die Arme seiner braunen Gattin.

Aber ferne noch von seiner Hütte
überfiel ihn unter freiem Himmel schnell
der schrecklichste der Donnerstürme,
aus dem langen rabenschwarzen Haare
troff der Guß herab auf seinen Gürtel,
und das grobe Haartuch seines Kleides
klebte rund an seinem hagern Leibe.
Schaurig zitternd unter kaltem Regen
eilete der gute, wackre Wilde
in ein Haus, das er von fern erblickte.
»Herr, ach laßt mich, bis der Sturm sich leget«,
bat er mit der herzlichsten Gebärde
den gesittet feinen Eigentümer,
»Obdach hier in Eurem Hause finden!« –
»Willst du mißgestaltes Ungeheuer«,
schrie ergrimmt der Pflanzer ihm entgegen,

»willst du Diebsgesicht mir aus dem Hause!«
und ergriff den schweren Stock im Winkel.

Traurig schritt der ehrliche Hurone
fort von dieser unwirtbaren Schwelle,
bis durch Sturm und Guß der späte Abend
ihn in seine friedliche Behausung
und zu seiner braunen Gattin brachte.

Naß und müde setzt' er bei dem Feuer
sich zu seinen nackten Kleinen nieder
und erzählte von den bunten Städtern
und den Kriegern, die den Donner tragen,
und dem Regensturm, der ihn ereilte,
und der Grausamkeit des weißen Mannes.
Schmeichelnd hingen sie an seinen Knien,
schlossen schmeichelnd sich um seinen Nacken,
trockneten die langen schwarzen Haare
und durchsuchten seine Weidmannstasche,
bis sie die versproch'nen Schätze fanden.

Kurze Zeit darauf hatt' unser Pflanzer
auf der Jagd im Walde sich verirret.
Über Stock und Stein, durch Tal und Bäche,
stieg er schwer auf manchen jähen Felsen,
um sich umzuschauen nach dem Pfade,
der ihn tief in diese Wildnis brachte.
Doch sein Späh'n und Rufen war vergebens;
nichts vernahm er als das hohle Echo
längs den hohen schwarzen Felsenwänden.
Ängstlich ging er bis zur zwölften Stunde,
wo er an dem Fuß des nächsten Berges
noch ein kleines schwaches Licht erblickte.
Furcht und Freude schlug in seinem Herzen,
und er faßte Mut und nahte leise.
»Wer ist draußen?« brach mit Schreckentone
eine Stimme tief her aus der Höhle,
und ein Mann trat aus der kleinen Wohnung.
»Freund, im Walde hab' ich mich verirret«,
sprach der Europäer furchtsam schmeichelnd;
»gönnet mir, die Nacht hier zuzubringen,

und zeigt nach der Stadt, ich werd' Euch dan-
ken,
morgen früh mir die gewissen Wege.«

»Kommt herein«, versetzt der Unbekannte,
»Wärmt Euch; noch ist Feuer in der Hütte!«
Und er führt ihn auf das Binsenlager,
schreitet finster trotzig in den Winkel,
holt den Rest von seinem Abendmahle,
Hummer, Lachs und frischen Bärenschinken,
um den späten Fremdling zu bewirten.
Mit dem Hunger eines Weidmanns speiste,
festlich wie bei einem Klosterschmause,
neben seinem Wirt der Europäer.
Fest und ernsthaft schaute der Hurone
seinem Gaste spähend auf die Stirne,
der mit tiefem Schnitt den Schinken trennte
und mit Wollust trank vom Honigtranke,
den in einer großen Muschelschale
er ihm freundlich zu dem Mahle reichte.
Eine Bärenhaut auf weichem Moose
war des Pflanzers gute Lagerstätte,
und er schlief bis in die hohe Sonne.

Wie der wilden Zone wildster Krieger,
schrecklich stand mit Köcher, Pfeil und Bogen
der Hurone jetzt vor seinem Gaste
und erweckt ihn, und der Europäer
griff bestürzt nach seinem Jagdgewehre;
und der Wilde gab ihm eine Schale,
angefüllt mit süßem Morgentranke.
Als er lächelnd seinen Gast gelabet,
bracht' er ihn durch manche lange Windung,
über Stock und Stein, durch Tal und Bäche,
durch das Dickicht auf die rechte Straße.
Höflich dankte fein der Europäer;
finster blickend blieb der Wilde stehen,
sahe starr dem Pflanzer in die Augen,
sprach mit voller, fester, ernster Stimme:
»Haben wir vielleicht uns schon gesehen?«
Wie vom Blitz getroffen stand der Jäger
und erkannte nun in seinem Wirte
jenen Mann, den er vor wenig Wochen
in dem Sturmwind aus dem Hause jagte,
stammelte verwirrt Entschuldigungen.
Ruhig lächelnd sagte der Hurone:
»Seht, ihr fremden, klugen, weißen Leute,
seht, wir Wilden sind doch beßre Menschen!«
Und er schlug sich seitwärts in die Büsche.

(42)

THEODOR FONTANE

Geboren am 30. Dezember 1819
in Neuruppin,
Apotheker, Journalist,
Kriegsberichterstatter,
gestorben am
20. September 1898
in Berlin

HERR VON RIBBECK AUF RIBBECK IM HAVELLAND

Herr von Ribbeck auf Ribbeck im Havelland,
ein Birnbaum in seinem Garten stand.
Und kam die goldne Herbsteszeit,
und die Birnen leuchteten weit und breit,
da stopfte, wenn's Mittag vom Turme scholl,
der von Ribbeck sich beide Taschen voll.
Und kam in Pantinen ein Junge daher,
so rief er: »Junge, wiste 'ne Beer?«
Und kam ein Mädel, so rief er: »Lütt Dirn,
kumm man röwer, ick hebb 'ne Birn!«

So ging es viele Jahre, bis lobesam
der von Ribbeck auf Ribbeck zu sterben kam,
Er fühlte sein Ende. 's war Herbsteszeit,
wieder lachten die Birnen weit und breit;
da sagte von Ribbeck: »Ich scheide nun ab,
legt mir eine Birne mit ins Grab!«

Und drei Tage drauf, aus dem Doppeldachhaus,
trugen von Ribbeck sie hinaus.
Alle Bauern und Büdner mit Feiergesicht
sangen: »Jesus, meine Zuversicht«,
und die Kinder klagten, das Herze schwer:
»He is dod nu. Wer giwt uns nu 'ne Beer?«

So klagten die Kinder. Das war nicht recht,
ach, sie kannten den alten Ribbeck schlecht!
Der neue freilich, der knausert und spart,
hält Park und Birnbaum strenge verwahrt.
Aber der alte, vorahnend schon
und voll Mißtrauen gegen den eigenen Sohn,
der wußte genau, was damals er tat,
als um eine Birn' ins Grab er bat.
Und im dritten Jahr aus dem stillen Haus
ein Birnbaumsprößling sproßt heraus.

Und die Jahre gehen wohl auf und ab;
längst wölbt sich ein Birnbaum über dem Grab.
Und in der goldnen Herbsteszeit
leuchtet's wieder weit und breit.

Und kommt ein Jung' übern Kirchhof her,
so flüstert's im Baume: »Wiste 'ne Beer?«
Und kommt ein Mädel, so flüstert's: »Lütt Dirn,
kumm man röwer, ick gew di 'ne Birn!«

So spendet Segen noch immer die Hand
des von Ribbeck auf Ribbeck im Havelland.

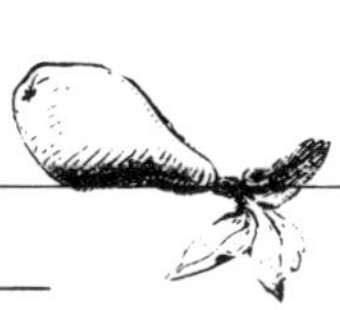

(43)

JOHANN BENJAMIN MICHAELIS

Geboren am 31. Dezember 1746
in Zittau,
gestorben am
30. September 1772
in Halberstadt

DER MILCHTOPF

Wohl aufgeschürzt, mit starken, weiten Schritten,
den Milchtopf auf dem Kopf, ging Marthe nach der Stadt,
um ihre Sahne feilzubieten.
Weil doch nun beim Verkauf ein jeder Sorgen hat,
so überdachte sie, was, wenn's das Glück ihr gönnte,
sie wohl damit gewinnen könnte.
Sechs Groschen, dachte sie, gibt mir doch jedermann,
denn in der Stadt ist alles teuer.
Die streich' ich also ein und lege sie mir an
und kaufe mir, soweit sie reichen, Eier.
Die bring ich wieder in die Stadt.
Das Glück hat oft sein Spiel! Für das, was ich gewänne,
kauft' ich mir lauter Hühner ein.
Dann legt mir eine jede Henne;
ich zieh auch dreimal Brut. Wie wird sich Marthe freu'n,
wenn so viel Hühner um sie flattern!
Die soll gewiß kein Fuchs ergattern!
Denn sind sie groß genug, so kauf' ich mir ein Schwein.
Aus Kälbern, sagt man, werden Kühe.
Das Ferklein wird ja groß, ich spar' auch keine Mühe,
die Kleie hab' ich schon dazu.
Wenn ich das Schwein verkauft, kauf' ich mir eine Kuh;
die wirft ein Kalb, ein Ding voll Mut, voll Feuer!
He, wie es springt! Hopf, Anna Marthe, hopf!
Hier springt sie – gute Nacht, Kalb, Kuh, Schwein, Hühner, Eier –
Da lag der Topf.

(44)

THEODOR STORM

INSERAT

Die verehrlichen Jungen, welche heuer
meine Äpfel und Birnen zu stehlen gedenken,
ersuche ich höflichst, bei diesem Vergnügen
womöglich insoweit sich zu beschränken,
daß sie daneben auf den Beeten
mir die Wurzeln und Erbsen nicht zertreten.

WILHELM BUSCH

Geboren am 15. April 1832
in Wiedensahl bei Hannover,
Zeichner und Maler,
gestorben am
9. Januar 1908
in Mechtshausen

ES SITZT EIN VOGEL AUF DEM LEIM

Es sitzt ein Vogel auf dem Leim,
er flattert sehr und kann nicht heim,
ein schwarzer Kater schleicht herzu,
die Krallen scharf, die Augen gluh.
Am Baum hinauf und immer höher
kommt er dem armen Vogel näher.
Der Vogel denkt: Weil das so ist
und weil mich doch der Kater frißt,
so will ich keine Zeit verlieren,
will noch ein wenig quinquilieren
und lustig pfeifen wie zuvor.
Der Vogel, scheint mir, hat Humor.

(45)

BÖRRIES FREIHERR VON MÜNCHHAUSEN

Geboren am 20. März 1874
in Hildesheim,
Gutsbesitzer, Offizier,
gestorben am
16. März 1945
auf Schloß Windischleuba
bei Altenburg

DAS ALIZARINBLAUE ZWERGENKIND

Nein, was habe ich gelacht!
Da kam doch diese Nacht
ein kleinwinziges Zwergenkind
aus dem Bücherspind
hinter Kopischs Gedichten vor
und krebselt an meinem Schreibtisch empor!

Trippelt ans Tintenfaß:
Was ist denn das?
Stippt den schneckenhorndünnen Finger hinein,
leckt: Ui, fein!
Macht halslang, guckt dumm
noch mal in der ganzen Stube rum,
Gott sei Dank, allein!
Zwergenvater begegnet sich selber im
Mondenschein.
Mutti, um was Gescheiteres anzufangen,
ist bissel spuken gegangen.

Da knöpft es sein Wämschen ab,
Hemd runter! Schwapp,
spritzt es ins Tintenbad hinein,
taucht, planscht, wischt die Augen rein,
pudelt
und sprudelt,
nimmt 's Mäulchen voll,
prustet ein' Springbrunn' hoch zwei Zoll,

streckt 's Füßchen raus, schnalzt mit den Zeh'n,
taucht, um mal auf'm Kopf zu stehn.
Endlich Schluß der Badesaison!
Klettert raus, trippelt über meinen Löschkarton,
schuppert sich, über und über pitsche-patsche-
naß,
brr, wie kalt war das!
Ist selig, wie es sich zugesaut,
und kriegt eine alizarinblaue Gänsehaut.

Nun trocknet sich's auf dem Löschpapier,
probiert dort und hier,
was da für 'n feines Muster bleibt,
als ob einer, der schreiben kann, schreibt!
Ein Fußstapf – wie 'ne Bohne beinah!
Ein Handklitsch – alle fünf Finger da!
Nun die Nase aufgetunkt,
lacht schrecklich: Ein richtiger Punkt,
ein Punkt!

Wo's aber gesessen hat
auf dem roten Blatt,
wie's da hinguckt,
da hat's ein Dreierbrötchen gedruckt,
ein kleinwinziges, zweihälftiges Dreierbrot,
Blau auf Rot!

Erst lacht's. Dann schämt sich's. Und dann,
so schnell es kann,
am Tischbein runter, durch den Mondenschein
in' Schrank hinein.

Ein Weilchen noch hinter den Büchern her
hört ich's piepsen und heulen sehr,
hat so arg geschnieft und geschluckt,
weil es das – Dreierbrötchen da hingedruckt!

(46)

CHRISTIAN MORGENSTERN

DER SCHNUPFEN

Ein Schnupfen hockt auf der Terrasse,
auf daß er sich ein Opfer fasse

– und stürzt alsbald mit großem Grimm
auf einen Menschen namens Schrimm.

Paul Schrimm erwidert prompt: Pitschü!
und hat ihn drauf bis Montag früh.

HEINRICH HOFFMANN

Geboren am 13. Juni 1809
in Frankfurt am Main,
Lehrer der Anatomie
und Arzt,
gestorben am
20. September 1894
in Frankfurt am Main

EINE SELTSAME KAFFEE-GESELLSCHAFT

Die Witwe Frau von Gänseschwein,
die lud sich die Gesellschaft ein,
die neulich auf dem Forsthaus war
bei einem Kaffee wunderbar.

Es sitzen da an einem Tisch:
Herr Fischent' und Frau Entenfisch,
Herr Hahnenhund, Frau Schnauzerhuhn,
die wollen sich recht gütlich tun,

Dazu kommt noch Frau Schlangenspatz
mit ihrem Freund Herrn Ratzenkatz.
Sie trinken viele Tassen leer,
es schmeckt der gute Kuchen sehr.

Dann lecken sie die Teller rein
und putzen sich die Mäuler fein,
sie grüßen sich und sagen:
»Auf Wiedersehn in acht Tagen!«

EDUARD MÖRIKE

DER FEUERREITER

Sehet ihr am Fensterlein
dort die rote Mütze wieder?
Nicht geheuer muß es sein,
denn er geht schon auf und nieder.
Und auf einmal welch Gewühle
bei der Brücke, nach dem Feld!
Horch! Das Feuerglöcklein gellt:
Hinterm Berg,
hinterm Berg
brennt es in der Mühle!

Schaut! Da sprengt er wütend schier
durch das Tor, der Feuerreiter,
auf dem rippendürren Tier
als auf einer Feuerleiter!
Querfeldein! Durch Qualm und Schwüle
rennt er schon und ist am Ort!
Drüben schallt es fort und fort:
Hinterm Berg,
hinterm Berg
brennt es in der Mühle!

OTTO UBBELOHDE
1924

Der so oft den roten Hahn
meilenweit von fern gerochen,
mit des heil'gen Kreuzes Span
freventlich die Glut besprochen –
weh, dir grinst vom Dachgestühle
dort der Feind im Höllenschein.

Gnade Gott der Seele dein!
Hinterm Berg,
hinterm Berg
rast er in der Mühle!

Keine Stunde hielt es an,
bis die Mühle borst in Trümmer;
doch den kecken Reitersmann
sah man von der Stunde nimmer.
Volk und Wagen im Gewühle
kehren heim von all dem Graus;
auch das Glöcklein klinget aus:
Hinterm Berg,
hinterm Berg
brennt's . . .

Nach der Zeit ein Müller fand
ein Gerippe samt der Mützen
aufrecht an der Kellerwand
auf der beinern' Mähre sitzen:
Feuerreiter, wie so kühle
reitest du in deinem Grab!
Husch, da fällt's in Asche ab.
Ruhe wohl,
ruhe wohl
drunten in der Mühle!

(47)

JOHANN PETER HEBEL

Geboren am 10. Mai 1760
in Hausen,
Lehrer und
evangelischer Geistlicher,
gestorben am
22. September 1826
in Schwetzingen

KANNITVERSTAN

Der Mensch hat wohl täglich Gelegenheit, in Emmendingen und Gundelfingen, so gut als in Amsterdam Betrachtungen über den Unbestand aller irdischen Dinge anzustellen, wenn er will, und zufrieden zu werden mit seinem Schicksal, wenn auch nicht viel gebratene Tauben für ihn in der Luft herumfliegen. Aber auf dem seltsamsten Umweg kam ein deutscher Handwerksbursche in Amsterdam durch den Irrtum zur Wahrheit und zu ihrer Erkenntnis. Denn als er in diese große und reiche Handelsstadt, voll prächtiger Häuser, wogender Schiffe und geschäftiger Menschen, gekommen war, fiel ihm sogleich ein großes und schönes Haus in die Augen, wie er auf seiner ganzen Wanderschaft von Duttlingen bis nach Amsterdam noch keines erlebt hatte. Lange betrachtete er mit Verwunderung dies kostbare Gebäude, die sechs Kamine auf dem Dach, die schönen Gesimse und die hohen Fenster, größer als an des Vaters Haus daheim die Tür. Endlich konnte er sich nicht entbrechen, einen Vorübergehenden anzureden. »Guter Freund«, redete er ihn an, »könnt Ihr mir nicht sagen, wie der Herr heißt, dem dies wunderschöne Haus gehört mit den Fenstern voll Tulipanen, Sternenblumen und Levkojen?« – Der Mann aber, der vermutlich etwas Wichtigeres zu tun hatte und zum Unglück gerade so viel von der deutschen Sprache verstand, als der Fragende von der holländischen, nämlich nichts, sagte kurz und schnauzig: »Kannitverstan« und schnurrte vorüber. Dies war ein holländisches Wort, oder drei, wenn man's recht betrachtet, und heißt auf deutsch soviel als: Ich kann Euch nicht verstehn. Aber der gute Fremdling glaubte, es sei der Name des Mannes, nach dem er gefragt hatte. Das muß ein grundreicher Mann sein, der Herr Kannitverstan, dachte er, und ging weiter. Gaßaus, gaßein kam er endlich an den Meerbusen, der da heißt: Het Ey, oder auf deutsch: das Ypsilon. Da stand nun Schiff an Schiff und Mastbaum an Mastbaum; und er wußte anfänglich nicht, wie er es mit seinen zwei einzigen Augen durchfechten werde, alle diese Merkwürdigkeiten genug zu sehen und zu betrachten, bis endlich ein großes Schiff seine Aufmerksamkeit an sich zog, das vor kurzem aus Ostindien angelangt war und jetzt eben ausgeladen wurde. Schon standen ganze Reihen von Kisten und Ballen auf- und nebeneinander am Lande. Noch immer wurden mehrere herausgewälzt, und Fässer voll Zucker und Kaffee, voll Reis und Pfeffer, und salveni Mausdreck darunter. Als er aber lange zugesehn hatte, fragte er endlich einen, der eben eine Kiste auf der Achsel heraustrug, wie der glückliche Mann heiße, dem das Meer alle diese Waren an das Land bringe. »Kannitverstan« war die Antwort. Da dachte er: Haha, schaut's da heraus? Kein Wunder, wem das Meer solche Reichtümer an das Land schwemmt, der hat gut solche Häuser in die Welt stellen und solcherlei Tulipanen vor die Fenster in vergoldeten Scherben. Jetzt ging er wieder zurück und stellte eine recht traurige Betrachtung bei sich selbst an, was er für ein armer Mensch sei unter so viel reichen Leuten in der Welt. Aber als er eben dachte: Wenn ich's doch nur auch einmal so gut bekäme, wie dieser Herr Kannitverstan es hat, kam er um eine Ecke und erblickte einen großen Leichenzug. Vier schwarz vermummte Pferde zogen einen ebenfalls schwarz überzogenen Leichenwagen langsam und traurig, als ob sie wüßten, daß sie einen Toten in seine Ruhe führten. Ein langer Zug von Freunden und Bekannten des Verstorbenen folgte nach, Paar und Paar, verhüllt in schwarze Mäntel und stumm. In der Ferne läutete ein einsames Glöcklein. Jetzt ergriff unsern Fremdling ein wehmütiges Gefühl, das an keinem guten Menschen vorübergeht, wenn er eine Leiche sieht, und blieb mit dem Hut in den Händen andächtig stehen, bis alles vorüber war. Doch machte er sich an den letzten vom Zug, der eben in der Stille ausrechnete, was er an seiner Baumwolle gewinnen könnte, wenn der Zentner um 10 Gulden aufschlüge, ergriff ihn sachte am Mantel und bat ihn treuherzig um Exküse. »Das muß wohl auch ein guter Freund von Euch gewesen sein«, sagte er, »dem das Glöcklein läutet, daß Ihr so betrübt und nachdenklich mitgeht.« – »Kannitverstan!« war die Antwort. Da fielen unserm guten Duttlinger ein paar große Tränen aus den Augen, und es ward ihm auf einmal schwer und wieder leicht ums Herz. »Armer Kannitverstan«, rief er aus, »was hast du nun von allem deinem Reichtum? Was ich einst von meiner Armut auch bekomme: ein Totenkleid und ein Leintuch und von allen deinen schönen Blumen vielleicht einen Rosmarin auf die kalte Brust oder eine Raute.« Mit diesen Gedanken begleitete er die Leiche, als wenn er dazugehörte, bis ans Grab, sah den vermeinten Herrn Kannitverstan hinabsenken in seine Ruhestätte und war von der holländischen Leichenpredigt, von der er kein Wort verstand, mehr gerührt als von mancher deutschen, auf die er nicht achtgab. Endlich ging er leichten Herzens mit den andern wieder fort, verzehrte in einer Herberge, wo man Deutsch verstand, mit gutem Appetit ein Stück Limburger Käse, und wenn es ihm wieder einmal schwerfallen wollte, daß so viele Leute in der Welt so reich seien und er so arm, so dachte er nur an den Herrn Kannitverstan in Amsterdam, an sein großes Haus, an sein reiches Schiff und an sein enges Grab.

EIN WORT GIBT DAS ANDERE

Ein reicher Herr im Schwabenland schickte seinen Sohn nach Paris, daß er sollte Französisch lernen und ein wenig gute Sitten. Nach einem Jahr oder drüber kommt der Knecht aus des Vaters Haus auch nach Paris. Als der junge Herr den Knecht erblickte, rief er voll Staunen und Freude aus: »Ei Hans, wo führt dich der Himmel her? Wie steht es zu Hause, und was gibt's Neues?«
»Nicht viel Neues, Herr Wilhelm, als daß vor zehn Tagen Euer schöner Rabe krepiert ist, den Euch vor einem Jahr der Weidgesell geschenkt hat.«
»O das arme Tier«, erwiderte Herr Wilhelm. »Was hat ihm denn gefehlt?«
»Drum hat er zuviel Luder gefressen, als unsere schönen Pferde fielen, eins nach dem andern. Ich hab's gleich gesagt.«
»Wie! Meines Vaters vier schöne Mohrenschimmel sind gefallen?« fragte der Herr Wilhelm. »Wie ging das zu?«
»Drum sind sie zu sehr angestrengt worden mit Wasserführen, als uns Haus und Hof verbrannte, und hat doch nichts geholfen.«
»Um Gottes willen!« rief der Herr Wilhelm voll Schrecken aus. »Ist unser schönes Haus verbrannt? Wann das?«

Drum hat man nicht aufs Feuer achtgegeben an Ihres Herrn Vaters seliger Leiche und ist bei Nacht begraben worden mit Fakkeln. So ein Fünklein ist bald verzettelt.«
»Unglückselige Botschaft!« rief voll Schmerz der Herr Wilhelm aus. »Mein Vater tot? Und wie geht's meiner Schwester?«
»Drum eben hat sich Ihr Herr Vater seliger zu Tod gegrämt, als Ihre Jungfer Schwester ein Kindlein gebar, und hatte keinen Vater dazu. Es ist ein Büblein.
Sonst gibt's just nicht viel Neues«, setzte er hinzu.

EDUARD MÖRIKE

DER BAUER UND SEIN SOHN

Morgens beim Aufstehn sagt' einmal der Peter ganz erschrocken zu seinem Weib: »Ei, schau doch, Ev', was hab' ich da für blaue Flecken! Am ganzen Leib schwarzblau! – und denkt mir doch nicht, daß ich Händel hatte!« – »Mann!« sagte die Frau, »du hast gewiß wieder den Hansel, die arme Mähr', halb lahm geschlagen? Vom Ehni hab' ich das wohl öfter denn hundertmal gehört: wenn einer sein Vieh malträtiert, sei's Stier, sei's Esel oder Pferd, da schickt es seinem Peiniger bei Nacht die blauen Mäler zu. Jetzt haben wir's blank.« Der Peter aber brummte: »Hum, wenn's nichts weiter zu bedeuten hat!«, schwieg still und meinte, die Flecken möchten ihm den Tod ansagen; deshalb er auch etliche Tage zahm und geschmeidig war, daß es dem ganzen Haus zugute kam. Kaum aber ist ihm die Haut wieder heil, da ist er wie immer der grimmige Peter mit seinem roten Kopf und lauter Flüchen zwischen den Zähnen. Der Hansel sonderlich hatte sehr böse Zeit, dazu noch bittern Hunger, und wenn ihm oft im Stall die Knochen alle weh taten von allzu harter Arbeit, sprach er wohl einmal vor sich hin: »Ich wollt', es holte mich ein Dieb, den würd' ich sanft wegtragen!«

Es hatte aber der Bauer einen herzguten Jungen, Frieder mit Namen, der tat dem armen Tier alle Liebe. Wenn die Stalltür aufging, etwas leiser wie sonst, drehte der Hansel gleich den müden Kopf herum, zu sehn, ob es der Frieder sei, der ihm heimlich sein Morgen- oder Vesperbrot brachte. So kommt der Junge auch einmal hinein, erschrickt aber nicht wenig; denn auf des Braunen seinem Rücken sitzt ein schöner Mädchenengel mit einem silberhellen Rock und einem Wiesenblumenkranz im gelben Haar und streicht dem Hansel die Bückel und Beulen glatt mit seiner weißen Hand. Der Engel sieht den Frieder an und spricht:

»Dem wackern Hansel geht's noch gut,
wenn ihn die Königsfrau reiten tut.
Arm' Frieder
wird Ziegenhüter,
kriegt aber Überfluß,
wenn er schüttelt die Nuß,
wenn er schüttelt die Nuß!«

Solches gesagt, verschwand der Engel wieder und war nicht mehr da. Den Knaben überlief's, er huschte hurtig aus der Tür. Als er aber den Worten, die er vernommen, weiter nachsann, ward er fast traurig. Ach! dachte er, der Ziegenbub vom Flecken sein, das ist doch gar ein faul und ärmlichs Leben, da kann ich meiner Mutter nicht das Salz in die Suppe verdienen. Aber Nüss'! Woher? In meines Vaters Garten wachsen keine, und wenn ich sie auch ganzer Säcke voll schütteln sollte, wie der Engel verheißt, davon wird niemand satt. Ich weiß, was ich tun will, wann ich die Ziegen hüten muß: ich sammle Besenreisig nebenher und lerne Besen binden, da schafft sich doch ein Kreuzer. Solche Gedanken hatte Frieder jenen ganzen Tag, sogar in der Schule, und schaute darein wie ein Träumer. »Wieviel ist sechs mal sechs?« fragte der Schulmeister beim Einmaleins. »Nun, Frieder, was geht dir heut im Kopf herum? Schwätz!« Der Bub, voll Schrecken, wußte nicht, sollt' er sagen »Besenreisig« oder »sechsunddreißig«, denn eigentlich war beides richtig; er sagte aber: »Besenreisig!« Da gab es ein Gelächter, daß alle Fenster klirrten, und blieb noch lang ein Sprichwort in der Schule, wenn einer in Gedanken saß: der hat Besenreisig im Kopf.

In der Nacht konnte Frieder nicht schlafen. Einmal kam es ihm vor, als sei es im Hof nicht geheuer; er richtete sich auf und sah durchs Fenster über seinem Bett. Sieh da! drang eine Helle aus dem Stall und kam der Hansel heraus und der Engel auf ihm, der ritt ihn aus dem Hof so sachten Tritts, als ging es über Baumwolle weg. Im ersten Augenblick will Frieder schreien, doch gleich besinnt er sich und denkt: es ist ja Hansens Glück! – legt sich also geruhig wieder hin und weint nur still in die Kissen, daß jetzt der Hansel fort sein soll und nimmer wiederkommen.

Wie nun die zwei auf offener Straße waren und der Gaul im hellen Mondschein seinen Schatten sah, sprach er für sich: »Ach! Bin ich nicht ein dürres Bein! Eine Königin säße mir nimmermehr auf.« Der Engel sagte weiter nichts hiegegen und lenkte bald seitwärts in einen Feldweg ein, wo sie nach einer guten Strekke an eine schöne Wiese kamen; sie war voll goldener Blumen und hieß die *unsichtbare*, denn sie von ordinären Leuten nicht gesehen ward und ging bei Tage immer in einen nahen Wald hinein, daß sie kein Mensch ausfand. Kam aber guter armer Leute Kind mit einem Kühlein oder Geiß daher, dem zeigte der Engel die Wiese; es wuchs ein herrliches Futter auf

ihr, auch mancherlei seltsame Kräuter, davon ein Tier fast wunderbar gedieh. Auf demselbigen Platz stieg der Engel jetzt ab, sprach: »Weide, Hans!«, lief dann am Bach hinunter und schwand in die Lüfte, nur wie ein Stern am Himmel hinzückt. Der Hansel seinerseits fraß aber tapfer zu, und als er satt war, tat's ihm leid, so fett und milchig war das zarte Gras. Endlich kommt ihm der Schlaf; also legt er sich stracks an den Hügel dort bei den runden Buchen und ruht bei vier Stunden. Weckt ihn mit eins ein Jägerhorn, da war es Tag und stund die Sonne hell und klar am Himmel. Rasch springt er auf, sieht seinen Schatten auf dem grünen Rasen, verwundert sich und spricht: »Ei! Was bin ich für ein schmucker Kerl geworden! Unekket, glatt und sauber!« So war es auch, und glänzte seine Haut als wie in Öl gebadet.

Nun aber jagte der König des Landes schon etliche Tage in selbiger Gegend und ging just aus dem Wald hervor mit seinen Leuten. »Ah, schaut! Ah, schaut!« rief er, »was für ein schönes Roß! Wie es die stolzen Glieder übt in Sprüngen und lustigen Sätzen!« So sprechend trat er nahe herzu mit den Herren vom Hofe, die vernahmen sich alle über das Pferd und klopften ihm liebkosend auf den Hals. Sagte der König: »Reit, Jäger, in das Dorf hinein, zu fragen, ob dieses Tier nicht feil. Sag ihnen, es käm' an keinen schlechten Herrn.« Derselbe Jägersmann ritt eine Schecke, welche dem Hansel wohlgefiel, derhalben er von selbst mit in den Flecken trabte, wo die Bauern alsbald neugierig die Köpfe aus den Fenstern streckten. »Hört, Leute! Wessen ist der feine Braun'?« ruft der Jäger durch die Gassen. »Mein ist er nicht! – Das ist kein hiesiger!« hieß es von allen Seiten. »Sieh, Frieder, guck'!« sagte der Peter, »das ist ein ung'rischer. Ich wollt', der wär' mein.« Zuletzt beteuerte der Hufschmied, ein solches Tier sei auf sechs Meilen im Revier gar nicht zu Hause. Da ritt der Jäger samt dem Hansel zum König zurück, vermeldend: »Das Roß ist herrenlos.« – »Behalten wir's denn!« versetzte der König, und ging der Zug also weiter.

Indessen meint der Peter, es wäre Zeit, sein Vieh zu füttern, und stößt mit Gähnen die Stalltür auf. Hu! macht der Rüpel Augen, wie er den leeren Stand der Mähre sieht! Lang waren ihm alle Gedanken wie pelzen. »Zum Kukkuck!« fuhr er endlich auf, »wird nicht viel fehlen, war da vorhin der fremde Gaul mein Hansel, und ist's mit des Teufels Blendwerk geschehen, daß ihn kein Mensch dafür erkannte!« Der Peter wollte sich die Haar' ausraufen: allein was konnte er machen? Der Gaul war fort. Es haben mich nur die zwei Öchslein gedauert. An denen ließ der Unmensch seinen Grimm in diesen Tagen aus, und mußten sie für ihrer drei arbeiten. Was ihnen aber, nächst Püffen, Schlägen, Hungerleiden, das Leben vollends ganz verleidete, das war das Heimweh nach dem braven Hans. Sie trauerten und wurden wie verstockt und taten alles hinterstfür; deshalb der Peter leis zu seinem Weibe sprach: »Es ist schon nicht anders, die Ochsen sind mir auch verhext.« Bald wurden die Eh'leute eins, daß sie das Paar für ein Spottgeld dem Metzger abließen; der schlachtete sie in der Stadt. Allein was geschieht? In einer Nacht, da alles schlief, klopft es dem Peter am Laden; schreit er: »Wer ist da drauß'?« Antworten ihm zwo tiefe Baßstimmen:

»Der Walse und der Bleß
müssen wandeln deinetwegen,
wollen zu fressen, fressen in ihre kalten Mägen!«

Dem Peter schauerte die Haut, er zupfte sein Weib: »Steh *du* auf, Ev'!« – »Ich nicht«, antwortete die Frau, »sie wollen halt ihr Sach' von *dir*.« So stund der Großmaul auf mit Zittern, warf ihnen Futter hinaus, und wie sie damit fertig waren, gingen sie wieder.

Nun kam das Unglück Schlag auf Schlag. Der Peter brachte zwar vom nächsten Markt wieder zween Stiere heim, allein da zeigte sich's, es wollte mit aller Lieb' kein Vieh mehr in dem Stalle bleiben: die beiden Stiere samt der Kuh wurden krank, man mußte sie mit Schaden aus dem Hause tun. Der Peter läuft zu einem Hexenbanner, will sagen Erzspitzbuben, legt ihm gutwillig einen Taler hin, dafür kriegt er ein Pulver, mit dem soll er den Stall durchräuchern, Schlag zwölfe um Mittag. Er räucherte auch wirklich so handig, daß er die Glut ins Stroh brachte, und schlug der rote Hahn alsbald die Flügel auf dem Dach, das heißt, Stallung und Scheuer ging in lichten Flammen auf; mit knapper Not konnte die Löschmannschaft das Wohnhaus retten. Peter, wo will's mit dir hinaus? – Die nächste Nacht klopft es am Kammerladen. »Wer ist da?«

»Der Walse und der Bleß
kommen in Wind und Regen,
wollen zu fressen, fressen in ihre kalten Mägen!«

Da fuhr der Peter in Verzweiflung aus dem Bett, schlug die Hände überm Kopf zusammen und rief: »Ach mein! Ach mein! Soll ich die Toten füttern und hab' doch bald für die Lebendigen nichts mehr!« Das erbarmte die Tiere, sie gingen fort, kamen auch nimmermehr.

Anstatt daß der Peter jetzt in sich geschlagen hätte und seinen Frevel gutgemacht, bot er dem Jammer Trutz im Wirtshaus unter lustigen Gesellen. Je mehr sein Weib ihn schalt und lamentierte, um desto weniger schmeckt's ihm daheim; er machte dabei Schulden, kein General hätt' sich dran schämen dürfen, und bald kam es soweit, daß man ihm Haus und

Gut verkaufte. Jetzt mußte er taglöhnen, und auch sein armes Weib spann fremder Leute Faden. Der Frieder aber, der saß richtig vor dem Dorf, hielt einen Stecken in der Hand und wartete der Ziegen oder band Besenreis auf den Verkauf.

Drei Jahre waren so vergangen, begab sich's einmal wieder, daß der König das Wildschwein jagte, und war auch die Königin diesmal dabei. Weil es aber Winterszeit war und sehr kalt, wollten die Herrschaften das Mittagsmahl nicht gern im Freien nehmen, sondern die königlichen Köche machten ein Essen fertig im Greifenwirtshaus, und speiste man im obern Saal vergnüglich, dazu die Spielleute bliesen. Das Volk aber stund auf der Gasse, zu horchen. Als nunmehr nach der Tafel die Pferde wieder vorgeführt wurden und man nun auch das Leibroß der Königin zäumte, stund vornean der Ziegenbub, der sprach gar keck zum Reitknecht hin: »Das Roß ist meines Vaters Roß, daß Ihr's nur wißt!« Da lachte alles Volk laut auf; der Braune aber wieherte dreimal für Freuden und strich mit seinem Kopf an Frieders Achsel auf und nieder. Dies alles sah und hörte die Königin vom Fenster hochverwundert und sagt' es gleich ihrem Gemahl. Derselbe läßt den Ziegenbuben rufen, und dieser tritt bescheidentlich, doch munter in den Saal, mit Backen rosenrot, und war er auch sonst ein sauberer Bursche mit lachenden Augen, ging aber barfuß. Red't ihn der König an: »Du sagtest ja, das schöne Pferd da unten wär' deines Vaters, nicht?« – »Und ist auch wahr, Herr, mit Respekt zu melden.« – »Wie willst du das beweisen, Bursch'?« – »Ich will es wohl, wenn Ihr's vergönnt. Den Reitknecht hört' ich rühmen, das Roß ließe niemand aufsitzen außer die Königin, der es gehöre. Nun sollt Ihr aber sehn, ob mir's nicht stillehält und nachläuft, wenn ich ihm Hansel rufe: darnach mögt Ihr denn richten, ob ich die Wahrheit sprach.« Der König schwieg ein Weilchen, sprach dann zu einem seiner Leute: »Bringt mir drei wackre Männer aus der Gemeinde her, damit wir hören, was sie dem Knaben zeugen.« Als nun die Männer kamen und über das Pferd gefragt wurden, so fiel ihr Ausspruch nicht zu Frieders Gunsten aus. Da tät der Knabe seinen Mund selbst auf und hub an, treu und einfältig die Geschichte vom Engel zu erzählen, wie er den Hansel entführte, auch wie er ihm unlängst wieder erschienen sei und ihm die unsichtbare Wiese gezeigt habe, welche den Hansel so stattlich gemacht. Darüber waren freilich die Anwesenden hoch erstaunt, etliche blickten schelmisch, allein die Königin sagte: »Gewiß, das ist ein frommer Sohn und steht ihm die Wahrheit an der Stirn geschrieben.« Der König selbst schien dem Buben wohlgesinnt, doch, weil er guter Laune war, sprach er: »Das Probstück wollen wir ihm nicht erlassen.« Hiermit rief er den Frieder an ein Seitenfenster, das nach dem Freien ging auf einen Grasplatz, weit und flach, in dessen Mitte stund ein großer Nußbaum, wohl hundert Schritt vom Haus; es lag aber alles dicht überschneit, denn es im Christmond war. »Du siehst«, sagte der König, »die große Wiese hier.« – »O ja, warum denn nicht?« rief ein Hofmann, des Königs Spaßmacher, halblaut dazwischen. »Es ist zwar eine von den unsichtbaren, denn sie ist über und über mit Schnee zugedeckt.« Die Hofleute lachten, der König aber sprach zum Knaben: »Laß dich ein loses Maul nicht irren! Schau, du sollst mir auf dem Hansel einen Ring rund um den Nußbaum in den Schnee hier reiten, und wenn es gut abläuft, soll aller Boden innerhalb des Rings dein eigen sein.« Da freuten sich die Schranzen, meinend, es gäbe einen rechten Schnack; der Frieder wurde aber so freundlich, daß er die weißen Zähne nicht wieder unterbringen konnte. Das Roß ward vorgeführt (nachdem man ihm zuvor den goldnen Frauensattel abgenommen), es jauchzte hellauf und alles Volk mit ihm, und Frieder saß oben mit einem Schwung. Erst ritt er langsam bis zur Wiese vor, hielt an und maß mit dem Aug' nach allen Seiten den Abstand vom Baum, dann setzt' er den Hansel in Trab und endlich in gestreckten Lauf, das ging wie geblasen, und war es eine Lust ihm zuzusehen, wie sicher und wie leicht der Bursche saß. Er war aber nicht dumm und nahm den Kreis so weit, als er nur konnte; gleichwohl lief derselbe am Ende so schön zusammen, als wär' er mit dem Zirkel gemacht. Mit Freudengeschrei ward der Frieder empfangen, im Nu saß er ab, küßte den Hansel auf den Mund, und der König am Fenster winkt' ihm herauf in den Saal. »Du hast«, sprach er zu ihm, »dein Probstück wohl gemacht; die Wiese ist dein. Den Hansel anbelangend, den kann ich dir nicht wiedergeben: ich hab' ihn meiner Königin geschenkt; soll aber dein Schade nicht sein.« Mit diesen Worten drückte er ihm ein Beutelein in die Hand, gespickt voll Dublonen. Des war der Knabe sehr zufrieden, zumal die Königin hinzusetzte, er möge alle Jahre zur Stadt kommen, in ihrem Schloß vorsprechen und den Hansel besuchen. »Ja«, rief der Frieder, »und da bring ich Euch zur Kirchweih' allemal ein Säcklein grüne Nüss' vom Baum!« – »Bleib es dabei!« sagte die Königin; so schieden sie. Der Frieder lief heim durch all das Volksgewühl und Gejubel hindurch zu seinen Eltern. Der Peter hatte den Ritt von weitem heimlich mit angesehen, und jetzt tat er in seinem Herzen ein Gelübde – ich brauche ja wohl nicht zu sagen, worin das bestand. Genug, der Hansel und der Frieder hatten ihm wieder auf einen grünen Zweig geholfen: er wurde ein braver, ehrsamer Mann, dazu ein reicher, der einen noch reichern Sohn hinterließ. Seit dieser Zeit hat sich im ganzen Dorf kein Mensch an einem Tier mehr versündigt.

(48)

ADALBERT VON CHAMISSO

Geboren am 30. Januar 1781
auf Schloß Boncourt
in der Champagne,
preußischer Offizier,
Botaniker, Vorsteher des
Herbariums in Berlin,
gestorben am
21. August 1838
in Berlin

DIE SONNE BRINGT ES AN DEN TAG

Gemächlich in der Werkstatt saß
zum Frühtrunk Meister Nikolas,
die junge Hausfrau schenkt' ihm ein,
es war im heitern Sonnenschein. –
Die Sonne bringt es an den Tag.

Die Sonne blinkt von der Schale Rand,
malt zitternde Kringeln an die Wand,
und wie den Schein er ins Auge faßt,
so spricht er für sich, indem er erblaßt:
»Du bringst es doch nicht an den Tag.«

»Wer nicht? Was nicht?« die Frau fragt gleich,
»was stierst du so an? Was wirst du so bleich?«
Und er darauf: »Sei still, nur still;
ich's doch nicht sagen kann noch will.
Die Sonne bringt's nicht an den Tag.«

Die Frau nur dringender forscht und fragt,
mit Schmeicheln ihn und Hadern plagt,
mit süßem und mit bitterm Wort,
sie fragt und plagt ihn fort und fort:
»Was bringt die Sonne nicht an den Tag?«

»Nein, nimmermehr!« – »Du sagst es mir noch.« –
»Ich sag es nicht.« – »Du sagst es mir doch.« –
Da ward zuletzt er müd und schwach
und gab der Ungestümen nach. –
Die Sonne bringt es an den Tag.

»Auf der Wanderschaft, 's sind zwanzig Jahr,
da traf es mich einst gar sonderbar.
Ich hatt' nicht Geld, nicht Ranzen noch Schuh,
war hungrig und durstig und zornig dazu. –
Die Sonne bringt's nicht an den Tag.

Da kam mir just ein Jud' in die Quer',
ringsher war's still und menschenleer:
Du hilfst mir, Hund, aus meiner Not;
den Beutel her, sonst schlag' ich dich tot!
Die Sonne bringt's nicht an den Tag.

Und er: ›Vergieße nicht mein Blut,
acht Pfennige sind mein ganzes Gut!‹
Ich glaubt' ihm nicht und fiel ihn an;
er war ein alter, schwacher Mann. –
Die Sonne bringt's nicht an den Tag.

So rücklings lag er blutend da;
sein brechendes Aug in die Sonne sah;
noch hob er zuckend die Hand empor,
noch schrie er röchelnd mir ins Ohr:
›Die Sonne bringt es an den Tag.‹

Ich macht' ihn schnell noch vollends stumm
und kehrt' ihm die Taschen um und um;
acht Pfennige, das war das ganze Geld.
Ich scharrt' ihn ein auf selbigem Feld. –
Die Sonne bringt's nicht an den Tag.

Dann zog ich weit und weiter hinaus,
kam hier ins Land, bin jetzt zu Haus. –
Du weißt nun meine Heimlichkeit,
So halte den Mund und sei gescheit;
Die Sonne bringt's nicht an den Tag.

Wann aber sie so flimmernd scheint,
ich merk' es wohl, was sie da meint,
wie sie sich müht und sich erbost –
du, schau nicht hin und sei getrost:
Sie bringt es doch nicht an den Tag.«

So hat die Sonn' eine Zunge nun,
der Frauen Zungen ja nimmer ruhn. –
»Gevatterin, um Jesus Christ!
Laßt Euch nicht merken, was Ihr nun wißt.« –
Nun bringt's die Sonne an den Tag.

Die Raben ziehen krächzend zumal
nach dem Hochgericht, zu halten ihr Mahl.
Wen flechten sie aufs Rad zur Stund'?
Was hat er getan? Wie ward es kund?
Die Sonne bracht' es an den Tag.

ANNETTE FREIIN VON DROSTE-HÜLSHOFF

KINDER AM UFER

O sieh doch! Siehst du nicht die Blumenwolke
da drüben in dem tiefsten Weiherkolke?
O, das ist schön! Hätt' ich nur einen Stecken,
schwarzweiße Kelch' mit dunkelroten Flecken,
und jede Glocke ist frisiert so fein
wie unser wächsern' Engelchen im Schrein.
Was meinst du, schneid' ich einen Haselstab
und wat' ein wenig in die Furt hinab?
Pah! Frösch' und Hechte können mich nicht schrecken –
allein, ob nicht vielleicht der Wassermann
dort in den langen Kräutern hocken kann?
Ich geh', ich gehe schon – ich gehe nicht –
mich dünkt, ich sah am Grunde ein Gesicht –
komm, laß uns lieber heim, die Sonne sticht!

JOACHIM RINGELNATZ

ARM' KRÄUTCHEN

Ein Sauerampfer auf dem Damm
stand zwischen Bahngeleisen,
machte vor jedem D-Zug stramm,
sah viele Menschen reisen

und stand verstaubt und schluckte Qualm
schwindsüchtig und verloren,
ein armes Kraut, ein schwacher Halm,
mit Augen, Herz und Ohren.

Sah Züge schwinden, Züge nahn.
Der arme Sauerampfer
sah Eisenbahn um Eisenbahn,
sah niemals einen Dampfer.

WILHELM BUSCH

SELBSTKRITIK

Die Selbstkritik hat viel für sich.
Gesetzt den Fall, ich tadle mich,
so hab' ich erstens den Gewinn,
daß ich so hübsch bescheiden bin;
zum zweiten denken sich die Leut',
der Mann ist lauter Redlichkeit;
auch schnapp' ich drittens diesen Bissen
vorweg den andern Kritiküssen;
und viertens hoff' ich außerdem
auf Widerspruch, der mir genehm.
So kommt es dann zuletzt heraus,
daß ich ein ganz famoses Haus.

JOACHIM RINGELNATZ

SCHENKEN

Schenke groß oder klein,
aber immer gediegen.
Wenn die Bedachten
die Gaben wiegen,
sei dein Gewissen rein.

Schenke herzlich und frei.
Schenke dabei,
was in dir wohnt
an Meinung, Geschmack und Humor,
so daß die eigene Freude zuvor
dich reichlich belohnt.

Schenke mit Geist ohne List.
Sei eingedenk,
daß dein Geschenk
du selber bist.

(49)

ABRAHAM A SANCTA CLARA

Eigentlich:
Hans Ulrich Megerle,
geboren am 2. Juli 1644
in Kreenheinstetten in Baden,
Augustiner-Barfüßermönch, Kanzelredner,
gestorben am 1. Dezember 1709 in Wien

ÜBER DIE UNDANKBARKEIT DER WELT

Ein Bauer wollte einst etwas in die nächstgelegene Stadt tragen zu verkaufen; unterwegs aber, wegen der schweren Last, tät' er bei einem Felsen rasten, in welchem Felsen eine große Schlang' versperrt gelegen. Wie diese den Bauern wahrgenommen, so fangt sie an, inständig zu bitten, er wolle sich doch ihrer erbarmen, und sprach ferner: »Ich bitt' dich, um Gottes willen, welcher dem Moses in dem Alten Testament von dem Erz- und Glockenspeis' auf eine hohe Säulen mich zu setzen befohlen – ich bitt, ich bitt und bitt dich tausend- und tausendmal, hilf mir doch aus dem Loch, denn ich wegen des schweren Steins nicht kann herauskriechen!« – »Wie wirst du mich aber belohnen?« fragte der Bauer. – »O mein herzallerliebster Mann«, antwortete die Schlang', »ich will dir den Dank geben, mit welchem die Menschen die größten Guttaten pflegen zu bezahlen.« – »So sei's denn!« Der gute Bauer wälzt den großen Stein hinweg, daß also die Schlangen in die freien Luft kommen und des langen Arrests entledigt worden. Wie sie sich nun in völliger Freiheit befunden, so will sie mit großer Gewalt den armen Bauern umbringen. »Holla!« schreit der Bauer, »was ist das? Soll das meine Belohnung sein um die so große Guttat? Ist das der Welt Dank?« – »Ja«, spricht die Schlang', »die Menschen pflegen in der Welt das Gute mit dem Bösen zu vergelten, und solchen Weltdank habe ich dir versprochen.« – »Weißt du was, meine Schlang'«, entschuldigt sich der Bauer, »ich bin ein einfältiger Mann und nicht schriftgelehrt, ich will mich mit dir ohne gelehrte Zeugen in keine Disputation einlassen, sondern wir wollen andere suchen, welche hierinfalls verständig urteilen werden. Ist es Sach', daß ich unrecht habe, so will ich gern sterben.« Begeben sich demnach beede, der Bauer und die Schlang' auf den Weg und treffen bald an einen alten Schimmel, welcher nichts als Haut und Bein tragte; dieser hatte feine Weid auf einem dürren Feld und war allbereits schon dem Schindophilus übergeben. »Willkommen, Herr Schimmel, wie kommt's, daß Ihr Euch ganz alleinig auf diesem Feld aufhaltet? Aus was vor Ursachen ist der Herr nicht zu Haus im Stall bei einer guten Haberkost?« – »Ach, meine Herren!« antwortete der Schimmel, »ihr dürft euch deswegen so stark nicht verwundern, es ist schon allbereits der Welt ihr Brauch. Ich bin dreißig Jahr' bei einem Edelmann gewesen, dem dieses Schloß vor euren Augen zugehörig, ich habe ihm gedient, wie es einem redlichen Pferd zusteht, ja, ich weiß mich wohl zu erinnern, daß ich ihn in dem vorigen Türkenkrieg bei Komorn etlichemal habe vom Tod errettet. Jetzt, daß ich alt, schäbig und kraftlos bin, so hat er mich dem Schinder übergeben.« – »Siehst du es, Bauer, hast du es vernommen, wie die Welt das Gute mit dem Bösen belohnt? Alloh! jetzt bring ich dich um«, sagt die Schlang! – »Gemach!« bittet der Bauer, »gemach! Die Sach muß durch einen allein nicht geschlichtet werden; wenn mehrere dieses Urteils werden sein, alsdann will ich mich ganz willig ergeben.« – »Gut!« – Die zwei beurlauben sich von dem Schimmel und nehmen ferners ihren Weg fort. Bald aber treffen sie einen Hund an, welcher an einem alten Strick an einem Zaun angebunden war. »Willkommen, Herr Melampus, wie so melancholisch? Ihr müßt eine schlechte Kost haben, weilen Ihr so beindrechslerisch ausschaut? Wie kommt es, daß Eure Hundheit also bei diesem Zaun sich

JOHANN CHRISTOPH ERHARD 1817

befindet?« – »Ach!« seufzte der Hund, »das ist mein Lohn, daß ich meinem Herrn so treu gedient habe! Was vor Strapazen hab' ich in mancher Jagd und Hetz' ausgestanden! Wie viele Hasen hab' ich meinem Herrn gefangen und ihm also mit eigenen Zähnen manches Schnappbißl erhascht! Will geschweigen, daß ich Schelmen und Dieb' mit meinem Wachen und Bellen nächtlicherweil hab' abgetrieben. Anjetzo, da ich alt, matt, müd und verdrossen bin, hat er mich an den Zaun binden lassen, und wird bald einer kommen, der mich erschießen soll!«

Alloh!« sagt die Schlang'. »Bauer, halt her, dein Handel ist nun verloren; zwei haben dich schon überstritten.« – »Ei, nicht so gäh, meine Schlang'! Dafern der dritte auch solcher Meinung wird sein, so will ich mich nachmals keineswegs weigern.« In währendem Zank läßt sich ein Fuchs sehen, welcher sich selbst freimütig für einen Richter bei diesen streitenden Parteien aufgeworfen, ruft dahero den Bauern ein wenig beiseits und fragt denselben, ob er mit Hennen versehen sei und wieviel er ihm wolle spendieren, wenn er ihn aus dieser äußersten Lebensgefahr salviere. »Ich schenke dir alle Hennen, mein goldener Fuchs«, sagt der Bauer. Über solches fangt der Fuchs an, mit besonderer Wohlredenheit die Sach' vorzutragen, alle Umständ' reiflich zu erwägen. »Damit aber hierinfalls keinem eine Unbill oder Unrecht geschehe«, sagt der Fuchs, »also ist notwendig, den Augenschein einzunehmen, wie sich der Handel hat zugetragen.« Begeben sich dahero alle drei zu dem Felsen. Der Fuchs schüttelt den Kopf und läßt sich verlauten, als komme es ihm unmöglich vor, daß die große Schlang' in diesem Loch sei gesteckt. »Meine Schlang'! Gehe her und zeig mir's, wie bist du darinnen gewesen?« Die schlieft hinein, der Bauer mußte den Stein vorwälzen; alsdann fragt mehrmalen der Fuchs: »Meine Schlang', ist es also gewesen?« – »Ja, ja! Ganz natürlich ist es also gewesen.« – »Nun, nun«, antwortete der arge Fuchs, »ist es also gewesen, so soll es also verbleiben!« Dergestalten war der Bauer aus seiner Gefahr errettet und hat voller Freuden dem Fuchsen versprochen, er soll morgen früh um sieben Uhr in seinem Haus auf eine gute Hennensuppe erscheinen. Der Bauer kommt etwas spät nach Haus, wessenthalben das Weib das Gestirn schon mit trutzigen Runzeln ausgespaltert und den armen Mann mit rauhen Worten bewillkommet. »O mein Weib!« sagt der Bauer, »wenn du sollt wissen, wie es mir ergangen, du würdest weit anderst reden! Meine goldene Urschel, du hättest bei einem Haar deinen Mann verloren! Gedenke, was mir für ein Unstern begegnet! In augenscheinlicher Lebensgefahr bin ich gewesen«, und erzählt ihr's mit allen Umständen. »Doch hat der Himmel einen ehrlichen Fuchsen zu mir geschickt, der hat mich durch seinen Witz wunderbarlich erledigt; dessentwegen ich ihm aus schuldiger Dankbarkeit all unsere Hennen versprochen, und morgen, will's Gott, in der Fruhe um sieben Uhr wird er dieselben abholen.« – »Was holen?« sagt sie; »Hennen holen? Meine Hennen? Hol dich der Teu–! Was hast du mit meinem Geflügelwerk zu schaffen, du Schmarotzer! Wer wird dir nachmals die Eier legen, du Bengel! Du Büffel! Kommt mir nur der Fuchs, ich will ihm schon einen hölzernen Vergeltsgott zu verkosten geben.« –

Der arme Fuchs wußte um all diese Bosheit nichts, dahero ist er in der Fruhe in guter Sicherheit und Vertrauen in das Haus kommen, hoffte denselbigen Tag eine absonderliche Mahlzeit. Kaum aber daß er einen guten Morgen abgelegt, hat ihm die Bäuerin mit einem Scheit Holz den Rückgrat eingeschlagen, daß also der arme Fuchs in diesen seinen Todesnöten über nichts mehrer lamentiert als über die Undankbarkeit der Welt, wie solche das Gute mit dem Bösen so vielfältig vergelte und bezahle.

(50)

NIKOLAUS LENAU

Eigentlich:
Nicolaus Niembsch Edler von Strehlenau,
geboren am 13. August 1802
in Csatád im Banat,
lebte vom Erbe
der Großmutter,
gestorben am
22. August 1850
in Wien

DER POSTILLION

Lieblich war die Maiennacht,
Silberwölklein flogen,
ob der holden Frühlingspracht
freudig hingezogen.

Schlummernd lagen Wies und Hain,
jeder Pfad verlassen;
niemand als der Mondenschein
wachte auf den Straßen.

Leise nur das Lüftchen sprach,
und es zog gelinder
durch das stille Schlafgemach
all der Frühlingskinder.

Heimlich nur das Bächlein schlich,
denn der Blüten Träume
dufteten gar wonniglich
durch die stillen Räume.

Rauher war mein Postillion,
ließ die Geißel knallen,
über Berg und Tal davon
frisch sein Horn erschallen.

Und von flinken Rossen vier
scholl der Hufe Schlagen,
die durch's blühende Revier
trabten mit Behagen.

Wald und Flur im schnellen Zug
kaum gegrüßt – gemieden;
und vorbei, wie Traumesflug,
schwand der Dörfer Frieden.

Mitten in dem Maienglück
lag ein Kirchhof innen,
der den raschen Wanderblick
hielt zu ernstem Sinnen.

Hingelehnt an Bergesrand
war die bleiche Mauer,
und das Kreuzbild Gottes stand
hoch, in stummer Trauer.

Schwager ritt auf seiner Bahn
stiller jetzt und trüber;
und die Rosse hielt er an,
sah zum Kreuz hinüber:

Halten muß hier Roß und Rad!
Mag's Euch nicht gefährden;
drüben liegt mein Kamerad
in der kühlen Erden!

Ein gar herzlieber Gesell!
Herr, 's ist ewig schade!
Keiner blies das Horn so hell
wie mein Kamerade!

Hier ich immer halten muß,
dem dort unterm Rasen
zum getreuen Brudergruß
sein Leiblied zu blasen!

Und dem Kirchhof sandt er zu
frohe Wandersänge,
daß es in die Grabesruh
seinem Bruder dränge.

Und des Hornes heller Ton
klang vom Berge wider,
ob der tote Postillion
stimmt in seine Lieder.

Weiter ging's durch Feld und Hag
mit verhängtem Zügel;
lang mir noch im Ohre lag
jener Klang vom Hügel.

HEINRICH HEINE

LORELEI

Ich weiß nicht, was soll es bedeuten,
daß ich so traurig bin;
ein Märchen aus alten Zeiten,
das kommt mir nicht aus dem Sinn.

Die Luft ist kühl, und es dunkelt,
und ruhig fließt der Rhein,
der Gipfel des Berges funkelt
im Abendsonnenschein.

Die schönste Jungfrau sitzet
dort oben wunderbar,
ihr goldnes Geschmeide blitzet,
sie kämmt ihr goldenes Haar.

Sie kämmt es mit goldenem Kamme
und singt ein Lied dabei;
das hat eine wundersame,
gewaltige Melodei.

Den Schiffer im kleinen Schiffe
ergreift es mit wildem Weh;
er schaut nicht die Felsenriffe,
er schaut nur hinauf in die Höh.

Ich glaube, die Wellen verschlingen
am Ende Schiffer und Kahn;
und das hat mit ihrem Singen
die Lorelei getan.

(51)

UNBEKANNTER VERFASSER,
um 1813

DIE SCHÖNE, JUNGE LILOFEE

Es freit ein wilder Wassermann
in der Burg wohl über dem See,
des Königs Tochter muß er han,
die schöne, junge Lilofee.

Sie hörte drunten die Glocken gehn
im tiefen, tiefen See,
wollt' Vater und Mutter wiedersehn,
die schöne, junge Lilofee.

Und als sie vor dem Tore stand,
auf der Burg wohl über dem See,
da neigt sich Laub und grünes Gras
vor der schönen, jungen Lilofee.

Und als sie aus der Kirche kam,
von der Burg wohl über dem See,
da stand der wilde Wassermann
vor der schönen, jungen Lilofee.

»Sprich, willst du hinuntergehn mit mir
von der Burg wohl über dem See,
deine Kindlein unten weinen nach dir,
du schöne, junge Lilofee.«

»Und eh' ich die Kindlein weinen lass'
im tiefen, tiefen See,
scheid' ich von Laub und grünem Gras,
ich arme, junge Lilofee.«

THEODOR STORM

IN BULEMANNS HAUS

Es klippt auf den Gassen im Mondenschein;
das ist die zierliche Kleine,
die geht auf ihren Pantöffelein
behend und mutterseelenallein
durch die Gassen im Mondenscheine.

Sie geht in ein alt verfallenes Haus;
im Flur ist die Tafel gedecket,
da tanzt vor dem Monde die Maus mit der Maus,
da setzt sich das Kind mit den Mäusen zu Schmaus,
die Tellerlein werden gelecket.

Und leer sind die Schüsseln, die Mäuslein im Nu
verrascheln in Mauer und Holze;
nun läßt es dem Mägdlein auch länger nicht Ruh',
sie schüttelt ihr Kleidchen, sie schnürt sich die Schuh',
dann tritt sie einher mit Stolze.

Es leuchtet ein Spiegel mit goldnem Gestell,
da schaut sie hinein mit Lachen;
gleich schaut auch heraus ein Mägdelein hell,
das ist ihr einziger Spielgesell',
nun woll'n sie sich lustig machen.

Sie nickt voll Huld, ihr gehört ja das Reich;
da neigt sich das Spiegelkindlein,
da neigt sich das Kind vor dem Spiegel zugleich,
da neigen sich beide gar anmutreich,
da lächeln die rosigen Mündlein.

Und wie sie lächeln, so hebt sich der Fuß,
es rauschen die seidenen Röcklein,
die Händchen werfen sich Kuß um Kuß,
das Kind mit dem Kinde nun tanzen muß,
es tanzen im Nacken die Löcklein.

Der Mond scheint voller und voller herein,
auf dem Estrich gaukeln die Flimmer:
Im Takte schweben die Mägdelein,
bald tauchen sie tief in den Schatten hinein,
bald stehn sie im bläulichen Schimmer.

Nun sinken die Glieder, nun halten sie an
und atmen aus Herzens Grunde;
sie nahen sich schüchtern und beugen sich dann
und knien voreinander und rühren sich an
mit dem zarten unschuldigen Munde.

Doch müde werden die beiden allein
von all der heimlichen Wonne;
sehnsüchtig flüstert das Mägdelein:
»Ich mag nicht mehr tanzen im Mondenschein,
ach, käme doch endlich die Sonne.«

Sie klettert hinunter ein Trepplein schief
und schleicht hinab in den Garten.
Die Sonne schlief, und die Grille schlief:
»Hier will ich sitzen im Grase tief,
und der Sonne will ich warten.«

Doch als nun morgens um Busch und Gestein
verhuschet das Dämmergemunkel,
da werden dem Kinde die Äugelein klein;
sie tanzte zu lange beim Mondenschein,
nun schläft sie beim Sonnengefunkel.

Nun liegt sie zwischen den Blumen dicht
auf grünem, blitzendem Rasen,
und es schauen ihr in das süße Gesicht
die Nachtigall und das Sonnenlicht
und die kleinen neugierigen Hasen.

(52)

KARL SIMROCK

Geboren am 28. August 1802
in Bonn,
Professor der deutschen
Sprache und Literatur,
gestorben am
18. Juli 1876
in Bonn

DER RATTENFÄNGER

Zu Hameln fechten Mäus' und Ratzen
am hellen Tage mit den Katzen;
der Hungertod ist vor der Tür:
Was tut der weise Rat dafür?
Im ganzen Land macht er's bekannt:
Wer von den Räubern die Stadt kann säubern,
des Bürgermeisters Töchterlein,
die soll zum Lohn sein eigen sein!

Am dritten Tage hört man's klingen,
wie wenn im Lenz die Schwalben singen,
der Rattenfänger zieht heran:
O seht den bunten Jägersmann!
Er blickt so wild und singt so mild;
die Ratten laufen ihm zu in Haufen;
er lockt sie nach mit Wunderschall,
ertränkt sie in der Weser all.

Die Bürger nach den Kirchen wallen,
zum Dankgebet die Glocken schallen.
Des Bürgermeisters Töchterlein
muß nun des Rattenfängers sein.
Der Vater spricht: »Ich duld' es nicht!
So hoher Ehren mag ich entbehren:
Mit Sang und Flötenspiel gewinnt
man keines Bürgermeisters Kind.«

In seinem bunten Jägerstaate
erscheint der Spielmann vor dem Rate;
sie sprachen all aus einem Ton
und weigern den bedungnen Lohn:
Das Mägdelein? Es kann nicht sein!
Herr Rattenfänger, müht Euch nicht länger;
Eu'r Flötenspiel ist eitel Dunst
und kam wohl von des Satans Kunst!

Am andern Morgen hört man's klingen,
wie wenn die Nachtigallen singen,
ein Flöten und ein Liedersang,
so süß vertraut, so liebebang.
Da zieht heran der Jägersmann,
der Rattenfänger, der Wundersänger,
und Kinder, Knaben, Mägdelein
in hellen Scharen hinterdrein.

Und hold und holder hört man's klingen,
wie wenn die lieben Englein singen,
und vor des Bürgermeisters Tür,
da tritt sein einzig Kind herfür;
das Mägdelein muß in den Reihn;
die Mäuschen laufen ihm zu in Haufen:
Er lockt sich nach mit Wunderschall,
und nach der Weser zogen all.

Die Eltern liefen nach den Toren,
doch jede Spur war schon verloren,
kein Eckart hatte sie gewarnt,
des Jägers Netz hält sie umgarnt.
Zwei kehrten um, eins blind, eins stumm;
aus ihrem Munde kam keine Kunde,
da hob der Mütter Jammern an!
So rächte sich der Wundermann.

(53)

GOTTFRIED AUGUST BÜRGER

Geboren am 31. Dezember 1747
in Molmerswende bei
Halberstadt,
Amtmann, Privatdozent und
Professor in Göttingen,
gestorben am
8. Juni 1794
in Göttingen

DIE SCHATZGRÄBER

Ein Winzer, der am Tode lag,
rief seine Kinder an und sprach:
»In unserm Weinberg liegt ein Schatz;
grabt nur danach!« – »An welchem Platz?«
schrie alles laut den Vater an.
»Grabt nur –!« O weh! Da starb der Mann.

Kaum war der Alte beigeschafft,
so grub man nach aus Leibeskraft.
Mit Hacke, Karst und Spaten ward
der Weinberg um und um gescharrt.

Da war kein Kloß, der ruhig blieb,
man warf die Erde gar durchs Sieb
und zog die Harken kreuz und quer
nach jedem Steinchen hin und her.
Allein da ward kein Schatz verspürt,
und jeder hielt sich angeführt.

Doch kaum erschien das nächste Jahr,
so nahm man mit Erstaunen wahr,
daß jede Rebe dreifach trug.
Da wurden erst die Söhne klug
und gruben nun jahrein, jahraus
des Schatzes immer mehr heraus.

BÖRRIES FREIHERR VON MÜNCHHAUSEN

BALLADE VOM BRENNESSELBUSCH

Liebe fragte Liebe: »Was ist noch nicht mein?«
Sprach zur Liebe Liebe: »Alles, alles dein!«
Liebe küßte Liebe: »Liebste, liebst du mich?«
Küßte Liebe Liebe: »Ewig, ewiglich!« –

Hand in Hand hernieder stieg er mit Maleen
von dem Heidehügel, wo die Nesseln stehn,
eine Nessel brach er, gab er ihrer Hand,
zu der Liebsten sprach er: »Uns brennt heißrer Brand!

Lippe glomm auf Lippe, bis die Lust zum Schmerz,
bis der Atem stockte, brannte Herz an Herz,
darum, wo nur Nesseln stehn am Straßenrand,
woll'n wir daran denken, was uns heute band!«

Spricht von Treu die Liebe, sagt sie »ewig« nur,
ach, die Treu am Mittag gilt nur bis zwölf Uhr,
Treue gilt am Abend, bis die Nacht begann,
und doch weiß ich Herzen, die verbluten dran.

Krieg verschlug das Mädchen, wie ein Blatt verweht,
das im Wind die Wege fremder Koppeln geht,
und ihr Liebster stieg zum Königsthron,
eine Königstochter nahm der Königssohn.

Sieben Jahre gingen, und die Nessel stand
sieben Jahr an jedem deutschen Straßenrand.
Wer hat Treu gehalten? Gott alleine weiß,
ob nicht wunde Treue brennet doppelt heiß!

Bei der Jagd im Walde stand mit schwerem Sinn,
stand am Knick der König bei der Königin,
Nesselblatt zum Munde hob er wie gebannt,
und die Lippe brannte, wie sie einst gebrannt:

»Brennettelbusch,
Brennettelbusch so kleene,
wat steihst du so alleene!
Brennettelbusch,
wo is myn Tyd' eblewen,
und wo is myn Maleen?«

»Sprichst mit fremder Zunge?« frug die Königin.
»So sang ich als Junge«, sprach er vor sich hin.
Heim sie ritten schweigend, Abend hing im Land,
seine Lippen brannten, wie sie einst gebrannt!

Durch den Garten streifte still die Königin,
zu der Magd am Flusse trat sie heimlich hin,
welche Wäsche spülte noch im Sternenlicht,
Tränen sahn die Sterne auf der Magd Gesicht:

»Brennettelbusch,
Brennettelbusch so kleene,
wat steihst du so alleene!
Ik hev de Tyd' eweten,
dar was ik nich alleen!«

Sprach die Dame leise: »Sah ich dein Gesicht
unter dem Gesinde? Nein, ich sah es nicht!«
Sprach das Mädchen leiser: »Konntest es nicht sehn,
gestern bin ich kommen, und ich heiß Maleen!«

Viele Wellen wallen weit ins graue Meer,
eilig sind die Wellen, ihre Hände leer,
eine schleicht so langsam mit den Schwestern hin,
trägt in nassen Armen eine Königin. –

Liebe fragte Liebe: »Sag, weshalb du weinst?«
Raunte Liebe zur Liebe: »Heut ist nicht mehr einst!«
Liebe klagte Liebe: »Ist's nicht wie vorher?«
Sprach zur Liebe Liebe: »Nimmer – nimmermehr.«

JOHANN WOLFGANG VON GOETHE

DER SÄNGER

»Was hör' ich draußen vor dem Tor,
was auf der Brücke schallen?
Laß den Gesang vor unserm Ohr
im Saale widerhallen!«
Der König sprach's, der Page lief;
der Knabe kam, der König rief:
»Laßt mir herein den Alten!«

»Gegrüßet seid mir, edle Herr'n,
gegrüßt ihr, schöne Damen!
Welch reicher Himmel! Stern bei Stern!
Wer kennet ihre Namen?
Im Saal voll Pracht und Herrlichkeit
schließt, Augen, euch: hier ist nicht Zeit,
sich staunend zu ergötzen.«

Der Sänger drückt' die Augen ein
und schlug in vollen Tönen;
die Ritter schauten mutig drein
und in den Schoß die Schönen.
Der König, dem das Lied gefiel,
ließ, ihn zu ehren für sein Spiel,
eine goldne Kette holen.

»Die goldne Kette gib mir nicht,
die Kette gib den Rittern,
vor deren kühnem Angesicht
der Feinde Lanzen splittern;
gib sie dem Kanzler, den du hast,
und laß ihn noch die goldne Last
zu andern Lasten tragen.

Ich singe, wie der Vogel singt,
der in den Zweigen wohnet;
das Lied, das aus der Kehle dringt,
ist Lohn, der reichlich lohnet.
Doch darf ich bitten, bitt' ich eins:
Laß nur den besten Becher Weins
in purem Golde reichen.«

Er setzt' ihn an, er trank ihn aus:
»O Trank voll süßer Labe!
O wohl dem hochbeglückten Haus,
wo das ist kleine Gabe!
Ergeht's euch wohl, so denkt an mich,
und danket Gott so warm, als ich
für diesen Trunk euch danke.«

ANNETTE FREIIN VON DROSTE-HÜLSHOFF

DER KNABE IM MOOR

Oh, schaurig ist's, übers Moor zu gehn,
wenn es wimmelt vom Heiderauche,
sich wie Phantome die Dünste drehn
und die Ranke häkelt am Strauche,
unter jedem Tritte ein Quellchen springt,
wenn aus der Spalte es zischt und singt,
oh, schaurig ist's, übers Moor zu gehn,
wertn das Röhricht knistert im Hauche!

Fest hält die Fibel das zitternde Kind
und rennt, als ob man es jage;
hohl über die Fläche sauset der Wind –
was raschelt drüben am Hage?
Das ist der gespenstische Gräberknecht,
der dem Meister die besten Torfe verzecht;
hu, hu, es bricht wie ein irres Rind!
Hinducket das Knäblein zage.

Vom Ufer starret Gestumpf hervor,
unheimlich nicket die Föhre,
der Knabe rennt, gespannt das Ohr,
durch die Riesenhalme wie Speere;
und wie es rieselt und knittert darin!
Das ist die unselige Spinnerin,
das ist die gebannte Spinnlenor',
die den Haspel dreht im Geröhre!

Voran, voran! Nur immer im Lauf,
voran, als woll' es ihn holen;
vor seinem Fuße brodelt es auf,
es pfeift ihm unter den Sohlen
wie eine gespenstige Melodei;
das ist der Geigenmann ungetreu,
das ist der diebische Fiedler Knauf,
der den Hochzeitheller gestohlen!

Da birst das Moor, ein Seufzer geht
hervor aus der klaffenden Höhle;
weh, weh, da ruft die verdammte Margret:
»Ho, ho, meine arme Seele!«
Der Knabe springt wie ein wundes Reh;
wär' nicht der Schutzengel in seiner Näh',
seine bleichenden Knöchelchen fände spät
ein Gräber im Moorgeschwele.

Da mählich gründet der Boden sich,
und drüben, neben der Weide,
die Lampe flimmert so heimatlich,
der Knabe steht an der Scheide.
Tief atmet er auf, zum Moore zurück
noch immer wirft er den scheuen Blick:
Ja, im Geröhre war's fürchterlich,
Oh, schaurig war's in der Heide!

THEODOR FONTANE

DIE BRÜCK' AM TAY

»Wann treffen wir drei wieder zusamm'?« –
»Um die siebente Stund, am Brückendamm.« –
»Am Mittelpfeiler.«
»Ich lösche die Flamm'.«
»Ich mit.«
»Ich komme vom Norden her.«
»Und ich vom Süden.« –
»Und ich vom Meer.«

»Hei, das gibt einen Ringelreihn,
und die Brücke muß in den Grund hinein.«
»Und der Zug, der in die Brücke tritt
um die siebente Stund?«
»Ei, der muß mit.«
»Muß mit.«
»Tand, Tand
ist das Gebilde von Menschenhand!«

Auf der Norderseite das Brückenhaus –
alle Fenster sehen nach Süden aus,
und die Brücknersleut', ohne Rast und Ruh'
und in Bangen sehen nach Süden zu,
sehen und warten, ob nicht ein Licht
übers Wasser hin »Ich komme« spricht,
»Ich komme, trotz Nacht und Sturmesflug,
ich, der Edinburger Zug.«

Und der Brückner jetzt: »Ich seh' einen Schein
am anderen Ufer. Das muß er sein.
Nun, Mutter, weg mit dem bangen Traum,
unser Johnie kommt und will seinen Baum,
und was noch am Baume von Lichtern ist,
zünd alles an wie zum heiligen Christ,
der will heuer zweimal mit uns sein –
und in elf Minuten ist er herein.«

Und es war der Zug. Am Süderturm
keucht er vorbei jetzt gegen den Sturm,
und Johnie spricht: »Die Brücke noch!
Aber was tut es, wir zwingen es doch.
Ein fester Kessel, ein doppelter Dampf,
die bleiben Sieger in solchem Kampf.
Und wie's auch rast und ringt und rennt,
wir kriegen es unter, das Element.

Und unser Stolz ist unsre Brück';
ich lache, denk' ich an früher zurück,
an all den Jammer und all die Not
mit dem elend alten Schifferboot;
wie manche liebe Christfestnacht
hab' ich im Fährhaus zugebracht
und sah unsrer Fenster lichten Schein
und zählte und konnte nicht drüben sein.«

Auf der Norderseite das Brückenhaus –
alle Fenster sehen nach Süden aus,
und die Brücknersleut' ohne Rast und Ruh'
und in Bangen sehen nach Süden zu;
denn wütender wurde der Winde Spiel,
und jetzt, als ob Feuer vom Himmel fiel',
erglüht es in niederschießender Pracht
überm Wasser unten . . . Und wieder ist Nacht.

»Wann treffen wir drei wieder zusamm'?«
»Um Mitternacht, am Bergeskamm.«
»Auf dem hohen Moor, am Erlenstamm.«
»Ich komme.«
»Ich mit.«
»Ich nenn' euch die Zahl.«
»Und ich die Namen.«
»Und ich die Qual.«
»Hei!
Wie Splitter brach das Gebälk entzwei.«
»Tand, Tand
ist das Gebilde von Menschenhand.«

MARIE FREIFRAU VON EBNER-ESCHENBACH

KRAMBAMBULI

Vorliebe empfindet der Mensch für allerlei Dinge und Wesen. *Liebe*, die echte, unvergängliche, die lernt er – wenn überhaupt – nur einmal kennen. So wenigstens meint der Herr Revierjäger Hopp. Wie viele Hunde hat er schon gehabt, und auch gern gehabt, aber lieb, was man sagt lieb und unvergeßlich, ist ihm nur einer gewesen – der Krambambuli. Er hatte ihn im Wirtshause zum Löwen in Wischau von einem vazierenden Forstgehilfen gekauft oder eigentlich eingetauscht. Gleich beim ersten Anblick des Hundes war er von der Zuneigung ergriffen worden, die dauern sollte bis zu seinem letzten Atemzuge. Dem Herrn des schönen Tieres, der am Tische vor einem geleerten Branntweingläschen saß und über den Wirt schimpfte, weil dieser kein zweites umsonst hergeben wollte, sah der Lump aus den Augen. Ein kleiner Kerl, noch jung und doch so fahl wie ein abgestorbener Baum, mit gelbem Haar und gelbem spärlichen Barte. Der Jägerrock, vermutlich ein Überrest aus der vergangenen Herrlichkeit des letzten Dienstes, trug die Spuren einer im nassen Straßengraben zugebrachten Nacht. Obwohl sich Hopp ungern in schlechte Gesellschaft begab, nahm er trotzdem Platz neben dem Burschen und begann sogleich ein Gespräch mit ihm. Da bekam er es denn bald heraus, daß der Nichtsnutz den Stutzen und die Jagdtasche dem Wirt bereits als Pfänder ausgeliefert hatte und daß er jetzt auch den Hund als solches hergeben möchte; der Wirt jedoch, der schmutzige Leuteschinder, wollte von einem Pfand, das gefüttert werden muß, nichts hören.

Herr Hopp sagte vorerst kein Wort von dem Wohlgefallen, das er an dem Hunde gefunden hatte, ließ aber eine Flasche von dem guten Danziger Kirschbranntwein bringen, den der Löwenwirt damals führte, und schenkte dem Vazierenden fleißig ein. – Nun, in einer Stunde war alles in Ordnung. Der Jäger gab zwölf Flaschen von demselben Getränke, bei dem der Handel geschlossen worden – der Vagabund gab den Hund. Zu seiner Ehre muß man gestehen: nicht leicht. Die Hände zitterten ihm so sehr, als er dem Tiere die Leine um den Hals legte, daß es schien, er werde mit dieser Manipulation nimmermehr zurechtkommen. Hopp wartete geduldig und bewunderte im stillen den trotz der schlechten Kondition, in der er sich befand, wundervollen Hund. Höchstens zwei Jahre mochte er alt sein, und in der Farbe

glich er dem Lumpen, der ihn hergab, doch war die seine um ein paar Schattierungen dunkler. Auf der Stirn hatte er ein Abzeichen, einen weißen Strich, der rechts und links in kleine Linien auslief, in der Art wie die Nadeln an einem Tannenreis. Die Augen waren groß, schwarz, leuchtend, von tauklaren, lichtgelben Reiflein umsäumt, die Ohren hoch angesetzt, lang, makellos. Und makellos war alles an dem ganzen Hunde von der Klaue bis zu der feinen Witternase; die kräftige, geschmeidige Gestalt, das über jedes Lob erhabene Piedestal. Vier lebende Säulen, die auch den Körper eines Hirsches getragen hätten und nicht viel dicker waren als die Läufe eines Hasen. Beim heiligen Hubertus! dieses Geschöpf mußte einen Stammbaum haben, so alt und rein wie der eines deutschen Ordensritters.

Dem Jäger lachte das Herz im Leibe über den prächtigen Handel, den er gemacht hatte. Er stand nun auf, ergriff die Leine, die zu verknoten dem Vazierenden endlich gelungen war, und fragte: »Wie heißt er denn?« – »Er heißt wie das, wofür Ihr ihn kriegt: Krambambuli«, lautete die Antwort. – »Gut, gut, Krambambuli! So komm! Wirst gehen? Vorwärts!« Ja, er konnte lang rufen, pfeifen, zerren – der Hund gehorchte ihm nicht, wandte den Kopf dem zu, den er noch für seinen Herrn hielt, heulte, als dieser ihm zuschrie: »Marsch!« und den Befehl mit einem tüchtigen Fußtritt begleitete, suchte aber sich immer wieder an ihn heranzudrängen. Erst nach einem heißen Kampfe gelang es Herrn Hopp, die Besitzergreifung des Hundes zu vollziehen. Gebunden und geknebelt, mußte er zuletzt in einem Sacke auf die Schulter geladen und so bis in das mehrere Wegstunden entfernte Jägerhaus getragen werden.

Zwei volle Monate brauchte es, bevor Krambambuli, halb totgeprügelt, nach jedem Fluchtversuche mit dem Stachelhalsband an die Kette gelegt, endlich begriff, wohin er jetzt gehöre. Dann aber, als seine Unterwerfung vollständig geworden war, was für ein Hund wurde er da! Keine Zunge schildert, kein Wort ermißt die Höhe der Vollendung, die er erreichte, nicht nur in der Ausübung seines Berufes, sondern auch im täglichen Leben als eifriger Diener, guter Kamerad und treuer Freund und Hüter.

»Dem fehlt nur die Sprache«, heißt es von andern intelligenten Hunden – dem Krambambuli fehlte sie nicht; sein Herr zum mindesten pflog lange Unterredungen mit ihm. Die Frau des Revierjägers wurde ordentlich eifersüchtig auf den »Buli«, wie sie ihn geringschätzig nannte. Manchmal machte sie ihrem Manne Vorwürfe. Sie hatte den ganzen Tag, in jeder Stunde, in der sie nicht aufräumte, wusch oder kochte, schweigend gestrickt. Am Abend, nach dem Essen, wenn sie wieder zu stricken begann, hätte sie gern eins dazu geplaudert.
»Weißt denn immer nur dem Buli was zu erzählen, Hopp, und mir nie? Du verlernst vor lauter Sprechen mit dem Vieh das Sprechen mit den Menschen.«

Der Revierjäger gestand sich, daß etwas Wahres an der Sache sei, aber zu helfen wußte er nicht. Wovon hätte er mit seiner Alten reden sollen? Kinder hatten sie nie gehabt, eine Kuh durften sie nicht halten, und das zahme Geflügel interessiert einen Jäger im lebendigen Zustande gar nicht und im gebratenen nicht sehr. Für Kulturen aber und für Jagdgeschichten hatte wieder die Frau keinen Sinn. Hopp fand zuletzt einen Ausweg aus diesem Dilemma; statt *mit* dem Krambambuli sprach er *von* dem Krambambuli, von den Triumphen, die er allenthalben mit ihm feierte, von dem Neide, den sein Besitz erregte, von den lächerlich hohen Summen, die ihm für den Hund geboten wurden und die er verächtlich von der Hand wies.

Zwei Jahre waren vergangen, da erschien eines Tages die Gräfin, die Frau seines Brotherrn, im Hause des Jägers. Er wußte gleich, was der Besuch zu bedeuten hatte, und als die gute, schöne Dame begann: »Morgen, lieber Hopp, ist der Geburtstag des Grafen . . .«, setzte er ruhig und schmunzelnd fort: »Und da möchten Hochgräfliche Gnaden dem Herrn Grafen ein Geschenk machen, und sind überzeugt, mit nichts anderm soviel Ehre einlegen zu können, wie mit dem Krambambuli.« – »Ja, ja, lieber Hopp.« Die Gräfin errötete vor Vergnügen über dieses freundliche Entgegenkommen und sprach gleich von Dankbarkeit und bat, den Preis nur zu nennen, der für den Hund zu entrichten wäre. Der alte Fuchs von einem Revierjäger kicherte, tat sehr demütig und rückte auf einmal mit der Erklärung heraus: »Hochgräfliche Gnaden! Wenn der Hund im Schlosse *bleibt*, nicht jede Leine zerbeißt, nicht jede Kette zerreißt, oder wenn er sie nicht zerreißen *kann*, sich bei den Versuchen es zu tun, erwürgt, dann behalten ihn Hochgräfliche Gnaden umsonst – dann ist er mir nichts mehr wert.«

Die Probe wurde gemacht, aber zum Erwürgen kam es nicht, denn der Graf verlor früher die Freude an dem eigensinnigen Tiere. Vergeblich hatte man es durch Liebe zu gewinnen, mit Strenge zu bändigen gesucht. Er biß jeden, der sich ihm näherte, versagte das Futter, und – viel hat der Hund eines Jägers ohnehin nicht zuzusetzen – kam ganz herunter. Nach einigen Wochen erhielt Hopp die Botschaft, er könne sich seinen Köter abholen. Als er eilends von der Erlaubnis Gebrauch machte und den Hund in seinem Zwinger aufsuchte, da gab's ein Wiedersehen unermeßlichen Jubels voll. Krambambuli erhob ein wahnsinniges Geheul, sprang an seinem Herrn empor, stemmte die Vorderpfoten auf dessen Brust und leckte die Freudentränen ab, die dem Alten über die Wangen liefen.

Am Abend dieses glücklichen Tages wanderten sie zusammen ins Wirtshaus. Der Jäger spielte Tarock mit dem Doktor und mit dem Verwalter, Krambambuli lag in der Ecke hinter seinem Herrn. Manchmal sah dieser sich nach ihm um, und der Hund, so tief er auch zu schlafen schien, begann augenblicklich mit dem Schwanze auf den Boden zu klopfen, als wollt' er melden: »Präsent!« Und wenn Hopp, sich vergessend, recht wie einen Triumphgesang das Liedchen anstimmte: »Was macht denn mein Krambambuli?«, richtete der Hund sich würde- und respektvoll auf, und seine hellen Augen antworteten: »Es geht ihm gut!«

Um dieselbe Zeit trieb, nicht nur in den gräflichen Forsten, sondern in der ganzen Umgebung eine Bande Wildschützen auf wahrhaft tolldreiste Art ihr Wesen. Der Anführer sollte ein verlottertes Subjekt sein. Den »Gelben« nannten ihn die Holzknechte, die ihn in irgendeiner übel berüchtigten Spelunke beim Branntwein trafen, die Heger, die ihm hie und da schon auf der Spur gewesen waren, ihm aber nie hatten beikommen können, und endlich die Kundschafter, deren er unter dem schlechten Gesindel in jedem Dorfe mehrere besaß.
Er war wohl der frechste Gesell, der jemals ehrlichen Jägersmännern etwas aufzulösen gab, mußte auch selbst vom Handwerk gewesen sein, sonst hätte er das Wild nicht mit solcher Sicherheit aufspüren und nicht so geschickt jeder Falle, die ihm gestellt wurde, ausweichen können.

Die Wild- und Waldschäden erreichten eine unerhörte Höhe, das Forstpersonal befand sich in grimmigster Aufregung. Da begab es sich nur zu oft, daß die kleinen Leute, die bei irgendeinem unbedeutenden Waldfrevel ertappt wurden, eine härtere Behandlung erlitten als zu andrer Zeit geschehen wäre und als gerade zu

rechtfertigen war. Große Erbitterung herrschte darüber in allen Ortschaften. Dem Oberförster, gegen den der Haß sich zunächst wandte, kamen gutgemeinte Warnungen in Menge zu. Die Raubschützen, hieß es, hätten einen Eid darauf geschworen, bei der ersten Gelegenheit exemplarische Rache an ihm zu nehmen. Er, ein rascher, kühner Mann, schlug das Gerede in den Wind und sorgte mehr denn je dafür, daß weit und breit kund werde, wie er seinen Untergebenen die rücksichtsloseste Strenge anbefohlen und für etwaige schlimme Folgen die Verantwortung selbst übernommen habe. Am häufigsten rief der Oberförster dem Revierjäger Hopp die scharfe Handhabung seiner Amtspflicht ins Gedächtnis und warf ihm zuweilen Mangel an »Schneid« vor, wozu freilich der Alte nur lächelte. Der Krambambuli aber, den er bei solcher Gelegenheit von oben herunter anblinzelte, gähnte laut und wegwerfend. Übel nahmen er und sein Herr dem Oberförster nichts. Der Oberförster war ja der Sohn des Unvergeß-

lichen, bei dem Hopp das edle Weidwerk erlernt, und Hopp hatte wieder ihn als kleinen Jungen in die Rudimente des Berufs eingeweiht. Die Plage, die er einst mit ihm gehabt, hielt er heute noch für eine Freude, war stolz auf den ehemaligen Zögling und liebte ihn trotz der rauhen Behandlung, die er so gut wie jeder andre von ihm erfuhr.
Eines Junimorgens traf er ihn eben wieder bei einer Exekution.

Es war im Lindenrondell, am Ende des herrschaftlichen Parks, der an den »Grafenwald« grenzte, und in der Nähe der Kulturen, die der Oberförster am liebsten mit Pulverminen umgeben hätte. Die Linden standen just in schönster Blüte, und über diese hatte ein Dutzend kleiner Jungen sich hergemacht. Wie Eichkätzchen krochen sie auf den Ästen der herrlichen Bäume herum, brachen alle Zweige, die sie erwischen konnten, ab, und warfen sie zur Erde. Zwei Weiber lasen die Zweige hastig auf und stopften sie in Körbe, die schon mehr als zur Hälfte mit dem duftenden Raub gefüllt waren. Der Oberförster raste in unermeßlicher Wut. Er ließ durch seine Heger die Buben nur so von den Bäumen schütteln, unbekümmert um die Höhe, aus der sie fielen. Während sie wimmernd und schreiend um seine Füße krochen, der eine mit zerschundenem Gesicht, der andere mit ausgerenktem Arm, ein dritter mit gebrochenem Bein, zerbläute er eigenhändig die beiden Weiber. In einer von ihnen erkannte Hopp die leichtfertige Dirne, die das Gerücht als die Geliebte des »Gelben« bezeichnete. Und als die Körbe und Tücher der Weiber und die Hüte der Buben in Pfand genommen wurden und Hopp den Auftrag bekam, sie aufs Gericht zu bringen, konnte er sich eines schlimmen Vorgefühls nicht erwehren.

Der Befehl, den ihm damals der Oberförster zurief, wild wie ein Teufel in der Hölle und wie ein solcher umringt von jammernden und gepeinigten Sündern, ist der letzte gewesen, den der Revierjäger im Leben von ihm erhalten hat. Eine Woche später traf er ihn wieder im Lindenrondell – tot. Aus dem Zustande, in dem die Leiche sich befand, war zu ersehen, daß sie hierher, und zwar durch Sumpf und Gerölle geschleppt worden war, um an dieser Stelle aufgebahrt zu werden. Der Oberförster lag auf abgehauenen Zweigen, die Stirn mit einem dichten Kranz aus Lindenblüten umflochten, einen ebensolchen als Bandelier um die Brust gewunden. Sein Hut stand neben ihm, mit Lindenblüten gefüllt. Auch die Jagdtasche hatte der Mörder ihm gelassen, nur die Patronen herausgenommen und statt ihrer Lindenblüten hineingesteckt. Der schöne Hinterlader des Oberförsters fehlte und war durch einen elenden Schießprügel ersetzt. Als man später die Kugel, die seinen Tod verursacht hatte, in der Brust des Ermordeten fand, zeigte es sich, daß sie genau in den Lauf dieses Schießprügels paßte, der dem Förster gleichsam zum Hohne über die Schulter gelegt worden war. Hopp stand beim Anblick der entstellten Leiche regungslos vor Entsetzen. Er hätte keinen Finger heben können, und auch das Gehirn war ihm wie gelähmt; er starrte nur und starrte und dachte anfangs gar nichts, und erst nach einer Weile brachte er es zu einer Beobachtung, einer stummen Frage: »Was hat denn der Hund?«
Krambambuli beschnüffelt den toten Mann, läuft wie nicht gescheit um ihn herum, die Nase immer am Boden. Einmal winselt er, einmal stößt er einen schrillen Freudenschrei aus, macht ein paar Sätze, bellt, und es ist gerade so, als erwache in ihm eine längst erstorbene Erinnerung . . .

Herein«, ruft Hopp, »da herein!« Und Krambambuli gehorcht, sieht aber seinen Herrn in allerhöchster Aufregung an, und – wie der Jäger sich auszudrücken pflegte – *sagt* ihm: »Ich bitte dich um alles in der Welt, siehst du denn nichts? Riechst du denn nichts? . . . O lieber Herr, schau doch! Riech doch! O Herr, komm! Daher komm! . . .« Und tupft mit der Schnauze an des Jägers Knie und schleicht, sich oft umsehend, als frage er: »Folgst du mir?« zu der Leiche zurück und fängt an, das schwere Gewehr zu heben und zu schieben und ins Maul zu fassen, in der offenbaren Absicht, es zu apportieren.

Dem Jäger läuft ein Schauer über den Rükken, und allerlei Vermutungen dämmern in ihm auf. Weil das Spintisieren aber nicht seine Sache ist, es ihm auch nicht zukommt, der Obrigkeit Lichter aufzustecken, sondern vielmehr den gräßlichen Fund, den er getan hat, unberührt zu lassen und seiner Wege – das

heißt in dem Fall recte zu Gericht – zu gehen, so tut er denn einfach, was ihm zukommt.
Nachdem es geschehn und alle Förmlichkeiten, die das Gesetz bei solchen Katastrophen vorschreibt, erfüllt, der ganze Tag und auch ein Stück der Nacht darüber hingegangen sind, nimmt Hopp, ehe er schlafen geht, noch seinen Hund vor.

Mein Hund«, spricht er, »jetzt ist die Gendarmerie auf den Beinen, jetzt gibt's Streifereien ohne Ende. Wollen wir es andern überlassen, den Schuft, der unsern Oberförster erschossen hat, wegzuputzen aus der Welt? – Mein Hund kennt den niederträchtigen Strolch, kennt ihn, ja, ja! Aber das braucht niemand zu wissen, das habe ich nicht ausgesagt . . . Ich, hoho! . . . Ich werd' meinen Hund hineinbringen in die Geschichte . . . Das könnt mir einfallen!«
Er beugte sich über Krambambuli, der zwischen seinen ausgespreizten Knien saß, drückte die Wange an den Kopf des Tieres und nahm seine dankbaren Liebkosungen in Empfang. Dabei summte er: »Was macht denn mein Krambambuli?«, bis Schlaf ihn übermannte.
Seelenkundige haben den geheimnisvollen Drang zu erklären gesucht, der manchen Verbrecher stets wieder an den Schauplatz seiner Untat zurückjagt. Hopp wußte von diesen gelehrten Ausführungen nichts, strich aber dennoch ruh- und rastlos mit seinem Hunde in der Nähe des Lindenrondells herum.
Am zehnten Tage nach dem Tode des Oberförsters hatte er zum erstenmal ein paar Stunden lang an etwas andres gedacht als an seine Rache und sich im »Grafenwald« mit dem Bezeichnen der Bäume beschäftigt, die beim nächsten Schlag ausgenommen werden sollten.

Wie er nun mit seiner Arbeit fertig ist, hängt er die Flinte wieder um und schlägt den kürzesten Weg ein, quer durch den Wald gegen die Kulturen in der Nähe des Lindenrondells. Im Augenblick, in dem er auf den Fußsteig treten will, der längs des Buchenzaunes läuft, ist ihm, als höre er etwas im Laube rascheln. Gleich darauf herrscht jedoch tiefe Stille, tiefe, anhaltende Stille. Fast hätte er gemeint, es sei nichts Bemerkenswertes gewesen, wenn nicht der Hund so merkwürdig dreingeschaut hätte. Der stand mit gesträubtem Haar, den Hals vorgestreckt, den Schwanz aufrecht, und glotzte eine Stelle des Zaunes an. Oho! dachte Hopp, wart, Kerl, wenn du's bist!, trat hinter einen Baum und spannte den Hahn seiner Flinte. Wie rasend pochte ihm das Herz, und der ohnehin kurze Atem wollte ihm völlig versagen, als jetzt plötzlich, Gottes Wunder! – durch den Zaun der »Gelbe« auf den Fußsteig trat. Zwei junge Hasen hingen an seiner Weidtasche und auf seiner Schulter, am wohlbekannten Juchtenriemen, der Hinterlader des Oberförsters. Nun wär's eine Passion gewesen, den Racker niederzubrennen aus sicherem Hinterhalt.

Aber nicht einmal auf den schlechtesten Kerl schießt der Jäger Hopp, ohne ihn angerufen zu haben. Mit einem Satze springt er hinter dem Baum hervor und auf den Fußsteig und schreit: »Gib dich, Vermaledeiter!« Und als der Wildschütz zur Antwort den Hinterlader von der Schulter reißt, gibt der Jäger Feuer . . . All ihr Heiligen – ein sauberes Feuer! Die Flinte knackst anstatt zu knallen. Sie hat zu lang mit aufgesetzter Kapsel im feuchten Wald am Baum gelehnt – sie versagt.
Gute Nacht, so sieht das Sterben aus, denkt der Alte. Doch nein – er ist heil, sein Hut nur fliegt, von Schroten durchlöchert, ins Gras.
Der andre hat auch kein Glück; das war der letzte Schuß in seinem Gewehr, und zum nächsten zieht er eben erst die Patrone aus der Tasche . . .
»Pack an!« ruft Hopp seinem Hunde heiser zu: »Pack an!« Und:
»Herein, zu mir! Herein, Krambambuli!« lockt es drüben mit zärtlicher, liebevoller – ach, mit altbekannter Stimme.
Der Hund aber . . .
Was sich nun begab, begab sich viel rascher, als man es erzählen kann.

Krambambuli hatte seinen ersten Herrn erkannt und rannte auf ihn zu, bis – in die Mitte des Weges. Da pfeift Hopp, und der Hund macht kehrt, »der Gelbe« pfeift, und der Hund macht wieder kehrt und windet sich in Verzweiflung auf einem Fleck, in gleicher Distanz von dem Jäger wie von dem Wildschützen, zugleich hingerissen und gebannt . . .
Zuletzt hat das arme Tier den trostlos unnötigen Kampf aufgegeben und seinen Zweifeln ein Ende gemacht, aber nicht seiner Qual. Bellend,

heulend, den Bauch am Boden, den Körper gespannt wie eine Sehne, den Kopf emporgehoben, als riefe es den Himmel zum Zeugen seines Seelenschmerzes an, kriecht es – seinem ersten Herrn zu.

Bei dem Anblick wird Hopp von Blutdurst gepackt. Mit zitternden Fingern hat er die neue Kapsel aufgesetzt – mit ruhiger Sicherheit legt er an. Auch der »Gelbe« hat den Lauf wieder auf ihn gerichtet. Diesmal gilt's! Das wissen die beiden, die einander auf dem Korn haben, und was auch in ihnen vorgehen möge, sie zielen so ruhig wie ein paar gemalte Schützen. Zwei Schüsse fallen. Der Jäger trifft, der Wildschütz fehlt.
Warum? Weil er – vom Hunde mit stürmischer Liebkosung angesprungen – gezuckt hat im Augenblick des Losdrückens. »Bestie!« zischt er noch, stürzt rücklings hin und rührt sich nicht mehr.

Der ihn gerichtet, kommt langsam herangeschritten. Du hast genug, denkt er, um jedes Schrotkorn wär's schad bei dir. Trotzdem stellt er die Flinte auf den Boden und lädt von neuem. Der Hund sitzt aufrecht vor ihm, läßt die Zunge heraushängen, keucht kurz und laut und sieht ihm zu. Und als der Jäger fertig ist und die Flinte wieder zur Hand nimmt, halten sie ein Gespräch, von dem kein Zeuge ein Wort vernommen hätte, wenn es auch statt eines toten ein lebendiger gewesen wäre.
»Weißt du, für wen das Blei gehört?«
»Ich kann es mir denken.«
»Deserteur, Kalfakter, pflicht- und treuvergessene Kanaille!«
»Ja, Herr, jawohl.«
»Du warst meine Freude. Jetzt ist's vorbei. Ich habe keine Freude mehr an dir.«
»Begreiflich, Herr«, und Krambambuli legte sich hin, drückte den Kopf auf die ausgestreckten Vorderpfoten und sah den Jäger an.
Ja, hätte das verdammte Vieh ihn nur nicht angesehen! Da würde er ein rasches Ende gemacht und sich und dem Hunde viel Pein erspart haben. Aber so geht's nicht! Wer könnte ein Geschöpf niederknallen, das einen so ansieht? Herr Hopp murmelt ein halbes Dutzend Flüche zwischen den Zähnen, einer gotteslästerlicher als der andre, hängt die Flinte wieder um, nimmt dem Raubschützen noch die jungen Hasen ab und geht.

Der Hund folgte ihm mit den Augen, bis er zwischen den Bäumen verschwunden war, stand dann auf, und sein mark- und beinerschütterndes Wehgeheul durchdrang den Wald. Ein paarmal drehte er sich im Kreise und setzte sich wieder aufrecht neben den Toten hin. So fand ihn die gerichtliche Kommission, die, von Hopp geleitet, bei sinkender Nacht erschien, um die Leiche des Raubschützen in Augenschein zu nehmen und fortschaffen zu lassen. Krambambuli wich einige Schritte zurück, als die Herren herantraten. Einer von ihnen sagte zu dem Jäger: »Das ist ja Ihr Hund.« – »Ich habe ihn hier als Schildwache zurückgelassen«, antwortete Hopp, der sich schämte, die Wahrheit zu gestehen. – Was half's? Sie kam doch heraus, denn als die Leiche auf den Wagen geladen war und fortgeführt wurde, trottete Krambambuli gesenkten Kopfes und mit eingezogenem Schwanze hinterher. Unweit der Totenkammer, in der der »Gelbe« lag, sah ihn der Gerichtsdiener noch am folgenden Tage herumstreichen. Er gab ihm einen Tritt und rief ihm zu: »Geh nach Hause!« – Krambambuli fletschte die Zähne gegen ihn und lief davon, wie der Mann meinte, in der Richtung des Jägerhauses. Aber dorthin kam er nicht, sondern führte ein elendes Vagabundenleben.

Verwildert, zum Skelett abgemagert, umschlich er einmal die armen Wohnungen der Häusler am Ende des Dorfes. Plötzlich stürzte er auf ein Kind los, das vor der letzten Hütte stand, und entriß ihm gierig das Stück harten Brotes, an dem es nagte. Das Kind blieb starr vor Schrecken, aber ein kleiner Spitz sprang aus dem Hause und bellte den Räuber an. Dieser ließ sogleich seine Beute fahren und entfloh.
Am selben Abend stand Hopp vor dem Schlafengehen am Fenster und blickte in die schimmernde Sommernacht hinaus. Da war ihm, als sähe er jenseits der Wiese am Waldessaum den Hund sitzen, die Stätte seines ehemaligen Glükkes unverwandt und sehnsüchtig betrachtend – der Treueste der Treuen, herrenlos!
Der Jäger schlug den Laden zu und ging zu Bett. Aber nach einer Weile stand er auf, trat wieder ans Fenster – der Hund war nicht mehr

da. Und wieder wollte er sich zur Ruhe begeben, und wieder fand er sie nicht.
Er hielt es nicht mehr aus. Sei es, wie es sei . . .
Er hielt es nicht mehr aus ohne den Hund. – Ich hol' ihn heim, dachte er und fühlte sich wie neugeboren nach diesem Entschluß.

Beim ersten Morgengrauen war er angekleidet, befahl seiner Alten, mit dem Mittagessen nicht auf ihn zu warten, und sputete sich hinweg.
Wie er aber aus dem Hause trat, stieß sein Fuß an denjenigen, den er in der Ferne zu suchen ausging. Krambambuli lag verendet vor ihm, den Kopf an die Schwelle gepreßt, die zu überschreiten er nicht mehr gewagt hatte.
Der Jäger verschmerzte ihn nie. Die Augenblikke waren seine besten, in denen er vergaß, daß er ihn verloren hatte. In freundliche Gedanken versunken, intonierte er dann sein berühmtes: »Was macht denn mein Krambam . . .« Aber mitten in dem Worte hielt er bestürzt inne, schüttelte das Haupt und sprach mit einem tiefen Seufzer: »Schad um den Hund.«

(54)

HERMANN LÖNS

Geboren am 21. August 1866
in Kulm in Westpreußen,
Journalist, Schriftsteller,
gefallen am
26. September 1914
vor Reims

DER HEIDHASE

Jans Mümmelmann, der alte Heidhase, lag in seinem Lager auf dem blanken Heidberg, ließ sich die Mittagssonne auf den Balg scheinen und dachte nach über Leben und Tod. Sein Leben war Mühe und Angst gewesen; aber dennoch fand er, daß es köstlich gewesen war: auf grünen Feldern hatte sich seine Jugendzeit abgespielt, seine Jünglingsjahre hatte er im Walde verlebt, die Jahre seiner männlichen Reife verbrachte er in der Heide, nachdem ihn Feld und Wald Menschenhaß gelehrt hatten, und nur, wenn sein Herz sich nach Zärtlichkeit sehnte, verließ er die Öde.
Da lebte er, ein einsamer Weltweiser; die Äsung war mager; aber es stand nicht, wie beim Klee im Felde und bei der üppigen Wiese im Walde, die Angst bleichwangig und schlotterbeinig immer neben ihm; in Ruhe und Frieden konnte er da leben, sorglos im feinen Flugsande des Heidhügels die Glieder baden und dem Gesange der Heidlerchen lauschen.

Er fand heute doch, daß er etwas Abwechslung in seine Nahrung bringen müsse; keine Philosophie der Welt tröstet den Magen; und keine Weltweisheit beseitigte die Appetitlosigkeit. Beim Dorfe gab es jetzt schon junge Roggensaat; auch brauner Kohl war da, ferner Apfelbaumrinde; der Klee war schon hoch genug, und an den Gräben wuchs allerlei winterhartes Kraut; Mümmelmann lief das Wasser hinter den gelben Zähnen zusammen.
Allerdings, so ohne Gefahr ging ein Besuch bei dem Dorfe nie ab; fast immer stöberten Wasser oder Lord oder Widu oder Hektor oder ein anderer dieser scheußlichen Köter im Felde herum; der Jagdaufseher hatte im Felde überall Tellereisen und Schwanenhälse liegen, und der Jagdpächter hielt sich immer in der Nähe des Dorfes mit seinem Schießknüppel auf; er war ein bißchen sehr dick und hatte eine trockene Leber, so daß er sich nicht gern weit vom Kruge entfernte.

Aber schließlich: was kann das schlechte Leben helfen?« dachte Mümmelmann. »Einen Tod sterben wir Hasen ja doch nur, und besser ist es, im Dampfe dem guten Schützen seine Verbeugung zu machen, als vor Altersschwäche den Schnäbeln der Krähen zum Opfer zu fallen.« Und so machte er sorgfältig Toilette und rückte erst langsam, dann schneller gen Knubbendorf, wo er bei tiefer Dämmerung ankam.
Es war eine gemütliche Nacht; der Schnee war weich und trocken, die Luft windstill, die Kälte nicht zu stark und der Himmel bedeckt, so daß Jans und die anderen keine Angst zu haben brauchten vor dem alten Krischan, dem Armenhäusler und Besenbinder, der mit seinem verrosteten Vorderlader bei hellen Nächten hinter dem Misthaufen auf die Hasen lauerte. Es gab ein langes Begrüßen und Erzählen, und so kam es, daß Jans völlig die Zeit verpaßte und erst lange nach dem ersten Hahnenschrei, als der Tag schon mit rotverschlafenem Gesicht über die Geest stieg, nach seiner Heide zurückhoppelte in Begleitung eines jungen Moorhasen, Ludjen Flinkfoot, seines im letzten Herbst bei dem großen Kesseltreiben im Feuer gebliebenen Schwagers Sohn; den hatte er bewogen mitzukommen; er wollte ihn erziehen und als Erben einsetzen.
Als sie aber an den Heiderand kamen, da

stutzten sie und machten Männchen; denn vor ihnen zappelten im Frühwinde lauter bunte Lappen; voller Angst liefen sie zurück und scharrten sich, nachdem sie erst viele Haken geschlagen und Widergänge gemacht hatten, in einem mächtigen Brombeerbusch bei den Fischteichen ihr Lager.
Inzwischen war im Dorfe großes Leben; dreißig Männer waren gekommen, bis an die Zähne bewaffnet, schrecklich anzusehen in ihrem Kriegsschmuck; sie waren in den Krug gegangen, aßen und tranken, was es gab, machten sich mit Pfeifen und Zigarren und auch sonst blauen Dunst vor, prügelten ihre Hunde, die sich bissen, kniffen allen weiblichen Wesen unter fünfzig Jahren die Arme braun und blau, erzählten sich mehr oder minder starke neu aufgewärmte alte Witze und zogen dann los, die reine Winterluft mit dem Rauch ihrer Zigarren und die Morgenstille mit dem Geknarre ihrer Stimmen erfüllend und sich freuend über den klaren, windstillen schönen Tag, der so recht geeignet sei für den Hasenmassenmord.

Dicht hinter dem Dorfe wurde der erste Kessel gemacht; das Waldhorn erklang, Schützen und Treiber setzten sich nach der Mitte in Bewegung, und das Kriegsgeschrei der rauhen Kehlen dröhnte durch den Wintermorgen. Da wurden überall graue Flecke im weißen Schnee sichtbar, die sich zu Pfählen verlängerten, unschlüssig hin und her hoppelten, wie besessen dahinrasten, und dann knallte es hier, blitzte es da, rauchte es dort, und ein Hase nach dem andern rückte zusammen, wurde kürzer, immer kürzer, blieb schließlich liegen, sprang noch einmal in die Höhe und lag dann ganz still; andere schlugen im Dampf ein Rad, daß der Schnee stäubte, wieder andere liefen wie gesund weiter und fielen plötzlich um. Immer enger wurde der Kessel, immer zerfurchter seine Schneedecke von den Spuren der Hasen und den eingeschlagenen Schroten, und hellrote Flecke und Streifen und die dunklen Patronenpfropfen unterbrachen seine Farblosigkeit.

Ein Leiterwagen nahm die toten Hasen auf, und es ging zum zweiten Kessel, und als der abgetrieben war, kam der dritte an die Reihe, und dann ging es zum Jagdhause vor dem Moore, wo der Wirt mit seinen Töchtern Bohnensuppe auffüllte und Glühwein einschenkte.

OTTO UBBELOHDE
1913

Da gab es ein großes Erzählen hin und her, so daß Herr Markwart, der Häher, und Frau Eitel, die Elster, entsetzt abstoben und es weit und breit herumbrachten, daß die Jäger wieder einmal da wären und schon über siebzig Hasen gemordet hätten.
Mümmelmann hörte aufmerksam zu, als Frau Eitel das Herrn Luthals, dem Würger, erzählte, und er dachte sich: »Wenn sie schon so viel haben, dann werden die Schinder wohl nicht mehr hierher kommen«, und er flüsterte Ludjen Flinkfoot zu: »Bleib immer hübsch still liegen, mein Junge, mag kommen, was da kommen will; wer sich nicht zeigt, wird nicht gesehen, und wer nicht gesehen wird, den trifft kein Blei.«

Es kam aber anders: wieder klang das Horn. »Schwerenot noch einmal«, knurrte Jans unter seinem bereiften Bart her, »noch ein Kessel? Die Sonne geht ja schon in ihr Lager. Und ich glaube, die Bande kommt auf uns zu.« Ein furchtbares Gebrüll erhob sich von allen Seiten, der Boden dröhnte, Schüsse knallten. Ludjen wollte weg, aber der Alte rief: »Bliw liggen, du Döskopp«, denn wenn er erregt wurde, sprach er Platt, was er sich sonst als unfein abgewöhnt hatte, und dann setzte er hinzu: »Man kann nicht wissen, was geschieht; ich habe so eine Ahnung, als ob ich die Sonne nicht mehr aufgehen sehen soll. Und nun höre zu: Falle ich, und du bleibst gesund, so rückst du in die Heide, bis du an den Heidberg kommst, wo die großmächtigen Steine aufeinanderliegen; da bist du das ganze Jahr sicher; da kommt niemand hin als die dämlichen Schafe und höchstens einmal Reinke Rotvoß, der alte Schleicher; der erzählt ganz gut, aber halte ihn dir drei Schritt vom Leibe; einem Fuchs darf man erst trauen, wenn er stinkt.«

Näher kam das Getrampel, dichter folgten die Schüsse, hin und her flitzten die Hasen, kobolzten von den Dämmen auf das Eis der Teiche und blieben da liegen. Auf einmal schwoll das Gebrüll noch weiter an: »De Voß, de Voß!« riefen die Treiber, und laut krachte es. Mümmelmann hörte etwas in den Brombeeren knistern, etwas Rotes sauste über ihn fort, dann etwas Schwarzweißes, und dicht vor ihm schlug sich ein großer Hund den Fuchs um den Kopf. »Meinen Segen hat er«, dachte der alte Hase bei aller Angst; doch im nächsten Augenblicke fuhr er aus seinem Lager, denn ein zweiter Hund kam an und wollte ihn gerade fassen. »Da löppt noch een!« schrien die Treiber; aber Jans war nicht umsonst bei seiner Mutter, der erfahrenen Gelke Mümmelmann, in die Lehre gegangen; er schlug einen Haken über den anderen und hielt sich immer dicht vor dem Hunde, so daß kein Schütze zu schießen wagte, bis er aus der Schußweite war; da wippte er mit der Blume und freute sich.

Aber Ludjen tat ihm leid; um den Jungen hatte er Bange. Es dämmerte schon, als er an den Heidrand kam, und gerade dachte er, er wollte sich um die Lappen nicht kümmern, da krachte es, und wie zwanzig Peitschenhiebe auf einmal fühlte er es in Rücken und Keulen. Das war der Jagdaufseher gewesen, der die Lappen aufrollen wollte.
Jans fühlte, daß es mit ihm aus war; aber er kam doch noch vom Fleck und tauchte in der Dämmerung unter; ihm war sehr schwach zu Mute, obgleich er gar keine Schmerzen hatte; nur das Laufen wurde ihm schwer und das Atmen; er kam noch bis zu dem alten Steingrab auf dem Heidberg, und da wühlte er sich in den weichen Sand, lag ganz still und äugte nach dem hellen Sternbilde, das über dem fernen Walde stand und ganz wie ein riesenhafter Hase aussah.

Als der Mond über den Wald kam, da hoppelte auch Ludjen Flinkfoot heran; er hatte, so schwer es ihm bei seiner Angst auch wurde, seines Oheims Ratschläge befolgt und war gesund davongekommen. Der gute Junge war sehr betrübt, daß er ihn todkrank fand; er rückte dicht an ihn heran und wärmte den Fiebernden.
Als es im Dorfe Mitternacht schlug, da wurden Mümmelmanns Seher groß und starr; er sah die Zukunft vor sich. »Der Mensch ist auf die Erde gekommen«, sprach er, »um den Bären zu töten, den Luchs und den Wolf, den Fuchs und das Wiesel, den Adler und den Habicht, den Raben und die Krähe; alle Hasen, die in der Üppigkeit der Felder und im Wohlleben der Krautgärten die Leiber pflegen, wird er auch vernichten; nur die Heidhasen, die stillen und genügsamen, wird er übersehen, und schließlich wird Mensch gegen Mensch sich kehren, und sie werden sich alle ermorden. Dann wird Frieden auf Erden sein; nur die Hirsche und Rehe und die kleinen Vögel werden auf ihr leben und die Hasen, die Abkömmlinge von mir und meinem Geschlecht; du, Ludjen, mein Schwestersohn, wirst den reinen Schlag fortpflanzen, und dein Geschlecht wird herrschen von Anfang bis Untergang; der Hase wird Herr der Erde sein, denn sein ist die höchste Fruchtbarkeit und das reinste Herz.«

Da rief der Kauz im Walde dreimal laut: »Komm mit, komm mit, komm mit zur Ruh', zur Ruh', zur Ruhuhuhu!«, und Mümmelmann flüsterte: »Ich komme«, und seine Seher brachen.
Ludjen hielt die Totenwacht bei seinem Oheim; drei Tage und drei Nächte blieb er bei ihm. Als er aber nach der vierten Nacht zurückkam zum Hünengrab, da war der Leib seines Ohms verschwunden, und Ludjen meinte, die kleinen weißen Hasen wären gekommen und hätten ihn weggeholt zu dem Hasenparadiese, wo der große weiße Hase auf dem unendlichen Kleeanger sitzt.

Reinke Rotvossens Vetternschaft aber wunderte sich, daß der alte dreibeinige, schwanzlose Heidfuchs, der immer so klapperdürr war, seit einigen Tagen einen strammen Balg hatte. Er hatte seinen Freund Mümmelmann bestattet auf seine Art.

CHRISTIAN MORGENSTERN

BIM, BAM, BUM

Ein Glockenton fliegt durch die Nacht,
als hätt' er Vogelflügel;
er fliegt in römischer Kirchentracht
wohl über Tal und Hügel.

Er sucht die Glockentönin BIM,
die ihm vorausgeflogen;
das heißt, die Sache ist sehr schlimm,
sie hat ihn nämlich betrogen.

»O komm«, so ruft er, »komm, dein BAM
erwartet dich voll Schmerzen.
Komm wieder, BIM, geliebtes Lamm,
dein BAM liebt dich von Herzen!«

Doch BIM, daß ihr's nur alle wißt,
hat sich dem BUM ergeben;
der ist zwar auch ein guter Christ,
allein das ist es eben.

Der BAM fliegt weiter durch die Nacht
wohl über Wald und Lichtung.
Doch, ach, er fliegt umsonst! Das macht,
er fliegt in falscher Richtung.

KM 21

Ein Rabe saß auf einem Meilenstein
und rief Ka-em-zwei-ein, Ka-em-zwei-ein . . .

Der Werhund lief vorbei, im Maul ein Bein,
der Rabe rief Ka-em-zwei-ein, zwei-ein.

Vorüber zottelte das Zapfenschwein,
der Rabe rief und rief Ka-em-zwei-ein.

»Er ist besessen!« – kam man überein.
»Man führe ihn hinweg von diesem Stein!«

Zwei Hasen brachten ihn zum Kräuterdachs.
Sein Hirn war ganz verstört und weich wie
Wachs.

Noch sterbend rief er (denn er starb dort) sein
Ka-em-zwei-ein, Ka-em-Ka-em-zwei-ein.

GOTTFRIED KELLER

DIE JUNGFRAU UND DIE NONNE

Wer gibt mir Taubenflügel,
daß ich auffliege und Ruhe finde. (Ps. 55, 7)

Ein Kloster lag weitausschauend auf einem Berge, und seine Mauern glänzten über die Lande. Innen aber war es voll Frauen, schöne und nicht schöne, welche alle nach strenger Regel dem Herrn dienten und seiner jungfräulichen Mutter.
Die schönste von den Nonnen hieß Beatrix und war die Küsterin des Klosters. Herrlich gewachsen von Gestalt, tat sie edlen Ganges ihren Dienst, besorgte Chor und Altar, waltete in der Sakristei und läutete die Glocke vor dem Morgenrot und wenn der Abendstern aufging. Aber dazwischen schaute sie vielmal feuchten Blickes in das Weben der blauen Gefilde; sie sah Waffen funkeln, hörte das Horn der Jäger aus den Wäldern und den hellen Ruf der Männer, und ihre Brust war voll Sehnsucht nach der Welt.

Als sie ihr Verlangen nicht länger bezwingen konnte, stand sie in einer mondhellen Juninacht auf, bekleidete sich mit neuen starken Schuhen und trat vor den Altar, zum Wandern gerüstet. »Ich habe dir nun manches Jahr treu gedient«, sagte sie zur Jungfrau Maria, »aber jetzt nimm du die Schlüssel zu dir, denn ich vermag die Glut in meinem Herzen nicht länger zu ertragen!« Hierauf legte sie ihren Schlüsselbund auf den Altar und ging aus dem Kloster hinaus. Sie stieg hernieder durch die Einsamkeit des Berges und wanderte, bis sie in einem Eichenwald auf einen Kreuzweg gelangte, wo sie unschlüssig, nach welcher Seite sie sich wenden sollte, sich an einem Quell niedersetzte, der da für die Vorüberziehenden in Stein gefaßt und mit einer Bank versehen war. Dort saß sie, bis die Sonne aufging, und wurde feucht vom fallenden Tau.

Da kam die Sonne über die Baumkronen, und ihre ersten Strahlen, welche durch die Waldstraße schossen, trafen einen prächtigen Ritter, der völlig allein in seinen Waffen dahergeritten kam. Die Nonne schaute aus ihren schönen Augen, so stark sie konnte, und verlor keinen Zoll von der mannhaften Erscheinung; aber sie hielt sich so still, daß der Ritter sie nicht gesehen, wenn nicht das Geräusch des Brunnens sein Ohr berührt und seine Augen hingelenkt hätte. Sogleich bog er seitwärts nach dem Quell, stieg vom Pferd und ließ es trinken, während er die Nonne ehrerbietig begrüßte. Es war ein Kreuzfahrer, welcher nach langer Abwesenheit einsam heimwärts zog, nachdem er alle seine Leute verloren.

Trotz seiner Ehrerbietung wandte er aber kein Auge von der Schönheit der Beatrix, welche ihrerseits es ebenso hielt und den Kriegsmann nach wie vor anstaunte; denn das war ein beträchtliches Stück von der Welt, nach der sie sich schon lange im stillen gesehnt hatte. Doch jählings schlug sie die Augen nieder und schämte sich. Endlich fragte sie der Ritter, welchen Weges sie zöge und ob er ihr in etwas dienen könne? Der volle Klang seiner Worte schreckte sie auf; sie sah ihn abermals an, und betört von seinen Blicken, gestand sie, daß sie dem Kloster entflohen sei, um die Welt zu se-

FRIEDRICH WASMANN 1835

hen, daß sie sich aber schon fürchte und weder ein noch aus wisse.

Da lachte der Ritter, welcher nicht auf den Kopf gefallen war, aus vollem Herzen und bot der Dame an, sie vorläufig auf einen guten Weg zu leiten, wenn sie sich ihm anvertrauen wolle. Seine Burg, fügte er hinzu, sei nicht weiter als eine Tagereise von hier entfernt; dort möge sie, sofern es ihr gefalle, in Sicherheit sich vorbereiten und nach weislicher Erwägung in die weite schöne Welt auslaufen.
Ohne Erwiderung, aber auch ohne Widerstand ließ sie sich, immerhin ein wenig zitternd, auf das Pferd heben; der Ritter schwang sich nach, und die rotglühende Nonne vor sich, trabte er lustig durch Wälder und Auen.

Zwei- oder dreihundert Pferdelängen weit hielt sie sich aufrecht und schaute unverwandt in die Weite, während sie ihre Hand gegen seine Brust stemmte. Bald aber lag ihr Gesicht an dieser Brust aufwärts gewendet und litt die Küsse, welche der reisige Herr darauf drückte; und abermals nach dreihundert Schritten erwiderte sie dieselben schon so eifrig, als ob sie niemals eine Klosterglocke geläutet hätte. Unter solchen Umständen sahen sie nichts vom Lande und vom Lichte, das sie durchzogen, und die Nonne, die sich erst nach der weiten Welt gesehnt, schloß jetzt ihre Augen vor derselben und beschränkte sich auf einen Bezirk, den ein Pferd auf seinem Rücken forttragen konnte.

Auch Wonnebold, der Ritter, dachte kaum an seiner Väter Burg, bis die Türme derselben im Mondlichte vor ihm glänzten. Aber still war es um die Burg und noch stiller in derselben und nirgends ein Licht zu erblicken. Vater und Mutter Wonnebolds waren gestorben und alles Gesinde weggezogen bis auf ein steinaltes Schloßvögtchen, welches nach langem Klopfen mit einer Laterne erschien und vor Freuden beinahe starb, als es den Ritter vor dem mühsam geöffneten Tore erblickte. Doch hatte der Alte trotz seiner Einsamkeit und seiner Jahre das Innere der Burg in wohnlichem Zustande erhalten und besonders das Gemach des Ritters in immerwährende Bereitschaft gesetzt, damit derselbe wohl ausruhen könne jeden Augenblick, wo er von seinen Fahrten zurückkäme. So ruhte denn Beatrix mit ihm und stillte ihr Verlangen.

Keines dachte nun daran, sich vom andern zu trennen. Wonnebold öffnete die Truhen seiner Mutter. Beatrix kleidete sich in die reichen Gewänder derselben und schmückte sich mit ihrem Geschmeide, und so lebten sie vorderhand herrlich und in Freuden, nur daß die Dame recht- und namenlos dahinlebte und von ihrem Geliebten als dessen Leibeigene angesehen wurde; indessen verlangte sie nichts Besseres.
Einst aber kehrte ein fremder Baron mit Gefolge auf der Burg ein, die sich inzwischen auch wieder mit Dienstleuten bevölkert hatte, und es wurde zu dessen Ehren festlich gelebt. Endlich gerieten die Männer auch auf das Würfelspiel, bei welchem der Hausherr so glücklich und beständig gewann, daß er im Rausche seines Glückes und seines Glaubens daran sein Liebstes, wie er sagte, aufs Spiel setzte, nämlich die schöne Beatrix, wie sie war, samt dem köstlichen Geschmeide, das sie eben trug, gegen ein altes melancholisches Bergschloß, welches sein Gegner lächelnd einsetzte.

Beatrix, welche dem Spiele vergnügt zugeschaut hatte, erbleichte, und mit Recht; denn der alsobald erfolgte Wurf ließ den Übermütigen im Stich und gab dem Baron gewonnen.
Der säumte nicht, sondern brach augenblicklich auf mit seinem süßen Gewinst und mit seinem Gefolge; kaum fand Beatrix noch Zeit, die unglücklichen Würfel an sich zu nehmen und an ihrem Busen zu verbergen, worauf sie unter strömenden Tränen dem rücksichtslosen Gewinner folgte.
Als der kleine Zug einige Stunden geritten war, gelangte er in ein anmutiges Gehölz von jungen Buchen, durch welches ein klarer Bach floß. Wie ein leichtes grünes Seidenzelt schwebte die zarte Belaubung in der Höhe, von den schlanken Silberstangen emporgehalten, und die offene Sommerlandschaft schaute darunter herein. Hier wollte der Baron mit seiner Beute ausruhen. Er hieß seine Leute ein Stück vorwärts fahren, indessen er sich mit Beatrixen in der luftigen Grüne niederließ und sie mit Liebkosungen an sich ziehen wollte.

Da erhob sie sich stolz, und indem sie einen flammenden Blick auf ihn warf, rief sie: Wohl habe er ihre Person gewonnen, nicht aber ihr Herz, welches nicht für ein altes Gemäuer zu gewinnen sei. Wenn er ein Mann, so solle er etwas Rechtes dagegen einsetzen. Wolle er sein Leben daran wagen, so könne er um ihr Herz würfeln, welches ihm, wenn er gewinne, auf ewig verpfändet und zu eigen sein solle; wenn aber sie gewinne, so solle sein Leben in ihrer Hand stehen und sie wieder eigene Herrin ihrer ganzen Person sein.
Dies sagte sie mit großem Ernste, sah ihn aber dabei so seltsam an, daß ihm jetzt erst das Herz zu klopfen anfing und er verwirrt sie betrachtete. Immer schöner schien sie zu werden, als sie mit leiserer Stimme und fragendem Blick fortfuhr: »Wer wird ein Weib minnen wollen ohne Gegenminne und das von seinem Mute nicht überzeugt ist? Gebt mir Euer Schwert, nehmt hier die Würfel, und wagt es, so mögen wir verbunden werden wie zwei rechte Liebende!« Zugleich drückte sie ihm die busenwarmen Elfenbeinwürfel in die Hand. Betört gab er ihr sein Schwert samt dem Gehänge und warf sofort elf Augen mit einem Wurfe.

Hierauf ergriff Beatrix die Würfel, schüttelte sie mit einem geheimen Seufzer zur heiligen Maria, der Mutter Gottes, heftig in ihren hohlen Händen und warf zwölf Augen, womit sie gewann.
»Ich schenk' Euch Euer Leben!« sagte sie, verneigte sich ernsthaft vor dem Baron, nahm ihre Gewänder ein wenig zusammen und das Schwert unter den Arm und ging eilfertig davon in der Richtung, woher sie gekommen waren. Als sie jedoch dem noch ganz verblüfften und zerstreuten Herrn aus den Augen war, ging sie schlauerweise nicht weiter, sondern um das Gehölze herum, trat leise wieder in dasselbe hinein und verbarg sich, kaum fünfzig Schritte von dem Getäuschten entfernt, hinter den Buchenstämmchen, welche sich in dieser Entfernung durch ihre Menge eben hinreichend ineinanderschoben, um die kluge Frau zur Not zu bedekken. Sie hielt sich ganz still; nur ein Sonnenstrahl fiel auf einen edlen Stein an ihrem Hals, so daß derselbe durch das Gehölz blitzte, ohne daß sie es wußte. Der Baron sah sogar diesen Schein und starrte in seiner Verwirrung einen Augenblick hin. Aber er hielt es für einen schimmernden Tautropfen an einem Baumblatt und achtete nicht darauf.

Endlich erwachte er aus seiner Starrheit und stieß mit Macht in sein Jagdhorn. Als seine Leute herbeigekommen, sprang er aufs Pferd und jagte der Entflohenen nach, um sich ihrer wieder zu versichern. Es dauerte wohl eine Stunde, bis die Reiter wieder zurückkamen und verdrießlich und langsam durch die Buchen zogen, ohne sich diesmal aufzuhalten. Sobald die lauschende Beatrix den Weg sicher sah, machte sie sich auf und eilte heimwärts, ohne ihre feinen Schuhe zu schonen.
Wonnebold hatte in der Zeit einen sehr schlechten Tag verbracht, von Reue und Zorn gepeinigt, und da er wohl fühlte, daß er sich auch vor der so leichtfertig verspielten Geliebten schämte, ward er inne, wie hoch er sie unbewußt hielt und daß er kaum ohne sie leben mochte. Als sie daher unversehens vor ihm stand, breitete er, noch ehe er seine Überraschung ausdrückte, seine Arme nach ihr aus, und sie eilte ohne Klagen und ohne Vorwürfe in dieselben hinein. Laut lachte er auf, als sie ihm ihre Kriegslist erzählte, und wurde nachdenklich über ihre Treue; denn jener Baron war ein ganz ansehnlicher und schmucker Gesell.

Um sich nun gegen alle künftigen Unfälle zu wahren, machte er die schöne Beatrix zu seiner rechtmäßigen Gemahlin vor allen seinen Standesgenossen und Hörigen, so daß sie von jetzt an eine Rittersfrau vorstellte, die ihresgleichen suchte bei Jagden, Festen und Tänzen sowohl als in den Hütten der Untertanen und im Herrenstuhl der Kirche.
Die Jahre gingen wechselvoll vorüber, und während zwölf reichen Herbsten gebar sie ihrem Gatten acht Söhne, welche emporwuchsen wie junge Hirsche.
Als der älteste achtzehn Jahre zählte, erhob sie sich in einer Herbstnacht von der Seite ihres Wonneboldes, ohne daß er es merkte, legte sorgfältig all ihren weltlichen Staat in die nämlichen Truhen, aus denen er einst genommen worden, und verschloß sie, die Schlüssel an die Seite des Schlafenden legend. Dann ging sie mit bloßen Füßen vor das Lager ihrer Söhne und küßte leise einen nach dem andern; zuletzt ging sie wieder an das Bett ihres Mannes, küßte den-

selben auch, und erst jetzt schnitt sie sich das lange Haar vom Haupt, zog das dunkle Nonnengewand wieder an, welches sie sorgfältig aufbewahrt hatte, und so verließ sie heimlich die Burg und wanderte durch die brausenden Winde der Herbstnacht und durch das fallende Laub jenem Kloster zu, welchem sie einst entflohen war. Unermüdlich ließ sie die Kugeln ihres Rosenkranzes durch die Finger rollen und überdachte betend das genossene Leben.

So wallte sie unverdrossen, bis sie wieder vor der Klosterpforte stand. Als sie anklopfte, tat die gealterte Pförtnerin auf und grüßte sie gleichgültig mit ihrem Namen, als ob sie kaum eine halbe Stunde abwesend geblieben wäre. Beatrix ging an ihr vorüber in die Kirche, warf sich vor dem Altar der heiligen Jungfrau auf die Knie, und diese begann zu sprechen und sagte: »Du bist ein bißchen lange weggeblieben, meine Tochter! Ich habe die ganze Zeit deinen Dienst als Küsterin versehen; jetzt bin ich aber doch froh, daß du da bist und die Schlüssel wieder übernimmst!«
Das Bild neigte sich herab und gab der Beatrix die Schlüssel, welche über das große Wunder freudig erschrak. Sogleich tat sie ihren Dienst und ordnete das und jenes, und als die Glocke zum Mittagsmahl erklang, ging sie zu Tisch. Viele Nonnen waren alt geworden, andere gestorben, junge waren neu angekommen, und eine andere Äbtissin saß oben am Tisch; aber niemand gewahrte, was mit Beatrix, welche ihren gewohnten Platz einnahm, vorgegangen war; denn die Maria hatte ihre Stelle in der Nonne eigener Gestalt versehen.

Nachdem nun abermals etwa zehn Jahre vergangen waren, feierten die Nonnen ein großes Fest und wurden einig, daß jede von ihnen der Mutter Gottes ein Geschenk, so fein sie es zu bereiten vermöchte, darbringen solle. So stickte die eine ein köstliches Kirchenbanner, die andere eine Altardecke, die dritte ein Meßgewand. Eine dichtete einen lateinischen Hymnus, und die andere setzte ihn in Musik, die dritte malte und schrieb ein Gebetbuch. Welche gar nichts anderes konnte, nähte dem Christuskinde ein neues Hemdchen, und die Schwester Köchin buk ihm eine Schüssel Kräpflein. Einzig Beatrix hatte nichts bereitet, da sie etwas müde war vom Leben und mit ihren Gedanken mehr in der Vergangenheit lebte als in der Gegenwart.

Als nun der Festtag anbrach und sie keine Weihegabe darlegte, wunderten sich die übrigen Nonnen und schalten sie darum, so daß sie sich in Demut seitwärts stellte, als in der blumengeschmückten Kirche alle jene prächtigen Dinge vor den Altar gelegt wurden im feierlichen Umgang, während die Glocken läuteten und die Weihrauchwolken emporstiegen.
Wie hierauf die Nonnen gar herrlich zu singen und zu musizieren begannen, zog ein greiser Rittersmann mit acht bildschönen bewaffneten Jünglingen des Weges, alle auf stolzen Rossen, von ebensoviel reisigen Knappen gefolgt. Es war Wonnebold mit seinen Söhnen, die er dem Reichsheere zuführte.

Das Hochamt in dem Gotteshaus vernehmend, hieß er seine Söhne absteigen und ging mit ihnen hinein, um der heiligen Jungfrau ein gutes Gebet darzubringen. Jedermann erstaunte über den herrlichen Anblick, als der eiserne Greis mit den acht jugendlichen Kriegern kniete, welche wie ebensoviel geharnischte Engel anzusehen waren, und die Nonnen wurden irre in ihrer Musik, daß sie einen Augenblick aufhörten. Beatrix aber erkannte alle ihre Kinder an ihrem Gemahl, schrie auf und eilte zu ihnen, und indem sie sich zu erkennen gab, verkündigte sie ihr Geheimnis und erzählte das große Wunder, das sie erfahren habe.
So mußte nun jedermann gestehen, daß sie heute der Jungfrau die reichste Gabe dargebracht; und daß dieselbe angenommen wurde, bezeugten acht Kränze von jungem Eichenlaub, welche plötzlich an den Häuptern der Jünglinge zu sehen waren, von der unsichtbaren Hand der Himmelskönigin darauf gedrückt.

JOHANN PETER HEBEL

UNVERHOFFTES WIEDERSEHEN

In Falun in Schweden küßte vor guten fünfzig Jahren und mehr ein junger Bergmann seine junge hübsche Braut und sagte zu ihr: »Auf Sankt Luciä wird unsere Liebe von des Priesters Hand gesegnet. Dann sind wir Mann und Weib und bauen uns ein eigenes Nestlein.« – »Und Friede und Liebe soll darin wohnen«, sagte die schöne Braut mit holdem Lächeln, »denn du bist mein einziges und alles, und ohne dich möchte ich lieber im Grab sein als an einem andern Ort.«

Als sie aber vor St. Luciä der Pfarrer zum zweitenmal in der Kirche ausgerufen hatte: »So nun jemand Hindernis wüßte anzuzeigen, warum diese Personen nicht möchten ehelich zusammenkommen« – da meldete sich der Tod. Denn als der Jüngling den andern Morgen in seiner schwarzen Bergmannskleidung an ihrem Haus vorbeiging, der Bergmann hat sein Totenkleid immer an, da klopfte er zwar noch einmal an ihrem Fenster und sagte ihr guten Morgen, aber keinen guten Abend mehr. Er kam nimmer aus dem Bergwerk zurück, und sie saumte vergeblich selbigen Morgen ein schwarzes Halstuch mit rotem Rand für ihn zum Hochzeittag, sondern als er nimmer kam, legte sie es weg und weinte um ihn und vergaß ihn nie.

Unterdessen wurde die Stadt Lissabon in Portugal durch ein Erdbeben zerstört, und der Siebenjährige Krieg ging vorüber, und Kaiser Franz der Erste starb, und der Jesuitenorden wurde aufgehoben und Polen geteilt, und die Kaiserin Maria Theresia starb, und der Struensee wurde hingerichtet, Amerika wurde frei, und die vereinigte französische und spanische Macht konnte Gibraltar nicht erobern. Die Türken schlossen den General Stein in der Veteraner Höhle in Ungarn ein, und der Kaiser Joseph starb auch. Der König Gustav von Schweden eroberte russisch Finnland, und die Französische Revolution und der lange Krieg fing an, und der Kaiser Leopold der Zweite ging auch ins Grab. Napoleon eroberte Preußen, und die Engländer bombardierten Kopenhagen, und die Ackerleute säten und schnitten. Der Müller mahlte, und die Schmiede hämmerten, und die Bergleute gruben nach den Metalladern in ihrer unterirdischen Werkstatt.

Als aber die Bergleute in Falun im Jahr 1809 etwas vor oder nach Johannis zwischen zwei Schachten eine Öffnung durchgraben wollten, gute dreihundert Ellen tief unter dem Boden, gruben sie aus dem Schutt und Vitriolwasser den Leichnam eines Jünglings heraus, der ganz mit Eisenvitriol durchdrungen, sonst aber unverwest und unverändert war; also daß man seine Gesichtszüge und sein Alter noch völlig erkennen konnte, als wenn er erst vor einer Stunde gestorben, ein wenig eingeschlafen wäre an der Arbeit. Als man ihn aber zu Tag ausgefördert hatte, Vater und Mutter, Gefreundte und Bekannte waren schon lange tot, kein Mensch wollte den schlafenden Jüngling kennen oder etwas von seinem Unglück wissen, bis die ehemalige Verlobte des Bergmanns kam, der eines Tages auf die Schicht gegangen war und nimmer zurückkehrte. Grau und zusammengeschrumpft kam sie an einer Krücke an den Platz und erkannte ihren Bräutigam; und mehr mit freudigem Entzücken als mit Schmerz sank sie auf die geliebte Leiche nieder, und erst als sie sich von einer langen heftigen Bewegung des Gemüts erholt hatte, »es ist mein Verlobter«, sagte sie endlich, »um den ich fünfzig Jahre lang getrauert hatte und den mich Gott noch einmal sehen läßt vor meinem Ende. Acht Tage vor der Hochzeit ist er unter die Erde gegangen und nimmer heraufgekommen.«

Da wurden die Gemüter aller Umstehenden von Wehmut und Tränen ergriffen, als sie sahen die ehemalige Braut jetzt in der Gestalt des hingewelkten kraftlosen Alters und den Bräutigam noch in seiner jugendlichen Schöne und wie in ihrer Brust nach fünfzig Jahren die Flamme der jugendlichen Liebe noch einmal erwachte; aber er öffnete den Mund nimmer zum Lächeln oder die Augen zum Wiedererkennen; und wie sie ihn endlich von den Bergleuten in ihr Stüblein tragen ließ, als die einzige, die ihm angehöre und ein Recht an ihn habe, bis sein Grab gerüstet sei auf dem Kirchhof.

Den andern Tag, als das Grab gerüstet war auf dem Kirchhof und ihn die Bergleute holten, schloß sie ein Kästlein auf, legte sie ihm das schwarzseidene Halstuch mit roten Streifen um und begleitete ihn alsdann in ihrem Sonntagsgewand, als wenn es ihr Hochzeittag und nicht der Tag seiner Beerdigung wäre. Denn als man ihn auf dem Kirchhof ins Grab legte, sagte sie: »Schlafe nun wohl, noch einen Tag oder zehen im kühlen Hochzeitbett, und laß dir die Zeit nicht lange werden. Ich habe nur noch wenig zu tun und komme bald, und bald wird's wieder Tag. – Was die Erde einmal wiedergegeben hat, wird sie zum zweitenmal auch nicht behalten«, sagte sie, als sie fortging und noch einmal umschaute.

(55)

VICTOR BLÜTHGEN

Geboren am 4. Januar 1844
in Zörbig bei Bitterfeld,
Hauslehrer, Redakteur,
gestorben am
2. April 1920
in Berlin

ACH, WER DAS DOCH KÖNNTE!

Gemäht sind die Felder, der Stoppelwind weht,
hoch droben in Lüften mein Drache nun steht,
die Rippen von Holze, der Leib von Papier;
zwei Ohren, ein Schwänzlein sind all seine Zier.
Und ich denk': So drauf liegen im sonnigen Strahl –
ach, wer das doch könnte, nur ein einziges Mal!

Da guck' ich dem Storch in das Sommernest dort:
Guten Morgen, Frau Storchen, geht die Reise bald fort?
Ich blick' in die Häuser zum Schornstein hinein:
Papachen, Mamachen, wie seid ihr so klein!
Tief unter mir seh' ich Fluß, Hügel und Tal –
ach, wer das doch könnte, nur ein einziges Mal!

Und droben, gehoben auf schwindelnder Bahn,
da fass' ich die Wolken, die segelnden, an;
ich lass' mich besuchen von Schwalben und Kräh'n
und kann selbst die Lerchen, die singenden, sehn,
die Englein belausch' ich im himmlischen Saal –
ach, wer das doch könnte, nur ein einziges Mal!

CONRAD FERDINAND MEYER

DER RÖMISCHE BRUNNEN

Auf steigt der Strahl und fallend gießt
er voll der Marmorschale Rund,
die, sich verschleiernd, überfließt
in einer zweiten Schale Grund;
die zweite gibt, sie wird zu reich,
der dritten wallend ihre Flut,
und jede nimmt und gibt zugleich
und strömt und ruht.

JOSEF WEINHEBER

KALENDARIUM

Es schneit und schneit den Jänner lang.
Dem Kind in dunkler Stube
ist vor der Stille bang.

Was raunt im Rohr? Schon Februar.
Ein Alter geht zur Kirche
in seinem weißen Haar.

Schwermütiger Regen, kommt der März.
Was kann die erste Blume
gegen das müde Herz?

Windschwanke Birken im April.
Schon weiß der Knabe zu lächeln,
wenn er weinen will.

Amsel im Flieder und wieder Mai.
Ewig – im leuchtenden Abend
stehen und schwören die Zwei.

Und waldiger Juni, wartend, schwül.
Die tausendsternigen Nächte
weisen dem Manne ein Ziel.

Ähren im Juli. Der Mohn überm Rain.
Tief horcht das Weib in die Segnung
seines Leibes hinein.

Ein Donnerschlag durch den weiten August.
Der Grübler wird sich mit Grauen
seiner Grenzen bewußt.

Septemberhimmel, ein Schwalbenzug.
Heim will der Wandrer: Die Erde
ist nicht mehr groß genug.

Die Gärten verbluten, Oktober, im Wind.
O daß der trunkne sich endlich
auf seinen Abgrund besinnt.

Novembernebel. Ein Rabe schreit.
Der Lauschende flieht betroffen
von seiner Einsamkeit.

Vom Himmel flockt's dezemberlind:
Und Friede den Menschen auf Erden,
die guten Willens sind.

JOSEF WEINHEBER

DURCH BAUERNLAND

Ein Streifen Mais, ein Streifen Klee.
Kartoffelfurchen je und je,
und Acker braun und Acker rot,
im gelben Mittag reift das Brot;
der Wiesenweg gebändert weiß,
ein Streifen Klee, ein Streifen Mais,
der Jogl zieht am Strick das Kalb,
und Acker rot und Acker falb,
Kartoffelfurchen je und je,
im hohen Hafer äst das Reh,
die reifen Mandeln Reih an Reih,
ein Leiterwagen nahebei,
und Wegerich und Rittersporn,
im gelben Mittag rauscht das Korn,
die Weiden an dem Wasserbug
beschatten kühl den Schnitterkrug,
und Acker falb und Acker schwarz,
im lichten Froste riecht das Harz,
mit Ochsen schwer, der Bauer dran,
geht um die Hufe das Gespann,
geschobert liegt das Heu zuhauf,
Rebhühner stehen knatternd auf,
ein Kirchturm, ein paar Höfe weit,
und wieder nichts als Einsamkeit,
ein Streifen Mais, ein Streifen Klee,
Kartoffelfurchen je und je,
und Acker hier und Acker dort,
und an und um und immerfort . . .

FRIEDRICH HEBBEL

HERBSTBILD

Dies ist ein Herbsttag, wie ich keinen sah!
Die Luft ist still, als atmete man kaum,
und dennoch fallen raschelnd, fern und nah,
die schönsten Früchte ab von jedem Baum.

O stört sie nicht, die Feier der Natur!
Dies ist die Lese, die sie selber hält,
denn heute löst sich von den Zweigen nur,
was vor dem milden Strahl der Sonne fällt.

RAINER MARIA RILKE

HERBSTTAG

Herr: es ist Zeit. Der Sommer war sehr groß.
Leg deinen Schatten auf die Sonnenuhren,
und auf den Fluren laß die Winde los.

Befiehl den letzten Früchten, voll zu sein;
gib ihnen noch zwei südlichere Tage,
dränge sie zur Vollendung hin, und jage
die letzte Süße in den schweren Wein.

Wer jetzt kein Haus hat, baut sich keines mehr.
Wer jetzt allein ist, wird es lange bleiben,
wird wachen, lesen, lange Briefe schreiben
und wird in den Alleen hin und her
unruhig wandern, wenn die Blätter treiben.

(56)

GEORG TRAKL

Geboren am 3. Februar 1887
in Salzburg,
Militärapotheker,
Schreiber in einem
Wiener Ministerium,
gestorben am
4. November 1914
in Krakau

VERKLÄRTER HERBST

Gewaltig endet so das Jahr
mit goldnem Wein und Frucht der Gärten.
Rund schweigen Wälder wunderbar
und sind des Einsamen Gefährten.

Da sagt der Landmann: Es ist gut.
Ihr Abendglocken lang und leise,
gebt noch zum Ende frohen Mut.
Ein Vogelzug grüßt auf der Reise.

Es ist der Liebe milde Zeit.
Im Kahn den blauen Fluß hinunter
wie schön sich Bild an Bildchen reiht –
das geht in Ruh' und Schweigen unter.

AUGUST LUCAS 1823

PAUL GERHARDT

BEFIEHL DU DEINE WEGE

Befiehl du deine Wege
und was dein Herze kränkt,
der allertreusten Pflege
des, der den Himmel lenkt!
Der Wolken, Luft und Winden
gibt Wege, Lauf und Bahn,
der wird auch Wege finden,
da dein Fuß gehen kann.

Dem Herren mußt du trauen,
wenn dir's soll wohl ergehn;
auf sein Werk mußt du schauen,
wenn dein Werk soll bestehn.
Mit Sorgen und mit Grämen
und mit selbsteigner Pein
läßt Gott sich gar nichts nehmen,
es muß erbeten sein.

Weg' hast du allerwegen,
an Mitteln fehlt dir's nicht;
dein Tun ist lauter Segen,
dein Gang ist lauter Licht.
Dein Werk kann niemand hindern,
dein' Arbeit darf nicht ruhn,
wenn du, was deinen Kindern
ersprießlich ist, willst tun.

Und ob gleich alle Teufel
hie wollten widerstehn,
so wird doch ohne Zweifel
Gott nicht zurücke gehn:
Was er ihm fürgenommen
und was er haben will,
das muß doch endlich kommen
zu seinem Zweck und Ziel.

Auf, auf, gib deinem Schmerze
und Sorgen gute Nacht!
Laß fahren, was das Herze
betrübt und traurig macht!
Bist du doch nicht Regente,
der alles führen soll;
Gott sitzt im Regimente
und führet alles wohl.

AM ABEND

(57)

FRIEDRICH HÖLDERLIN

Geboren am 20. März 1770
in Laufen,
Hofmeister und Hauslehrer,
gestorben am
7. Juni 1843
in Tübingen

DIE LINIEN DES LEBENS

Die Linien des Lebens sind verschieden,
wie Wege sind und wie der Berge Grenzen.
Was hier wir sind, kann dort ein Gott ergänzen
mit Harmonien und ewigem Lohn und Frieden.

JOSEPH FREIHERR VON EICHENDORFF

O TROST DER WELT

O Trost der Welt, du stille Nacht!
Der Tag hat mich so müd gemacht,
das weite Meer schon dunkelt,
laß ausruhn mich von Lust und Not,
bis daß das ew'ge Morgenrot
den stillen Wald durchfunkelt.

EDUARD MÖRIKE

DENK ES, O SEELE!

Ein Tännlein grünet wo,
wer weiß, im Walde,
ein Rosenstrauch, wer sagt,
in welchem Garten?
Sie sind erlesen schon,
denk es, o Seele,
auf deinem Grab zu wurzeln
und zu wachsen.

Zwei schwarze Rößlein weiden
auf der Wiese,
sie kehren heim zur Stadt
in muntern Sprüngen.
Sie werden schrittweis' gehn
mit deiner Leiche:
Vielleicht, vielleicht noch eh'
an ihren Hufen
das Eisen los wird,
das ich blitzen sehe.

HUGO VON HOFMANNSTHAL

ÜBER VERGÄNGLICHKEIT

Noch spür' ich ihren Atem auf den Wangen:
Wie kann das sein, daß diese nahen Tage
fort sind, für immer fort und ganz vergangen?

Dies ist ein Ding, das keiner voll aussinnt,
und viel zu grauenvoll, als daß man klage:
daß alles gleitet und vorüberrinnt

und daß mein eignes Ich, durch nichts gehemmt,
herüberglitt aus einem kleinen Kind,
mir wie ein Hund unheimlich stumm und fremd.

Dann: daß ich auch vor hundert Jahren war,
und meine Ahnen, die im Totenhemd,
mit mir verwandt sind wie mein eignes Haar.

So eins mit mir als wie mein eignes Haar.

(58)

ANDREAS GRYPHIUS

Geboren am 2. Oktober 1616
in Großglogau in Schlesien,
Dozent in Leiden,
Syndikus in Glogau,
gestorben am
16. Juni 1664
in Glogau

ES IST ALLES EITEL

Du siehst, wohin du siehst, nur Eitelkeit auf Erden.
Was dieser heute baut, reißt jener morgen ein;
wo itzund Städte stehn, wird eine Wiese sein,
auf der ein Schäferskind wird spielen mit den Herden.

Was itzund prächtig blüht, soll bald zertreten werden;
was itzt so pocht und trotzt, ist morgen Asch' und Bein;
nichts ist, das ewig sei, kein Erz, kein Marmorstein.
Jetzt lacht das Glück uns an, bald donnern die Beschwerden.

Der hohen Taten Ruhm muß wie ein Traum vergehn.
Soll denn das Spiel der Zeit, der leichte Mensch, bestehn?
Ach, was ist alles dies, was wir für köstlich achten,
als schlechte Nichtigkeit, als Schatten, Staub und Wind,
als eine Wiesenblum', die man nicht wieder find't!
Noch will, was ewig ist, kein einig Mensch betrachten.

MARTIN LUTHER

EIN' FESTE BURG

Ein' feste Burg ist unser Gott,
ein' gute Wehr und Waffen.
Er hilft uns frei aus aller Not,
die uns itzt hat betroffen.
Der alt' böse Feind
mit Ernst er's itzt meint;
groß' Macht und viel List
sein' grausam' Rüstung ist,
auf Erd' ist nicht seinsgleichen.

Mit unser' Macht ist nichts getan,
wir sind gar bald verloren;
es streit't für uns der rechte Mann,
den Gott hat selbst erkoren.
Fragst du, wer der ist?
Er heißt Jesus Christ,
der Herr Zebaoth,
und ist kein andrer Gott,
das Feld muß er behalten.

Und wenn die Welt voll Teufel wär'
und wollt' uns gar verschlingen,
so fürchten wir uns nicht zu sehr,
es soll uns doch gelingen.
Der Fürst dieser Welt,
wie sau'r er sich stellt,
tut er uns doch nicht;
das macht, er ist gericht't:
Ein Wörtlein kann ihn fällen.

Das Wort sie sollen lassen stahn
und kein'n Dank dazu haben;
er ist bei uns wohl auf dem Plan
mit seinem Geist und Gaben.
Nehmen sie den Leib,
Gut, Ehr, Kind und Weib:
Laß fahren dahin,
sie haben's kein'n Gewinn,
das Reich muß uns doch bleiben.

(59)

HANS JAKOB CHRISTOFFEL VON GRIMMELSHAUSEN

Geboren um 1625
in Gelnhausen,
Sekretär des
Bischofs von Straßburg,
Schultheiß in Renchen
bei Baden,
gestorben am
17. August 1676
in Renchen

TROST DER NACHT

Komm, Trost der Nacht, o Nachtigall!
Laß deine Stimm' mit Freudenschall
aufs lieblichste erklingen;
komm, komm und lob den Schöpfer dein,
weil andre Vöglein schlafen sein
und nicht mehr mögen singen;
laß dein Stimmlein laut erschallen,
dann vor allen kannst du loben
Gott im Himmel hoch dort oben.

Ob schon ist hin der Sonnenschein
und wir im Finstern müssen sein,
so können wir doch singen
von Gottes Güt' und seiner Macht,
weil uns kann hindern keine Nacht
sein Lob zu vollenbringen.
Drum dein Stimmlein laß erschallen,
dann vor allen kannst du loben
Gott im Himmel hoch dort oben.

Die Sterne, so am Himmel stehn,
sich lassen Gott zum Lobe sehn,
und Ehre ihm beweisen;
die Eul' auch, die nicht singen kann,
zeigt doch mit ihrem Heulen an,
daß sie auch Gott tu preisen.
Drum dein Stimmlein laß erschallen,
dann vor allen kannst du loben
Gott im Himmel hoch dort oben.

(60)

JOHANN GOTTFRIED HERDER

Geboren am 25. August 1744
in Mohrungen,
General-Superintendent
in Weimar,
gestorben am
18. Dezember 1803
in Weimar

DIE SCHÖNSTE BLUME

Die Blume, die der Erd' entblüht,
war meiner ersten Jugend Lied;
bis ich die Edlere erkannt,
die uns der Himmel zugewandt.
Fortan sei ihr mein Lied geweiht,
der schönsten Blume: Menschlichkeit.

EDUARD MÖRIKE

VERBORGENHEIT

Laß, o Welt, o laß mich sein!
Locket nicht mit Liebesgaben,
laßt dies Herz alleine haben
seine Wonne, seine Pein!

Was ich traure, weiß ich nicht,
es ist unbekanntes Wehe;
immerdar durch Tränen sehe
ich der Sonne liebes Licht. –

Oft bin ich mir kaum bewußt,
und die helle Freude zücket
durch die Schwere, so mich drücket
wonniglich in meiner Brust.

Laß, o Welt, o laß mich sein!
Locket nicht mit Liebesgaben,
laßt dies Herz alleine haben
seine Wonne, seine Pein!

UM MITTERNACHT

Gelassen stieg die Nacht ans Land,
lehnt träumend an der Berge Wand,
ihr Auge sieht die goldne Waage nun
der Zeit in gleichen Schalen stille ruhn;
und kecker rauschen die Quellen hervor,
sie singen der Mutter, der Nacht, ins Ohr
vom Tage,
vom heute gewesenen Tage.

Das uralt alte Schlummerlied,
sie achtet's nicht, sie ist es müd';
ihr klingt des Himmels Bläue süßer noch,
der flücht'gen Stunden gleichgeschwungnes
Joch.
Doch immer behalten die Quellen das Wort,
es singen die Wasser im Schlafe noch fort
vom Tage,
vom heute gewesenen Tage.

FRANZ HORNY 1817

THEODOR STORM

DIE STADT

Am grauen Strand, am grauen Meer
und seitab liegt die Stadt;
der Nebel drückt die Dächer schwer,
und durch die Stille braust das Meer
eintönig um die Stadt.

Es rauscht kein Wald, es schlägt im Mai
kein Vogel ohn' Unterlaß;
die Wandergans mit hartem Schrei
nur fliegt in Herbstesnacht vorbei,
am Strande weht das Gras.

Doch hängt mein ganzes Herz an dir,
du graue Stadt am Meer;
der Jugend Zauber für und für
ruht lächelnd doch auf dir, auf dir,
du graue Stadt am Meer.

JULIUS OLDACH 1827

FRIEDRICH NIETZSCHE

VEREINSAMT

Die Krähen schrei'n
und ziehen schwirren Flugs zur Stadt:
Bald wird es schnei'n –
wohl dem, der jetzt noch – Heimat hat!

Nun stehst du starr,
schaust rückwärts, ach! wie lange schon!
Was bist du, Narr,
vor Winters in die Welt entfloh'n?

Die Welt – ein Tor
zu tausend Wüsten, stumm und kalt!
Wer das verlor,
was du verlorst, macht nirgends halt.

Nun stehst du bleich,
zur Winterwanderschaft verflucht,
dem Rauche gleich,
der stets nach kältern Himmeln sucht.

Flieg, Vogel, schnarr
dein Lied im Wüstenvogelton! –
Versteck, du Narr,
dein blutend Herz in Eis und Hohn!

Die Krähen schrei'n
und ziehen schwirren Flugs zur Stadt:
Bald wird es schnei'n –
weh dem, der keine Heimat hat!

GOTTFRIED KELLER

WINTERNACHT

Nicht ein Flügelschlag ging durch die Welt,
still und blendend lag der weiße Schnee.
Nicht ein Wölklein hing am Sternenzelt,
keine Welle schlug im starren See.

Aus der Tiefe stieg der Seebaum auf,
bis sein Wipfel in dem Eis gefror;
an den Ästen klomm die Nix' herauf,
schaute durch das grüne Eis empor.

Auf dem dünnen Glase stand ich da,
das die schwarze Tiefe von mir schied;
dicht ich unter meinen Füßen sah
ihre weiße Schönheit Glied um Glied.

Mit ersticktem Jammer tastet' sie
an der harten Decke her und hin;
ich vergess' das dunkle Antlitz nie,
immer, immer liegt es mir im Sinn!

GEORG TRAKL

EIN WINTERABEND

Wenn der Schnee ans Fenster fällt,
lang die Abendglocke läutet,
vielen ist der Tisch bereitet
und das Haus ist wohlbestellt.

Mancher auf der Wanderschaft
kommt ans Tor auf dunklen Pfaden.
Golden blüht der Baum der Gnaden
aus der Erde kühlem Saft.

Wanderer tritt still herein;
Schmerz versteinerte die Schwelle.
Da erglänzt in reiner Helle
auf dem Tische Brot und Wein.

FRIEDRICH HÖLDERLIN

HÄLFTE DES LEBENS

Mit gelben Birnen hänget
und voll mit wilden Rosen
das Land in den See,
ihr holden Schwäne,
und trunken von Küssen
tunkt ihr das Haupt
ins heilignüchterne Wasser.

Weh mir, wo nehm' ich, wenn
es Winter ist, die Blumen, und wo
den Sonnenschein,
und Schatten der Erde?
Die Mauern stehn
sprachlos und kalt, im Winde
klirren die Fahnen.

AUGUST LUCAS 1823

(61)

HERMANN HESSE

Geboren am 2. Juli 1877
in Calw,
Schriftsteller,
gestorben am
9. August 1962
in Montagnola bei Lugano

IM NEBEL

Seltsam, im Nebel zu wandern!
Einsam ist jeder Busch und Stein,
kein Baum sieht den andern,
jeder ist allein.

Voll von Freunden war mir die Welt,
als noch mein Leben licht war;
nun, da der Nebel fällt,
ist keiner mehr sichtbar.

Wahrlich, keiner ist weise,
der nicht das Dunkel kennt,
das unentrinnbar und leise
von allen ihn trennt.

Seltsam, im Nebel zu wandern!
Leben ist Einsamsein.
Kein Mensch kennt den andern.
Jeder ist allein.

ANDREAS GRYPHIUS

ABEND

Der schnelle Tag ist hin; die Nacht schwingt ihre Fahn'
und führt die Sternen auf. Der Menschen müde Scharen
verlassen Feld und Werk; wo Tier und Vögel waren,
trau'rt itzt die Einsamkeit. Wie ist die Zeit vertan!

Der Port naht mehr und mehr sich zu der Glieder Kahn.
Gleichwie dies Licht verfiel, so wird in wenig Jahren
ich, du und was man hat und was man sieht, hinfahren.
Dies Leben kömmt mir vor als eine Rennebahn.

Laß, höchster Gott, mich doch nicht auf dem Laufplatz gleiten!
Laß mich nicht Ach, nicht Pracht, nicht Lust, nicht Angst verleiten!
Dein ewig-heller Glanz sei vor und neben mir!

Laß, wenn der müde Geist entschläft, die Seele wachen,
und wenn der letzte Tag wird mit mir Abend machen,
so reiß mich aus dem Tal der Finsternis zu dir!

(62)

HEINRICH VON KLEIST

Geboren am 18. Oktober 1777
in Frankfurt an der Oder,
preußischer Offizier,
Diätar bei der Domänenkammer
in Königsberg,
gestorben am
21. November 1811 am Wannsee

DAS BETTELWEIB VON LOCARNO

Am Fuße der Alpen bei Locarno im oberen Italien befand sich ein altes, einem Marchese gehöriges Schloß, das man jetzt, wenn man von St. Gotthardt kommt, in Schutt und Trümmern liegen sieht: ein Schloß mit hohen und weitläufigen Zimmern, in deren einem einst auf Stroh, das man ihr unterschüttete, eine alte kranke Frau, die sich bettelnd vor der Tür eingefunden hatte, von der Hausfrau aus Mitleiden gebettet worden war. Der Marchese, der bei der Rückkehr von der Jagd zufällig in das Zimmer trat, wo er seine Büchse abzusetzen pflegte, befahl der Frau unwillig, aus dem Winkel, in welchem sie lag, aufzustehen und sich hinter den Ofen zu verfügen. Die Frau, da sie sich erhob, glitschte mit der Krücke auf dem glatten Boden aus und beschädigte sich auf eine gefährliche Weise das Kreuz; dergestalt, daß sie zwar noch mit unsäglicher Mühe aufstand und quer, wie es vorgeschrieben war, über das Zimmer ging, hinter dem Ofen aber unter Stöhnen und Ächzen niedersank und verschied.

Mehrere Jahre nachher, da der Marchese durch Krieg und Mißwachs in bedenkliche Vermögensumstände geraten war, fand sich ein florentinischer Ritter bei ihm ein, der das Schloß seiner schönen Lage wegen von ihm kaufen wollte. Der Marchese, dem viel an dem Handel gelegen war, gab seiner Frau auf, den Fremden in dem obenerwähnten leerstehenden Zimmer, das sehr schön und prächtig eingerichtet war, unterzubringen. Aber wie betreten war das Ehepaar, als der Ritter mitten in der Nacht verstört und bleich zu ihnen herunterkam, hoch und teuer versichernd, daß es in dem Zimmer spuke, indem etwas, das dem Blick unsichtbar gewesen, mit einem Geräusch, als ob es auf Stroh gelegen, im Zimmerwinkel aufgestanden, mit vernehmlichen Schritten langsam und gebrechlich quer über das Zimmer gegangen und hinter dem Ofen unter Stöhnen und Ächzen niedergesunken sei.
Der Marchese, erschrocken, er wußte selbst nicht recht, warum, lachte den Ritter mit erkünstelter Heiterkeit aus und sagte, er wolle sogleich aufstehen und die Nacht zu seiner Beruhigung mit ihm in dem Zimmer zubringen. Doch der Ritter bat um die Gefälligkeit, ihm zu erlauben, daß er auf einem Lehnstuhl in seinem Schlafzimmer übernachte, und als der Morgen kam, ließ er anspannen, empfahl sich und reiste ab.

Dieser Vorfall, der außerordentliches Aufsehen machte, schreckte auf eine dem Marchese höchst unangenehme Weise mehrere Käufer ab; dergestalt, daß, da sich unter seinem eigenen Hausgesinde, befremdend und unbegreiflich, das Gerücht erhob, daß es in dem Zimmer zur Mitternachtsstunde umgehe, er, um es mit einem entscheidenden Verfahren niederzuschlagen, beschloß, die Sache in der nächsten Nacht selbst zu untersuchen. Demnach ließ er beim Einbruch der Dämmerung sein Bett in dem besagten Zimmer aufschlagen und erharrte, ohne zu schlafen, die Mitternacht. Aber wie erschüttert war er, als er in der Tat mit dem Schlage der Geisterstunde das unbegreifliche Geräusch wahrnahm; es war, als ob ein Mensch sich vom Stroh, das unter ihm knisterte, erhob, quer über das Zimmer ging und hinter dem Ofen unter Geseufz und Geröchel niedersank.

KARL BLECHEN 1823

Die Marquise, am andern Morgen, da er herunterkam, fragte ihn, wie die Untersuchung abgelaufen; und da er sich mit scheuen und ungewissen Blicken umsah und, nachdem er die Tür verriegelt, versicherte, daß es mit dem Spuk seine Richtigkeit habe: so erschrak sie, wie sie in ihrem Leben nicht getan, und bat ihn, bevor er die Sache verlauten ließe, sie noch einmal in ihrer Gesellschaft einer kaltblütigen Prüfung zu unterwerfen. Sie hörten aber, samt einem treuen Bedienten, den sie mitgenommen hatten, in der Tat in der nächsten Nacht dasselbe unbegreifliche gespensterartige Geräusch; und nur der dringende Wunsch, das Schloß, es koste, was es wolle, loszuwerden, vermochte sie, das Entsetzen, das sie ergriff, in Gegenwart ihres Dieners zu unterdrücken und dem Vorfall irgendeine gleichgültige und zufällige Ursache, die sich entdecken lassen müsse, unterzuschieben.

Am Abend des dritten Tages, da beide, um der Sache auf den Grund zu kommen, mit Herzklopfen wieder die Treppe zu dem Fremdenzimmer bestiegen, fand sich zufällig der Haushund, den man von der Kette losgelassen hatte, vor der Tür desselben ein; dergestalt, daß beide, ohne sich bestimmt zu erklären, vielleicht in der unwillkürlichen Absicht, außer sich selbst noch etwas Drittes, Lebendiges bei sich zu haben, den Hund mit sich in das Zimmer nahmen. Das Ehepaar, zwei Lichter auf dem Tisch, die Marquise unausgezogen, der Marchese Degen und Pistolen, die er aus dem Schrank genommen, neben sich, setzen sich gegen elf Uhr jeder auf sein Bett; und während sie sich mit Gesprächen, so gut sie vermögen, zu unterhalten suchen, legt sich der Hund, Kopf und Beine zusammengekauert, in der Mitte des Zimmers nieder und schläft ein. Drauf in dem Augenblick der Mitternacht läßt sich das entsetzliche Geräusch wieder hören; jemand, den kein Mensch mit Augen sehen kann, hebt sich auf Krücken im Zimmerwinkel empor; man hört das Stroh, das unter ihm rauscht; und mit dem ersten Schritt: tapp! tapp! erwacht der Hund, hebt sich plötzlich, die Ohren spitzend, vom Boden empor, und knurrend und bellend, grad als ob ein Mensch auf ihn eingeschritten käme, rückwärts gegen den Ofen weicht er aus. Bei diesem Anblick stürzt die Marquise mit sträubenden Haaren aus dem Zimmer; und während der Marquis, der den Degen ergriffen: »Wer da?« ruft und, da ihm niemand antwortet, gleich einem Rasenden nach allen Richtungen die Luft durchhaut, läßt sie anspannen, entschlossen, augenblicklich nach der Stadt abzufahren. Aber ehe sie noch einige Sachen zusammengepackt und nach Zusammenraffung einiger Sachen aus dem Tore herausgerasselt, sieht sie schon das Schloß ringsum in Flammen aufgehen. Der Marchese, von Entsetzen überreizt, hatte eine Kerze genommen und dasselbe, überall mit Holz getäfelt, wie es war, an allen vier Ecken, müde seines Lebens, angesteckt. Vergebens schickte sie Leute hinein, den Unglücklichen zu retten; er war auf die elendiglichste Weise bereits umgekommen, und noch jetzt liegen, von den Landleuten zusammengetragen, seine weißen Gebeine in dem Winkel des Zimmers, von welchem er das Bettelweib von Locarno hatte aufstehen heißen.

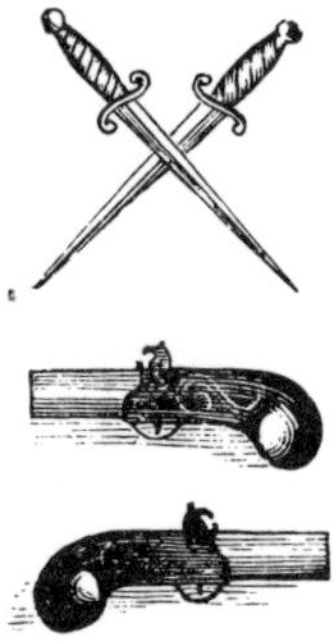

(63)

FRANZ GRILLPARZER

Geboren am 15. Januar 1791
in Wien,
Hauslehrer,
Archivdirektor der Hofkammer,
gestorben am
21. Januar 1872
in Wien

DER ARME SPIELMANN

In Wien ist der Sonntag nach dem Vollmonde im Monat Juli jedes Jahres samt dem darauffolgenden Tage ein eigentliches Volksfest, wenn je ein Fest diesen Namen verdient hat. An diesem Tage feiert die mit dem Augarten, der Leopoldstadt, dem Prater in ununterbrochener Lustreihe zusammenhängende Brigittenau ihre Kirchweihe. Von Brigittenkirchtag zu Brigittenkirchtag zählt seine guten Tage das arbeitende Volk. Lange erwartet, erscheint endlich das saturnalische Fest. Da entsteht Aufruhr in der gutmütig ruhigen Stadt. Eine wogende Menge erfüllt die Straßen. Geräusch von Fußtritten, Gemurmel von Sprechenden, das hie und da ein lauter Ausruf durchzuckt. Der Unterschied der Stände ist verschwunden; Bürger und Soldat teilt die Bewegung. An den Toren der Stadt wächst der Drang. Genommen, verloren und wiedergenommen, ist endlich der Ausgang erkämpft. Aber die Donaubrücke bietet neue Schwierigkeiten. Auch hier siegreich, ziehen endlich zwei Ströme, die alte Donau und die geschwollnere Woge des Volks, sich kreuzend quer unter- und übereinander, die Donau ihrem alten Flußbette nach, der Strom des Volkes, der Eindämmung der Brücke entnommen, ein weiter, tosender See, sich ergießend in alles deckender Überschwemmung. Ein neu Hinzugekommener fände die Zeichen bedenklich. Es ist aber der Aufruhr der Freude, die Losgebundenheit der Lust. Ich versäume nicht leicht, diesem Fest beizuwohnen.

Auch vor zwei Jahren hatte ich mich, wie gewöhnlich, den lustgierigen Kirchweihgästen als Fußgänger mit angeschlossen. Ich hatte mich dem Zug der Menge hingegeben und befand mich in der Mitte des Dammes, bereits auf klassischem Boden, nur leider zu stets erneutem Stillestehen, Ausbeugen und Abwarten genötigt. Da war denn Zeit genug, das seitwärts am Wege Befindliche zu betrachten. Damit es nämlich der genußlechzenden Menge nicht an einem Vorgeschmack der zu erwartenden Seligkeit mangle, hatten sich links am Abhang der erhöhten Dammstraße einzelne Musiker aufgestellt, die, wahrscheinlich die große Konkurrenz scheuend, hier an den Propyläen die Erstlinge der noch unabgenützten Freigebigkeit einernten wollten. Eine Harfenspielerin mit widerlich starrenden Augen. Ein alter invalider Stelzfuß, der auf einem entsetzlichen, offenbar von ihm selbst verfertigten Instrumente, halb Hackbrett und halb Drehorgel, die Schmerzen seiner Verwundung dem allgemeinen Mitleid auf eine analoge Weise empfindbar machen wollte. Ein lahmer, verwachsener Knabe, er und seine Violine einen einzigen ununterscheidbaren Knäuel bildend, der endlos fortrollende Walzer mit all der hektischen Heftigkeit seiner verbildeten Brust herabspielte. Endlich – und er zog meine ganze Aufmerksamkeit auf sich – ein alter, leicht siebzigjähriger Mann in einem fadenscheinigen, aber nicht unreinlichen Moltonüberrock mit lächelnder, sich selbst Beifall gebender Miene. Barhäuptig und kahlköpfig stand er da, nach Art dieser Leute, den Hut als Sammelbüchse vor sich auf dem Boden, und so bearbeitete er eine alte vielzersprungene Violine, wobei er den Takt nicht nur durch Aufheben und Niedersetzen des Fußes, sondern zugleich durch übereinstimmende Bewegung des ganzen gebückten Körpers markierte. Aber all diese Bemühung, Einheit in seine Leistung zu bringen,

WILHELM M. BUSCH 1979

war fruchtlos, denn was er spielte, schien eine unzusammenhängende Folge von Tönen ohne Zeitmaß und Melodie. Dabei war er ganz in sein Werk vertieft: die Lippen zuckten, die Augen waren starr auf das vor ihm befindliche Notenblatt gerichtet – ja wahrhaftig Notenblatt! Denn indes alle andern, ungleich mehr zu Dank spielenden Musiker sich auf ihr Gedächtnis verließen, hatte der alte Mann mitten in dem Gewühle ein kleines, leicht tragbares Pult vor sich hingestellt mit schmutzigen, zergriffenen Noten, die das in schönster Ordnung enthalten mochten, was er so außer allem Zusammenhange zu hören gab. Gerade das Ungewöhnliche dieser Ausrüstung hatte meine Aufmerksamkeit auf ihn gezogen, so wie es auch die Heiterkeit des vorüberwogenden Haufens erregte, der ihn auslachte und den zum Sammeln hingestellten Hut des alten Mannes leer ließ, indes das übrige Orchester ganze Kupferminen einsackte. Ich war, um das Original ungestört zu betrachten, in einiger Entfernung auf den Seitenabhang des Dammes getreten. Er spielte noch eine Weile fort. Endlich hielt er ein, blickte, wie aus einer langen Abwesenheit zu sich gekommen, nach dem Firmament, das schon die Spuren des nahenden Abends zu zeigen anfing, darauf abwärts in seinen Hut, fand ihn leer, setzte ihn mit ungetrübter Heiterkeit auf, steckte den Geigenbogen zwischen die Saiten; »sunt certi denique fines«, sagte er, ergriff sein Notenpult und arbeitete sich mühsam durch die dem Feste zuströmende Menge in entgegengesetzter Richtung als einer, der heimkehrt.

Das ganze Wesen des alten Mannes war eigentlich wie gemacht, um meinen anthropologischen Heißhunger aufs äußerste zu reizen. Die dürftige und doch edle Gestalt, seine unbesiegbare Heiterkeit, so viel Kunsteifer bei so viel Unbeholfenheit; daß er gerade zu einer Zeit heimkehrte, wo für andere seinesgleichen erst die eigentliche Ernte anging; endlich die wenigen, aber mit der richtigsten Betonung, mit völliger Geläufigkeit gesprochenen lateinischen Worte. Der Mann hatte also eine sorgfältigere Erziehung genossen, sich Kenntnisse eigen gemacht, und nun – ein Bettelmusikant! Ich zitterte vor Begierde nach dem Zusammenhange.

Aber schon befand sich ein dichter Menschenwall zwischen mir und ihm, und als ich endlich selbst ins ruhige Freie gelangte, war nach allen Seiten weit und breit kein Spielmann mehr zu sehen.
Das verfehlte Abenteuer hatte mir die Lust an dem Volksfeste genommen. Ich durchstrich den Augarten nach allen Richtungen und beschloß endlich, nach Hause zu kehren.
In die Nähe des kleinen Türchens gekommen, das aus dem Augarten nach der Taborstraße führt, hörte ich plötzlich den bekannten Ton der alten Violine wieder. Ich verdoppelte meine Schritte, und siehe da! der Gegenstand meiner Neugier stand, aus Leibeskräften spielend, im Kreise einiger Knaben, die ungeduldig einen Walzer von ihm verlangten. »Einen Walzer spiel!« riefen sie; »einen Walzer, hörst du nicht?« Der Alte geigte fort, scheinbar ohne auf sie zu achten, bis ihn die kleine Zuhörerschar schmähend und spottend verließ, sich um einen Leiermann sammelnd, der seine Drehorgel in der Nähe aufgestellt hatte.
»Sie wollen nicht tanzen«, sagte wie betrübt der alte Mann, sein Musikgeräte zusammenlesend. Ich war ganze nahe zu ihm getreten. »Die Kinder kennen eben keinen andern Tanz als den Walzer«, sagte ich. – »Ich spielte einen Walzer«, versetzte er, mit dem Geigenbogen den Ort des soeben gespielten Stückes auf seinem Notenblatte bezeichnend.

Man muß derlei auch führen, der Menge wegen. Aber die Kinder haben kein Ohr«, sagte er, indem er wehmütig den Kopf schüttelte. – »Lassen Sie mich wenigstens ihren Undank wiedergutmachen«, sprach ich, ein Silberstück aus der Tasche ziehend und ihm hinreichend. – »Bitte! bitte!« rief der alte Mann, wobei er mit beiden Händen ängstlich abwehrende Bewegungen machte, »in den Hut! in den Hut!« – Ich legte das Geldstück in den vor ihm stehenden Hut, aus dem es unmittelbar darauf der Alte herausnahm und ganz zufrieden einsteckte; »das heißt einmal mit reichem Gewinn nach Hause gehen«, sagte er schmunzelnd. – »Eben recht«, sprach ich, »erinnern Sie mich auf einen Umstand, der schon früher meine Neugier rege machte! Ihre heutige Einnahme scheint nicht die beste gewesen zu sein, und doch entfernen Sie sich in einem Augenblicke, wo eben die eigentliche Ernte angeht. Das Fest dauert, wissen Sie wohl, die ganze Nacht, und Sie könnten da leicht mehr gewinnen als an acht gewöhnlichen Tagen. Wie soll ich mir das erklären?«

Wie Sie sich das erklären sollen?« versetzte der Alte. »Verzeihen Sie, ich weiß nicht, wer Sie sind, aber Sie müssen ein wohltätiger Herr sein und ein Freund der Musik«, dabei zog er das Silberstück noch einmal aus der Tasche und drückte es zwischen seine gegen die Brust gehobenen Hände. »Ich will Ihnen daher nur die Ursachen angeben, obgleich ich oft deshalb verlacht worden bin. Erstens war ich nie ein Nachtschwärmer und halte es auch nicht für recht, andere durch Spiel und Gesang zu einem solchen widerlichen Vergehen anzureizen; zweitens muß sich der Mensch in allen Dingen eine gewisse Ordnung festsetzen, sonst gerät er ins Wilde und Unaufhaltsame. Drittens endlich – Herr! Ich spiele den ganzen Tag für die lärmenden Leute und gewinne kaum kärglich Brot dabei; aber der Abend gehört mir und meiner armen Kunst. Abends halte ich mich zu Hause, und« – dabei ward seine Rede immer leiser, Röte überzog sein Gesicht, sein Auge suchte den Boden – »da spiele ich denn aus der Einbildung, so für mich ohne Noten. Phantasieren, glaub' ich, heißt es in den Musikbüchern.«
Wir waren beide ganz stille geworden. Er, aus Beschämung über das verratene Geheimnis seines Innern; ich, von Erstaunen, den Mann von den höchsten Stufen der Kunst sprechen zu hören, der nicht imstande war, den leichtesten Walzer faßbar wiederzugeben. Er bereitete sich indes zum Fortgehen.

»Gut denn«, sagte ich, »so werde ich Sie einmal morgens überraschen. Wo wohnen Sie?« Er nannte mir die Gärtnergasse. –

Es wird spät«, sprach ich, »und Sie wollen nach Hause. Auf Wiedersehen denn!« und dabei fuhr ich in die Tasche, um das früher gereichte gar zu kleine Geldgeschenk allenfalls zu verdoppeln. Er aber hatte mit der einen Hand das Notenpult, mit der andern seine Violine angefaßt und rief hastig: »Was ich devotest verbitten muß. Das Honorarium für mein Spiel ist mir bereits in Fülle zuteil geworden, eines andern Verdienstes aber bin ich mir zur Zeit nicht bewußt.« Dabei machte er mir mit einer Abart vornehmer Leichtigkeit einen ziemlich linkischen Kratzfuß und entfernte sich, so schnell ihn seine alten Beine trugen.

Die Morgenstunden haben für mich immer einen eigenen Wert gehabt. Es ist, als ob es mir Bedürfnis wäre, durch die Beschäftigung mit etwas Erhebendem, Bedeutendem in den ersten Stunden des Tages mir den Rest desselben gewissermaßen zu heiligen. Ich kann mich daher nur schwer entschließen, am frühen Morgen mein Zimmer zu verlassen, und wenn ich ohne vollgültige Ursache mich einmal dazu nötige, so habe ich für den übrigen Tag nur die Wahl zwischen gedankenloser Zerstreuung oder selbstquälerischem Trübsinn. So kam es, daß ich durch einige Tage den Besuch bei dem alten Manne, der verabredetermaßen in den Morgenstunden stattfinden sollte, verschob. Endlich ward die Ungeduld meiner Herr, und ich ging. Die Gärtnergasse war leicht gefunden, ebenso das Haus. Die Töne der Violine ließen sich auch diesmal hören, aber durch das geschlossene Fenster bis zum Ununterscheidbaren gedämpft. Ich trat ins Haus. Eine vor Erstaunen halb sprachlose Gärtnersfrau wies mich eine Bodentreppe hinauf. Ich stand vor einer niederen und halb schließenden Türe, pochte, erhielt keine Antwort, drückte endlich die Klinke und trat ein. Ich befand mich in einer ziemlich geräumigen, sonst aber höchst elenden Kammer, deren Wände von allen Seiten den Umrissen des spitzzulaufenden Daches folgten. Hart neben der Türe ein schmutziges, widerlich verstörtes Bette, von allen Zutaten der Unordentlichkeit umgeben; mir gegenüber, hart neben dem schmalen Fenster eine zweite Lagerstätte, dürftig, aber reinlich, und höchst sorgfältig gebettet und bedeckt. Am Fenster ein kleines Tischchen mit Notenpapier und Schreibgeräten, im Fenster ein paar Blumentöpfe. Die Mitte des Zimmers von Wand zu Wand war am Boden mit einem dicken Kreidenstriche bezeichnet, und man kann sich kaum einen grelleren Abstich von Schmutz und Reinlichkeit denken, als diesseits und jenseits der gezogenen Linie, dieses Äquators einer Welt im kleinen, herrschte.

Hart an dem Gleicher hatte der alte Mann sein Notenpult hingestellt und stand, völlig und sorgfältig gekleidet, davor und – exerzierte. Es ist schon bis zum Übelklang so viel von den Mißklängen meines und, ich fürchte beinahe, nur meines Lieblings die Rede gewesen, daß ich den Leser mit der Beschreibung dieses höllisches Konzertes verschonen will. Da die Übung größtenteils aus Passagen bestand, so war an ein Erkennen der gespielten Stücke nicht zu denken, was übrigens auch sonst nicht leicht gewesen sein möchte. Einige Zeit Zuhörens ließ mich endlich den Faden durch dieses Labyrinth erkennen, gleichsam die Methode in der Tollheit. Der Alte genoß, indem er spielte. Seine Auffassung unterschied hierbei aber schlechthin nur zweierlei, den Wohlklang und den Übelklang, von denen der erstere ihn erfreute, ja entzückte, indes er dem letzteren, auch dem harmonisch begründeten, nach Möglichkeit aus dem Wege ging. Statt nun in einem Musikstücke nach Sinn und Rhythmus zu betonen, hob er heraus, verlängerte er die dem Gehör wohltuenden Noten und Intervalle, ja nahm keinen Anstand, sie willkürlich zu wiederholen, wobei sein Gesicht oft geradezu den Ausdruck der Verzückung annahm. Da er nun zugleich die Dissonanzen so kurz als möglich abtat, überdies die für ihn zu schweren Passagen, von denen er aus Gewissenhaftigkeit nicht eine Note fallenließ, in einem gegen das Ganze viel zu langsamen Zeitmaß vortrug, so kann man sich wohl leicht eine Idee von der Verwirrung machen, die daraus hervorging. Mir ward es nachgerade selbst zu viel. Um ihn aus seiner Abwesenheit zurückzubringen, ließ ich absichtlich den Hut fallen, nachdem ich mehrere Mittel schon fruchtlos versucht hatte. Der alte Mann fuhr zusammen, seine Knie zitterten, kaum konnte er die zum Boden gesenkte Violine halten. Ich trat hinzu. »Oh, Sie sind's, gnädiger Herr!« sagte er, gleichsam zu sich selbst kommend. »Ich hatte nicht auf Erfüllung Ihres hohen Versprechens gerechnet.« Er nötigte mich zu sitzen, räumte auf, legte hin, sah einigemal verlegen im Zimmer herum, ergriff dann plötzlich einen auf einem Tische neben der Stubentür stehenden Teller und ging mit demselben zu jener hinaus. Ich hörte ihn draußen mit der Gärtnersfrau sprechen. Bald darauf kam er wieder verlegen zur Türe herein, wobei er den Teller hinter dem Rücken verbarg und heimlich wieder hinstellte. Er hatte offenbar Obst verlangt, um mich zu bewirten, es aber nicht erhalten können. »Sie wohnen hier recht hübsch«, sagte ich, um seiner Verlegenheit ein Ende zu machen. – »Die Unordnung ist verwiesen. Sie nimmt ihren Rückzug durch die Türe, wenn sie auch derzeit noch nicht ganz über die Schwelle ist. – Meine Wohnung reicht nur bis zu dem Striche«, sagte der Alte, wobei er auf die Kreidenlinie in der Mitte des Zimmers zeigte. »Dort drüben wohnen zwei Handwerksgesellen.« – »Und respektieren diese Ihre Bezeichnung?« – »Sie nicht, aber ich«, sagte er. »Nur die Türe ist gemeinschaftlich.« – »Und werden Sie nicht gestört von Ihrer Nachbarschaft?« – »Kaum«, meinte er. »Sie kommen des Nachts spät nach Hause, und wenn sie mich da auch ein wenig im Bette aufschrecken, so ist dafür die Lust des Wiedereinschlafens um so größer. Des Morgens aber wecke ich sie, wenn ich mein Zimmer in Ordnung bringe. Da schelten sie wohl ein wenig und gehen.«

Ich hatte ihn währenddessen betrachtet. Er war höchst reinlich gekleidet, die Gestalt gut genug für seine Jahre, nur die Beine etwas zu kurz. Hand und Fuß von auffallender Zartheit. – »Sie sehen mich an«, sagte er, »und haben dabei Ihre Gedanken?« – »Daß ich nach Ihrer Geschichte lüstern bin«, versetzte ich. – »Geschichte?« wiederholte er. »Ich habe keine Geschichte. Heute wie gestern, und morgen wie heute. Übermorgen freilich und weiter hinaus, wer kann das wissen? Doch Gott wird sorgen, der weiß es.« – »Ihr jetziges Leben mag wohl einförmig genug sein«, fuhr ich fort; »aber Ihre früheren Schicksale. Wie es sich fügte« – »daß ich unter die Musikleute kam?« fiel er in die Pause ein, die ich unwillkürlich gemacht hatte. Ich erzählte ihm nun, wie er mir beim ersten Anblicke aufgefallen; den Eindruck, den die von ihm gesprochenen lateinischen Worte auf mich gemacht hätten. »Lateinisch«, tönte er nach. »Lateinisch? Das habe ich freilich auch einmal gelernt oder vielmehr hätte es lernen sollen und können. Loqueris latine?« wandte er sich gegen mich, »aber ich könnte es nicht fortsetzen. Es ist gar zu lange her. Das also nennen Sie meine Geschichte? Wie es kam? – Ja so! Da ist denn freilich allerlei geschehen; nichts Besonderes, aber doch allerlei. Möchte ich mir's doch selbst einmal wieder erzählen. Ob ich's nicht gar vergessen habe. Es ist noch früh am Morgen«, fuhr er fort, wobei er in die Uhrtasche griff, in der sich freilich keine Uhr befand. – Ich zog die meine, es war kaum neun Uhr. – »Wir haben Zeit, und fast kommt mich die Lust zu schwatzen an.« Er war während des letzten zusehends ungezwungener geworden. Seine Gestalt verlängerte sich. Er nahm mir ohne zu große Umstände den Hut aus der Hand und legte ihn aufs Bette; schlug sitzend ein Bein über das andere und nahm überhaupt die Lage eines mit Bequemlichkeit Erzählenden an.

Sie haben« – hob er an – »ohne Zweifel von dem Hofrate . . . gehört?« Hier nannte er den Namen eines Staatsmannes, der in der Hälfte des vorigen Jahrhunderts unter dem bescheidenen Titel eines Bureauchefs einen ungeheuren, beinahe ministerähnlichen Einfluß ausgeübt hatte. Ich bejahte meine Kenntnis des Mannes. »Er war mein Vater«, fuhr er fort. – Sein Vater? Des alten Spielmanns? Des Bettlers? Der Einflußreiche, der Mächtige, sein Vater? Der Alte schien mein Erstaunen nicht zu bemerken, sondern spann, sichtbar vergnügt, den Faden seiner Erzählung weiter. »Ich war der mittlere von drei Brüdern, die in Staatsdiensten hoch hinaufkamen, nun aber schon beide tot sind; ich allein lebe noch«, sagte er und zupfte dabei an seinen fadenscheinigen Beinkleidern, mit niedergeschlagenen Augen einzelne Federchen davon herablesend. »Mein Vater war ehrgeizig und heftig. Meine Brüder taten ihm genug. Mich nannte man einen langsamen Kopf; und ich war langsam. Wenn ich mich recht erinnere«, sprach er weiter – und dabei senkte er, seitwärts gewandt, wie in eine weite Ferne hinausblickend, den Kopf gegen die unterstützende linke Hand – »wenn ich mich recht erinnere, so wäre ich wohl imstande gewesen, allerlei zu erlernen, wenn man mir nur Zeit und Ordnung gegönnt hätte. Meine Brüder sprangen wie Gemsen von Spitze zu Spitze in den Lehrgegenständen herum, ich konnte aber durchaus nichts hinter mir lassen, und wenn mir ein einziges Wort fehlte, mußte ich wieder von vorne anfangen. So ward ich denn immer gedrängt. Das Neue sollte auf den Platz, den das Alte noch nicht verlassen hatte, und ich begann, stockisch zu werden. So hatten sie mir die Musik, die jetzt die Freude und zugleich der Stab meines Lebens ist, geradezu verhaßt gemacht. Wenn ich abends im Zwielicht die Violine ergriff, um mich nach meiner Art ohne Noten zu vergnügen, nahmen sie mir das Instrument und sagten, das verdürbe die Applikatur, klagten über Ohrenfolter und verwiesen mich auf die Lehrstunde, wo die Folter für mich anging. Ich habe zeitlebens nichts und niemand so gehaßt, als ich damals die Geige haßte.

Mein Vater, aufs äußerste unzufrieden, schalt mich häufig und drohte, mich zu einem Handwerke zu geben. Ich wagte nicht, zu sagen, wie glücklich mich das gemacht hätte. Ein Drechsler oder Schriftsetzer wäre ich gar zu gerne gewesen. Er hätte es ja aber doch nicht zugelassen, aus Stolz. Endlich gab eine öffentliche Schulprüfung, der man, um ihn zu begütigen, meinen Vater beizuwohnen beredet hatte, den Ausschlag. Ein unredlicher Lehrer bestimmte im voraus, was er mich fragen werde, und so ging alles vortrefflich. Endlich aber fehlte mir – es waren auswendig zu sagende Verse des Horaz – ein Wort. Mein Lehrer, der kopfnickend und meinen Vater anlächelnd zugehört hatte, kam meinem Stocken zu Hilfe und flüsterte es mir zu. Ich aber, der das Wort in meinem Innern und im Zusammenhange mit dem übrigen suchte, hörte ihn nicht. Er wiederholte es mehreremal; umsonst. Endlich verlor mein Vater die Geduld. ›Cachinnum!‹ (so hieß das Wort) schrie er mir donnernd zu. Nun war's geschehen. Wußte ich das eine, so hatte ich dafür das übrige vergessen. Alle Mühe, mich auf die rechte Bahn zu bringen, war verloren. Ich mußte mit Schande aufstehen, und als ich, der Gewohnheit nach, hinging, meinem Vater die Hand zu küssen, stieß er mich zurück, erhob sich, machte der Versammlung eine kurze Verbeugung und ging. ›Ce gueux‹ schalt er mich, was ich damals nicht war, aber jetzt bin. Die Eltern prophezeien, wenn sie reden! Übrigens war mein Vater ein guter Mann. Nur heftig und ehrgeizig.

Von diesem Tage an sprach er kein Wort mehr mit mir. Seine Befehle kamen mir durch die Hausgenossen zu. So kündigte man mir gleich des nächsten Tages an, daß es mit meinen Studien ein Ende habe. Ich erschrak heftig, weil ich wußte, wie bitter es meinen Va-

ter kränken mußte. Ich tat den ganzen Tag nichts als weinen und dazwischen lateinische Verse rezitieren. Ich versprach, durch Fleiß den Mangel an Talenten zu ersetzen, wenn man mich noch ferner die Schule besuchen ließe, mein Vater nahm aber nie einen Entschluß zurück.

Eine Weile blieb ich nun unbeschäftigt im väterlichen Hause. Endlich tat man mich versuchsweise zu einer Rechenbehörde. Rechnen war aber nie meine Stärke gewesen. Den Antrag, ins Militär zu treten, wies ich mit Abscheu zurück. Ich kann noch jetzt keine Uniform ohne innerlichen Schauder ansehen. Daß man werte Angehörige allenfalls auch mit Lebensgefahr schützt, ist wohl gut und begreiflich; aber Blutvergießen und Verstümmelung als Stand, als Beschäftigung. Nein! Nein! Nein!« Und dabei fuhr er mit beiden Händen über beide Arme, als fühlte er stechend eigene und fremde Wunden.

»Ich kam nun in die Kanzlei unter die Abschreiber. Da war ich recht an meinem Platze. Ich hatte immer das Schreiben mit Lust getrieben, und noch jetzt weiß ich mir keine angenehmere Unterhaltung, als mit guter Tinte auf gutem Papier Haar- und Schattenstriche aneinanderzufügen zu Worten oder auch nur zu Buchstaben. Musiknoten sind nun gar überaus schön. Damals dachte ich aber noch an keine Musik.

Ich war fleißig, nur aber zu ängstlich. Ein unrichtiges Unterscheidungszeichen, ein unleserliches oder ausgelassenes Wort im Konzepte, wenn es sich auch aus dem Sinne ergänzen ließ, machte mir bittere Stunden. Im Zweifel, ob ich mich genau ans Original halten oder aus eigenem beisetzen sollte, verging die Zeit angstvoll, und ich kam in den Ruf, nachlässig zu sein, indes ich mich im Dienste abquälte wie keiner. So brachte ich ein paar Jahre zu, und zwar ohne Gehalt, da, als die Reihe der Beförderung an mich kam, mein Vater im Rate einem andern seine Stimme gab und die übrigen ihm zufielen aus Ehrfurcht.

Um diese Zeit – sieh nur«, unterbrach er sich, »es gibt denn doch eine Art Geschichte. Erzählen wir die Geschichte! Um diese Zeit ereigneten sich zwei Begebenheiten: die traurigste und die freudigste meines Lebens. Meine Entfernung aus dem väterlichen Hause nämlich und das Wiederkehren zur holden Tonkunst, zu meiner Violine, die mir treu geblieben ist bis auf diesen Tag.

Ich lebte in dem Hause meines Vaters, unbeachtet von den Hausgenossen, in einem Hinterstübchen, das in den Nachbarshof hinausging. Anfangs aß ich am Familientische, wo niemand ein Wort an mich richtete. Als aber meine Brüder auswärts befördert wurden und mein Vater beinahe täglich zu Gast geladen war – die Mutter lebte seit lange nicht mehr –, fand man es unbequem, meinetwegen eine eigene Küche zu führen. Die Bedienten erhielten Kostgeld; ich auch, das man mir aber nicht auf die Hand gab, sondern monatweise im Speisehause bezahlte. Ich war daher wenig in meiner Stube, die Abendstunden ausgenommen; denn mein Vater verlangte, daß ich längstens eine halbe Stunde nach dem Schluß der Kanzlei zu Hause sein sollte. Da saß ich denn, und zwar, meiner schon damals angegriffenen Augen halber, in der Dämmerung ohne Licht. Ich dachte auf das und jenes und war nicht traurig und nicht froh.

Wenn ich nun so saß, hörte ich auf dem Nachbarshofe ein Lied singen. Mehrere Lieder heißt das, worunter mir aber eines vorzüglich gefiel. Es war so einfach, so rührend und hatte den Nachdruck so auf der rechten Stelle, daß man die Worte gar nicht zu hören brauchte. Wie ich denn überhaupt glaube, die Worte verderben die Musik.« Nun öffnete er den Mund und brachte einige heisere rauhe Töne hervor. »Ich habe von Natur keine Stimme«, sagte er und griff nach der Violine. Er spielte, und zwar diesmal mit richtigem Ausdrucke, die Melodie eines gemütlichen, übrigens gar nicht ausgezeichneten Liedes, wobei ihm die Finger auf den Saiten zitterten und endlich einzelne Tränen über die Backen liefen.

Das war das Lied«, sagte er, die Violine hinlegend. »Ich hörte es immer mit neuem Vergnügen. Sosehr es mir aber im Gedächtnis lebendig war, gelang es mir doch nie, mit der Stimme auch nur zwei Töne davon richtig zu treffen. Ich ward fast ungeduldig von Zuhören. Da fiel mir meine Geige in die Augen, die aus meiner Jugend her, wie ein altes Rüststück, ungebraucht an der Wand hing. Ich griff danach,

und – es mochte sie wohl der Bediente in meiner Abwesenheit benützt haben – sie fand sich richtig gestimmt. Als ich nun mit dem Bogen über die Saiten fuhr, Herr, da war es, als ob Gottes Finger mich angerührt hätte. Der Ton drang in mein Inneres hinein und aus dem Innern wieder heraus. Die Luft um mich war wie geschwängert mit Trunkenheit. Das Lied unten im Hofe und die Töne von meinen Fingern an mein Ohr, Mitbewohner meiner Einsamkeit. Ich fiel auf die Knie und betete laut und konnte nicht begreifen, daß ich das holde Gotteswesen einmal geringgeschätzt, ja gehaßt in meiner Kindheit, und küßte die Violine und drückte sie an mein Herz und spielte wieder und fort.
Das Lied im Hofe – es war eine Weibsperson, die sang – tönte derweile unausgesetzt; mit dem Nachspielen ging es aber nicht so leicht.

Ich hatte das Lied nämlich nicht in Noten. Auch merkte ich wohl, daß ich das Wenige der Geigenkunst, was ich etwa einmal wußte, so ziemlich vergessen hatte. Ich konnte daher nicht das und das, sondern nur überhaupt spielen. Obwohl mir das jeweilige Was der Musik, mit Ausnahme jenes Liedes, immer ziemlich gleichgültig war und auch geblieben ist bis zum heutigen Tag. Sie spielen den Wolfgang Amadeus Mozart und den Sebastian Bach, aber den lieben Gott spielt keiner. Die ewige Wohltat und Gnade des Tons und Klangs, seine wundertätige Übereinstimmung mit dem durstigen, zerlechzenden Ohr, daß« – fuhr er leiser und schamrot fort – »der dritte Ton zusammenstimmt mit dem ersten und der fünfte desgleichen und die ›Nota sensibilis‹ hinaufsteigt, wie eine erfüllte Hoffnung, die Dissonanz herabgebeugt wird als wissentliche Bosheit oder vermessener Stolz, und die Wunder der Bindung und Umkehrung, wodurch auch die Sekunde zur Gnade gelangt in den Schoß des Wohlklangs. – Mir hat das alles, obwohl viel später, ein Musiker erklärt. Und, wovon ich aber nichts verstehe, die ›fuga‹ und das ›punctum contra punctum‹ und der ›canon a duo, a tre‹ und so fort, ein ganzes Himmelsgebäude, eines ins andere greifend, ohne Mörtel verbunden, und gehalten von Gottes Hand. Davon will niemand etwas wissen bis auf wenige. Vielmehr stören sie dieses Ein- und Ausatmen der Seelen durch Hinzufügung allenfalls auch zu sprechender Worte, wie die Kinder Gottes sich verbanden mit den Töchtern der Erde; daß es hübsch angreife und eingreife in ein schwieliges Gemüt. Herr«, schloß er endlich, halb erschöpft, »die Rede ist dem Menschen notwendig wie Speise, man sollte aber auch den Trank rein erhalten, der da kommt von Gott.«

Ich kannte meinen Mann beinahe nicht mehr, so lebhaft war er geworden. Er hielt ein wenig inne. »Wo blieb ich nur in meiner Geschichte?« sagte er endlich. »Ei ja, bei dem Liede und meinen Versuchen, es nachzuspielen. Es ging aber nicht. Ich trat ans Fenster, um besser zu hören. Da ging eben die Sängerin über den Hof. Ich sah sie nur von rückwärts, und doch kam sie mir bekannt vor. Sie trug einen Korb, mit, wie es schien, noch ungebackenen Kuchenstücken. Sie trat in ein Pförtchen in der Ecke des Hofes, da wohl ein Backofen innen sein mochte, denn immer fortsingend, hörte ich mit hölzernen Geräten scharren, wobei die Stimme einmal dumpfer und einmal heller klang wie eines, der sich bückt und in eine Höhlung hineinsingt, dann wieder erhebt und aufrecht dasteht. Nach einer Weile kam sie zurück, und nun merkte ich erst, warum sie mir vorher bekannt vorkam. Ich kannte sie nämlich wirklich seit längerer Zeit. Und zwar aus der Kanzlei.

Damit verhielt es sich so. Die Amtsstunden fingen früh an und währten über den Mittag hinaus. Mehrere von den jüngeren Beamten, die nun entweder wirklich Hunger fühlten oder eine halbe Stunde damit vor sich bringen wollten, pflegten gegen elf Uhr eine Kleinigkeit zu sich zu nehmen. Die Gewerbsleute, die alles zu ihrem Vorteile zu benutzen wissen, ersparten den Leckermäulern den Weg und brachten ihre Feilschaften ins Amtsgebäude, wo sie sich auf Stiege und Gang damit hinstellten. Ein Bäcker verkaufte kleine Weißbrote, die Obstfrau Kirschen. Vor allem aber waren gewisse Kuchen beliebt, die eines benachbarten Grieslers Tochter selbst verfertigte und noch warm zu Markt brachte. Ihre Kunden traten zu ihr auf den Gang hinaus, und nur selten kam sie, gerufen, in die Amtsstube, wo dann der etwas grämliche Kanzleivorsteher, wenn er ihrer gewahr wurde, ebenso selten ermangelte, sie wieder zur Türe hinauszuweisen, ein Gebot, dem sie sich nur mit Groll, und unwillige Worte murmelnd, fügte.

Das Mädchen galt bei meinen Kameraden nicht für schön. Sie fanden sie zu klein, wußten die Farbe ihrer Haare nicht zu bestimmen. Daß sie Katzenaugen habe, bestritten einige, Pockengruben aber gaben alle zu. Nur von ihrem stämmigen Wuchs sprachen alle mit Beifall, schalten sie aber grob, und einer wußte viel von einer Ohrfeige zu erzählen, deren Spuren er noch acht Tage nachher gefühlt haben wollte.

Ich selbst gehörte nicht unter ihre Kunden. Teils fehlte mir's an Geld, teils habe ich Speise und Trank wohl immer – oft nur zu sehr – als ein Bedürfnis anerkennen müssen, Lust und Vergnügen darin zu suchen aber ist mir nie in den Sinn gekommen. Wir nahmen daher keine Notiz voneinander. Einmal nur, um mich zu necken, machten ihr meine Kameraden glauben, ich hätte nach ihren Eßwaren verlangt. Sie trat zu meinem Arbeitstisch und hielt mir ihren Korb hin. ›Ich kaufe nichts, liebe Jungfer‹, sagte ich. – ›Nun, warum bestellen Sie dann die Leute?‹ rief sie zornig. Ich entschuldigte mich, und sowie ich die Schelmerei gleich weghatte, erklärte ich ihr's aufs beste. ›Nun, so schenken Sie mir wenigstens einen Bogen Papier, um meine Kuchen darauf zu legen‹, sagte sie. Ich machte ihr begreiflich, daß das Kanzleipapier sei und nicht mir gehöre, zu Hause aber hätte ich welches, das mein wäre, davon wollt' ich ihr bringen. ›Zu Hause habe ich selbst genug‹, sagte sie spöttisch und schlug eine kleine Lache auf, indem sie fortging.

Das war nur vor wenigen Tagen geschehen, und ich gedachte aus dieser Bekanntschaft sogleich Nutzen für meinen Wunsch zu ziehen. Ich knöpfte daher des andern Morgens ein ganzes Buch Papier, an dem es bei uns zu Hause nie fehlte, unter den Rock und ging auf die Kanzlei, wo ich, um mich nicht zu verraten, meinen Harnisch mit großer Unbequemlichkeit auf dem Leibe behielt, bis ich gegen Mittag aus dem Einundausgehen meiner Kameraden und dem Geräusch der kauenden Backen merkte, daß die Kuchenverkäuferin gekommen war, und glauben konnte, daß der Hauptandrang der Kunden bereits vorüber sei. Dann ging ich hinaus, zog mein Papier hervor, nahm mir ein Herz und trat zu dem Mädchen hin, die, den Korb vor sich auf dem Boden und den rechten Fuß auf einen Schemel gestellt, auf dem sie gewöhnlich zu sitzen pflegte, dastand, leise summend und mit dem auf den Schemel gestützten Fuß den Takt dazu tretend. Sie maß mich vom Kopf bis zu den Füßen, als ich näher kam, was meine Verlegenheit vermehrte. ›Liebe Jungfer‹, fing ich endlich an, ›Sie haben neulich von mir Papier begehrt, als keines zur Hand war, das mir gehörte. Nun habe ich welches von Hause mitgebracht‹, und damit hielt ich ihr mein Papier hin. ›Ich habe Ihnen schon neulich gesagt‹, erwiderte sie, ›daß ich selbst Papier zu Hause habe. Indes man kann alles brauchen.‹ Damit nahm sie mit einem leichten Kopfnicken mein Geschenk und legte es in den Korb. ›Von den Kuchen wollen Sie nicht?‹ sagte sie, unter ihrer Ware herummusternd, ›auch ist das Beste schon fort.‹ Ich dankte, sagte aber, daß ich eine andere Bitte hätte. ›Nu, allenfalls?‹ sprach sie, mit dem Arm in die Handhabe des Korbes fahrend und aufgerichtet dastehend, wobei sie mich mit heftigen Augen anblitzte. Ich fiel rasch ein, daß ich ein Liebhaber der Tonkunst sei, obwohl erst seit kurzem, daß ich sie so schöne Lieder singen gehört, besonders eines. ›Sie? Mich? Lieder?‹ fuhr sie auf, ›und wo?‹ Ich erzählte ihr weiter, daß ich in ihrer Nachbarschaft wohne und sie auf dem Hofe bei der Arbeit belauscht hätte. Eines ihrer Lieder gefiele mir besonders, so daß ich's schon versucht hätte, auf der Violine nachzuspielen. ›Wären Sie etwa gar derselbe‹, rief sie aus, ›der so kratzt auf der Geige?‹ – Ich war damals, wie ich bereits sagte, nur Anfänger und habe erst später mit vieler Mühe die nötige Geläufigkeit in diese Finger gebracht«, unterbrach sich der alte Mann, wobei er mit der linken Hand, als einer, der geigt, in der Luft herumfingerte. »Mir war es«, setzte er seine Erzählung fort, »ganz heiß ins Gesicht gestiegen, und ich sah auch ihr an, daß das harte Wort sie gereute. ›Werte Jungfer‹, sagte ich, ›das Kratzen rührt von daher, daß ich das Lied nicht in Noten habe, weshalb ich auch höflichst um die Abschrift gebeten haben wollte.‹ – ›Um die Abschrift?‹ sagte sie. ›Das Lied ist gedruckt und wird an den Straßenecken verkauft.‹ – ›Das Lied?‹ entgegnete ich. ›Das sind wohl nur die Worte.‹ – ›Nun ja, die Worte, das Lied. – Aber der Ton, in dem man's singt. – Schreibt man denn derlei auch auf?‹ fragte sie. ›Freilich!‹ war meine Antwort, ›das ist ja eben die Hauptsache. Und wie haben denn Sie's erlernt, werte Jungfer?‹ – ›Ich hörte es singen, und da sang ich's nach.‹ – Ich erstaunte über das natürliche Ingenium; wie denn überhaupt die ungelernten Leute oft die meisten Talente haben. Es ist aber doch nicht das Rechte, die eigentliche Kunst. Ich war nun neuerdings in Verzweiflung. ›Aber welches Lied ist es denn eigentlich?‹ sagte sie. ›Ich weiß so viele.‹ – ›Alle ohne Noten?‹ – ›Nun freilich; also welches war es denn?‹ – ›Es ist gar so schön‹, erklärte ich mich. ›Steigt gleich anfangs in die Höhe, kehrt dann in sein Inwendiges zurück und hört ganz leise auf. Sie singen's auch am öftesten.‹ – ›Ah, das wird wohl das sein!‹ sagte sie, setzte den Korb wieder ab, stellte den Fuß auf den Schemel und sang nun mit ganz leiser und doch klarer Stimme das Lied, wobei sie das Haupt duckte, so schön, so lieblich, daß, ehe sie noch zu Ende war, ich nach ihrer herabhängenden Hand fuhr. ›Oho!‹ sagte sie, den Arm zurückziehend, denn sie meinte wohl, ich wollte ihre Hand unziemlicherweise anfassen, aber nein, küssen wollte ich sie, obschon sie nur ein armes Mädchen war. – Nun, ich bin ja jetzt auch ein armer Mann.

Da ich nun vor Begierde, das Lied zu haben, mir in die Haare fuhr, tröstete sie mich und sagte, der Organist der Peterskirche käme öfter um Muskatnuß in ihres Vaters Gewölbe, den wolle sie bitten, alles auf Noten zu bringen. Ich könnte es nach ein paar Tagen dort abholen. Hierauf nahm sie ihren Korb und ging, wobei ich ihr das Geleite bis zur Stiege gab. Auf der obersten Stufe die letzte Verbeugung machend, überraschte mich der Kanzleivorsteher, der mich an meine Arbeit gehen hieß und auf das Mädchen schalt, an dem, wie er behauptete, kein gutes Haar sei. Ich war darüber heftig erzürnt und wollte ihm eben antworten, daß ich, mit seiner Erlaubnis, vom Gegenteile überzeugt sei, als ich bemerkte, daß er bereits in sein Zimmer zurückgegangen war, weshalb ich mich faßte und ebenfalls an meinen Schreibtisch ging. Doch ließ er sich seit dieser Zeit nicht nehmen, daß ich ein liederlicher Beamter und ein ausschweifender Mensch sei.

Ich konnte auch wirklich desselben und die darauffolgenden Tage kaum etwas Vernünftiges arbeiten, so ging mir das Lied im Kopfe herum, und ich war wie verloren. Ein paar Tage vergangen, wußte ich wieder nicht, ob es schon Zeit sei, die Noten abzuholen oder nicht. Der Organist, hatte das Mädchen gesagt, kam in ihres Vaters Laden, um Muskatnuß zu kaufen; die konnte er nur zu Bier gebrauchen. Nun war seit einiger Zeit kühles Wetter und daher wahrscheinlich, daß der wackere Tonkünstler sich eher an den Wein halten und daher so bald keiner Muskatnuß bedürfen werde. Zu schnell anfragen schien eine unhöfliche Zudringlichkeit, allzu langes Warten konnte für Gleichgültigkeit ausgelegt werden. Mit dem Mädchen auf dem Gange zu sprechen, getraute ich mir nicht, da unsere erste Zusammenkunft bei meinen Kameraden ruchbar geworden war und sie vor Begierde brannten, mir einen Streich zu spielen.

Ich hatte inzwischen die Violine mit Eifer wieder aufgenommen und übte vorderhand das Fundament gründlich durch, erlaubte mir wohl auch von Zeit zu Zeit, aus dem Kopfe zu spielen, wobei ich aber das Fenster sorgfältig schloß, da ich wußte, daß mein Vortrag mißfiel. Aber wenn ich das Fenster auch öffnete, bekam ich mein Lied doch nicht wieder zu hören. Die Nachbarin sang teils gar nicht, teils so leise und bei verschlossener Türe, daß ich nicht zwei Töne unterscheiden konnte.

Endlich – es waren ungefähr drei Wochen vergangen – vermochte ich's nicht mehr auszuhalten. Ich hatte zwar schon durch zwei Abende mich auf die Gasse gestohlen – und das ohne Hut, damit die Dienstleute glauben sollten, ich suchte nur nach etwas im Hause –, sooft ich aber in die Nähe des Grieslerladens kam, überfiel mich ein so heftiges Zittern, daß ich umkehren mußte, ich mochte wollen oder nicht. Endlich aber – wie gesagt – konnte ich's nicht mehr aushalten. Ich nahm mir ein Herz und ging eines Abends – auch diesmal ohne Hut – aus meinem Zimmer die Treppe hinab und festen Schrittes durch die Gasse bis zu dem Grieslerladen, wo ich vorderhand stehenblieb und überlegte, was weiter zu tun sei. Der Laden war erleuchtet, und ich hörte Stimmen darin. Nach einigem Zögern beugte ich mich vor und lugte von der Seite hinein. Ich sah das Mädchen hart vor dem Ladentische am Lichte sitzen und in einer hölzernen Mulde Erbsen oder Bohnen lesen. Vor ihr stand ein derber, rüstiger Mann, die Jacke über die Schulter gehängt, eine Art Knüttel in der Hand, ungefähr wie ein Fleischhauer. Die beiden sprachen, offenbar in guter Stimmung, denn das Mädchen lachte einige Male laut auf, ohne sich aber in ihrer Arbeit zu unterbrechen oder auch nur aufzusehen. War es meine gezwungene vorgebeugte Stellung oder was sonst immer, mein Zittern begann wieder zu kommen; als ich mich plötzlich von rückwärts mit derber Hand angefaßt und nach vorwärts geschleppt fühlte. In einem Nu stand ich im Gewölbe, und als ich, losgelassen, mich umschaute, sah ich, daß es der Eigentümer selbst war, der, von auswärts nach Hause kehrend, mich auf der Lauer überrascht und als verdächtig angehalten hatte. ›Element!‹ schrie er, ›da sieht man, wo die Pflaumen hinkommen und die Handvoll Erbsen und Rollgerste, die im Dunkeln aus den Auslagkörben gemaust werden. Da soll ja gleich das Donnerwetter dreinschlagen!‹ Und damit ging er auf mich los, als ob er wirklich dreinschlagen wollte.

Ich war wie vernichtet, wurde aber durch den Gedanken, daß man an meiner Ehrlichkeit zweifle, bald wieder zu mir selbst gebracht. Ich verbeugte mich daher ganz kurz und sagte dem Unhöflichen, daß mein Besuch nicht seinen Pflaumen oder seiner Rollgerste, sondern seiner Tochter gelte. Da lachte der in der Mitte des Ladens stehende Fleischer laut auf und wendete sich, zu gehen, nachdem er vorher dem Mädchen ein paar Worte leise zugeflüstert hatte, die sie, gleichfalls lachend, durch einen schallenden Schlag mit der flachen Hand auf seinen Rücken beantwortete. Der Griesler gab dem Weggehenden das Geleit zur Türe hinaus. Ich hatte derweil schon wieder all meinen Mut verloren und stand dem Mädchen gegenüber, die gleichgültig ihre Erbsen und Bohnen las, als ob das Ganze sie nichts anginge. Da polterte der Vater wieder zur Türe herein. ›Mordtausendelement noch einmal‹, sagte er, ›Herr, was soll's mit meiner Tochter?‹ Ich versuchte, ihm den Zusammenhang und den Grund meines Besuches zu erklären. ›Was Lied?‹ sagte er, ›ich will euch Lieder singen!‹ wobei er den rechten Arm sehr verdächtig auf und ab bewegte. – ›Dort liegt es‹, sprach das Mädchen, indem sie, ohne die Mulde mit Hülsenfrüchten wegzusetzen, sich samt dem Sessel seitwärts überbeugte und mit der Hand auf den Ladentisch hinwies. Ich eilte hin und sah ein Notenblatt liegen. Es war das Lied. Der Alte war mir aber zuvorgekommen. Er hielt das schöne Papier zerknitternd in der Hand. ›Ich frage‹, sagte er, ›was das abgibt? Wer ist der Mensch?‹ – ›Er ist ein Herr aus der Kanzlei‹, erwiderte sie, indem sie eine wurmstichige Erbse etwas weiter als die andern von sich warf. – ›Ein Herr aus der Kanzlei?‹ rief er, ›im Dunkeln, ohne Hut?‹ Den Mangel des Hutes erklärte ich durch den Umstand, daß ich ganz in der Nähe wohnte, wobei ich das Haus bezeichnete. ›Das Haus weiß ich‹, rief er. ›Da wohnt niemand drinnen als der Hofrat . . .‹ – hier nannte er den Namen meines Vaters – ›und die Bedienten kenne ich alle.‹ – ›Ich bin der Sohn des Hofrats‹, sagte ich, leise, als ob's eine Lüge wäre. – Mir sind im Leben viele Veränderungen vorgekommen, aber noch keine so plötzliche, als bei diesen Worten in dem ganzen Wesen des Mannes vorging. Der zum Schmähen geöffnete Mund blieb offenstehen, die Augen drohten noch immer, aber um den untern Teil des Gesichtes fing an eine Art Lächeln zu spielen, das sich immer mehr Platz machte. Das Mädchen blieb in ihrer Gleichgültigkeit und gebückten Stellung, nur daß sie sich die losgegangenen Haare, fortarbeitend, hinter die Ohren zurückstrich. ›Der Sohn des Herrn Hofrats?‹ schrie endlich der Alte, in dessen Gesichte die Aufheiterung vollkommen geworden war.

Wollen Euer Gnaden sich's vielleicht bequem machen? Barbara, einen Stuhl!‹ Das Mädchen bewegte sich widerwillig auf dem ihren. ›Nu, wart, Duckmauser!‹ sagte er, indem er selbst einen Korb von seinem Platze hob und den darunter gestellten Sessel mit dem Vortuche vom Staube reinigte. ›Hohe Ehre‹, fuhr er fort. ›Der Herr Hofrat – der Herr Sohn, wollt' ich sagen, praktizieren also auch die Musik? Singen vielleicht, wie meine Tochter, oder vielmehr ganz anders, nach Noten, nach der Kunst?‹ Ich erklärte ihm, daß ich von Natur keine Stimme hätte. ›Oder schlagen Klavizimbel, wie die vornehmen Leute zu tun pflegen?‹ Ich sagte, daß ich die Geige spiele. ›Habe auch in meiner Jugend gekratzt auf der Geige‹, rief er. Bei dem Worte Kratzen blickte ich unwillkürlich auf das Mädchen hin und sah, daß sie ganz spöttisch lächelte, was mich sehr verdroß.

Sollten sich des Mädels annehmen, heißt das in Musik‹, fuhr er fort. ›Singt eine gute Stimme, hat auch sonst ihre Qualitäten, aber das Feine, lieber Gott, wo soll's herkommen?‹, wobei er Daumen und Zeigefinger der rechten Hand wiederholt übereinanderschob. Ich war ganz beschämt, daß man mir unverdienterweise so bedeutende musikalische Kenntnisse zutraute, und wollte eben den wahren Stand der Sache auseinandersetzen, als ein außen Vorübergehender in den Laden hereinrief: ›Guten Abend alle miteinander!‹ Ich erschrak, denn es war die Stimme eines der Bedienten unseres Hauses. Auch der Griesler hatte sie erkannt. Die Spitze der Zunge vorschiebend und die Schulter emporgehoben, flüsterte er: ›Waren einer der Herren Bedienten des gnädigen Papa. Konnten Sie aber nicht erkennen, standen mit dem Rücken gegen die Türe.‹ Letzteres verhielt sich wirklich so. Aber das Gefühl des Heimlichen, Unrechten, ergriff mich qualvoll. Ich stammelte nur ein paar Worte zum Abschied und ging. Ja selbst mein Lied hätte ich vergessen, wäre mir nicht der Alte auf die Straße nachgesprungen, wo er mir's in die Hand steckte.

So gelangte ich nach Hause, auf mein Zimmer, und wartete der Dinge, die da kommen sollten. Und sie blieben nicht aus. Der Bediente hatte mich dennoch erkannt. Ein paar Tage darauf trat der Sekretär meines Vaters zu mir auf die Stube und kündigte mir an, daß ich das elterliche Haus zu verlassen hätte. Alle meine Gegenreden waren fruchtlos. Man hatte mir in einer entfernten Vorstadt ein Kämmerchen gemietet, und so war ich denn ganz aus der Nähe der Angehörigen verbannt. Auch meine Sängerin bekam ich nicht mehr zu sehen. Man hatte ihr den Kuchenhandel auf der Kanzlei eingestellt, und ihres Vaters Laden zu betreten konnte ich mich nicht entschließen, da ich wußte, daß es dem meinigen mißfiel. Ja, als ich dem alten Griesler zufällig auf der Straße begegnete, wandte er sich mit einem grimmigen Gesichte von mir ab, und ich war wie niedergedonnert. Da holte ich denn, halbe Tage lang allein, meine Geige hervor und spielte und übte.

Es sollte aber noch schlimmer kommen. Das Glück unseres Hauses ging abwärts. Mein jüngster Bruder, ein eigenwilliger, ungestümer Mensch, Offizier bei den Dragonern, mußte eine unbesonnene Wette, infolge der er, vom Ritt erhitzt, mit Pferd und Rüstung durch die Donau schwamm – es war tief in Ungarn –, mit dem Leben bezahlen. Der ältere, geliebteste, war in einer Provinz am Ratstisch angestellt. In immerwährender Widersetzlichkeit gegen seinen Landesvorgesetzten und, wie sie sagten, heimlich dazu von unserem Vater aufgemuntert, erlaubte er sich sogar unrichtige Angaben, um seinem Gegner zu schaden. Es kam zur Untersuchung, und mein Bruder ging heimlich aus dem Lande. Die Feinde unseres Vaters, deren viele waren, benützten den Anlaß, ihn zu stürzen. Von allen Seiten angegriffen und ohnehin ingrimmig über die Abnahme seines Einflusses, hielt er täglich die angreifendsten Reden in der Ratssitzung. Mitten in einer derselben traf ihn ein Schlagfluß. Er wurde sprachlos nach Hause gebracht. Ich selbst erfuhr nichts davon. Des andern Tages auf der Kanzlei bemerkte ich wohl, daß sie heimlich flüsterten und mit den Fingern nach mir wiesen. Ich war aber derlei schon gewohnt und hatte kein Arges. Freitags darauf – es war mittwochs gewesen – wurde mir plötzlich ein schwarzer Anzug mit Flor auf die Stube gebracht. Ich erstaunte und fragte und erfuhr. Mein Körper ist sonst stark und widerhältig, aber da fiel's mich an mit Macht. Ich sank besinnungslos zu Boden. Sie trugen mich ins Bette, wo ich fieberte und irre sprach den Tag hindurch und die ganze Nacht. Des andern Morgens hatte die Natur die Oberhand gewonnen, aber mein Vater war tot und begraben.

Ich hatte ihn nicht mehr sprechen können; ihn nicht um Verzeihung bitten wegen all des Kummers, den ich ihm gemacht; nicht mehr danken für die unverdienten Gnaden – ja Gnaden! denn seine Meinung war gut, und ich hoffe ihn einst wiederzufinden, wo wir nach unsern Absichten gerichtet werden und nicht nach unsern Werken.

Ich blieb mehrere Tage auf meinem Zimmer, kaum daß ich Nahrung zu mir nahm. Endlich ging ich doch hervor, aber gleich nach Tische wieder nach Hause, und nur des Abends irrte ich in den dunkeln Straßen umher, wie Kain, der Brudermörder. Die väterliche Wohnung war mir dabei ein Schreckbild, dem ich sorgfältigst aus dem Wege ging. Einmal aber, gedankenlos vor mich hinstarrend, fand ich mich plötzlich in der Nähe des gefürchteten Hauses. Meine Knie zitterten, daß ich mich anhalten mußte. Hinter mir an die Wand greifend, erkenne ich die Türe des Grieslerladens und darin sitzend Barbara, einen Brief in der Hand, neben ihr das Licht auf dem Ladentische und hart dabei in aufrechter Stellung ihr Vater, der ihr zuzusprechen schien. Und wenn es mein Leben gegolten hätte, ich mußte eintreten. Niemanden zu haben, dem man sein Leid klagen kann, niemanden, der Mitleid fühlt! Der Alte, wußte ich wohl, war auf mich erzürnt, aber das Mädchen sollte mir ein gutes Wort geben. Doch kam es ganz entgegengesetzt. Barbara stand auf, als ich eintrat, warf mir einen hochmütigen Blick zu und ging in die Nebenkammer, deren Türe sie abschloß. Der Alte aber faßte mich bei der Hand, hieß mich niedersitzen, tröstete mich, meinte aber auch, ich sei nun ein reicher Mann und hätte mich um niemanden mehr zu kümmern. Er fragte, wieviel ich geerbt hätte. Ich wußte das nicht. Er forderte mich auf, zu den Gerichten zu gehen, was ich versprach. In den Kanzleien, meinte er, sei nichts zu machen. Ich sollte meine Erbschaft im Handel anlegen. Knoppern und Früchte würfen guten Profit ab; ein Kompagnon, der sich darauf verstände, könnte Groschen in Gulden verwandeln. Er selbst habe sich einmal viel damit abgegeben. Dabei rief er wiederholt nach dem Mädchen, das aber kein Lebenszeichen von sich gab. Doch schien mir, als ob ich an der Türe zuweilen rascheln hörte. Da sie aber immer nicht kam und der Alte nur vom Gelde redete, empfahl ich mich endlich und ging, wobei der Mann bedauerte, mich nicht begleiten zu können, da er allein im Laden sei. Ich war traurig über meine verfehlte Hoffnung und doch wunderbar getröstet. Als ich auf der Straße stehenblieb und nach dem Hause meines Vaters hinüberblickte, hörte ich plötzlich hinter mir eine Stimme, die gedämpft und im Tone des Unwillens sprach: ›Trauen Sie nicht gleich jedermann, man meint es nicht gut mit Ihnen.‹ So schnell ich mich umkehrte, sah ich doch niemand; nur das Klirren eines Fensters im Erdgeschosse, das zu des Grieslers Wohnung gehörte, belehrte mich, wenn ich auch die Stimme nicht erkannt hätte, daß Barbara die geheime Warnerin war. Sie hatte also doch gehört, was im Laden gesprochen worden. Wollte sie mich vor ihrem Vater warnen? Oder war ihr zu Ohren gekommen, daß gleich nach meines Vaters Tode teils Kollegen aus der Kanzlei, teils andere, ganz unbekannte Leute mich mit Bitten um Unterstützung und Nothilfe angegangen, ich auch zugesagt, wenn ich erst zu Geld kommen würde. Was einmal versprochen, mußte ich halten, in Zukunft aber beschloß ich, vorsichtiger zu sein. Ich meldete mich wegen meiner Erbschaft. Es war weniger, als man geglaubt hatte, aber doch sehr viel, nahe an elftausend Gulden. Mein Zimmer wurde den ganzen Tag von Bittenden und Hilfesuchenden nicht leer. Ich war aber beinahe hart geworden und gab nur, wo die Not am größten war. Auch Barbaras Vater kam. Er schmälte, daß ich sie schon drei Tage nicht besucht, worauf ich der Wahrheit gemäß erwiderte, daß ich fürchte, seiner Tochter zur Last zu sein. Er aber sagte, das solle mich nicht kümmern, er habe ihr schon den Kopf zurechtgesetzt, wobei er auf eine boshafte Art lachte, so daß ich erschrak. Dadurch an Barbaras Warnung rückerinnert, verhehlte ich, als wir bald im Gespräche darauf kamen, den Betrag meiner Erbschaft; auch seinen Handelsvorschlägen wich ich geschickt aus.

Wirklich lagen mir bereits andere Aussichten im Kopfe. In der Kanzlei, wo man mich nur meines Vaters wegen geduldet hatte, war mein Platz bereits durch einen andern besetzt, was mich, da kein Gehalt damit verbunden war, wenig kümmerte. Aber der Sekretär meines Vaters, der durch die letzten Ereignisse brotlos geworden, teilte mir den Plan zur Errichtung eines Auskunfts-, Kopier- und Übersetzungskontors mit, wozu ich die ersten Einrichtungskosten vorschießen sollte, indes er selbst die Direktion zu übernehmen bereit war. Auf mein Andringen wurden die Kopierarbeiten auch auf Musikalien ausgedehnt, und nun war ich in meinem Glücke. Ich gab das erforderliche Geld, ließ mir aber, schon vorsichtig geworden, eine Handschrift darüber ausstellen. Die Kaution für die Anstalt, die ich gleichfalls vorschoß, schien, obgleich beträchtlich, kaum der Rede wert, da sie bei den Gerichten hinterlegt werden mußte und dort mein blieb, als hätte ich sie in meinem Schranke.

Die Sache war abgetan, und ich fühlte mich erleichtert, erhoben, zum ersten Male in meinem Leben selbständig, ein Mann. Kaum, daß ich meines Vaters noch gedachte. Ich bezog eine bessere Wohnung, änderte einiges in meiner Kleidung und ging, als es Abend geworden, durch wohlbekannte Straßen nach dem Grieslerladen, wobei ich mit den Füßen schlenkerte und mein Lied zwischen den Zähnen summte, obwohl nicht ganz richtig. Das B in der zweiten Hälfte habe ich mit der Stimme nie treffen können. Froh und guter Dinge langte ich an, aber ein eiskalter Blick Barbaras warf mich sogleich in meine frühere Zaghaftigkeit zurück. Der Vater empfing mich aufs beste, sie aber tat, als ob niemand zugegen wäre, fuhr fort, Papiertüten zu wickeln, und mischte sich mit keinem Worte in unser Gespräch. Nur als die Rede auf meine Erbschaft kam, fuhr sie mit halbem Leibe empor und sagte fast drohend: ›Vater!‹, worauf der Alte sogleich den Gegenstand änderte. Sonst sprach sie den ganzen Abend nichts, gab mir keinen zweiten Blick, und als ich mich endlich empfahl, klang ihr ›Guten Abend!‹ beinahe wie ein Gott sei Dank!

Aber ich kam wieder und wieder, und sie gab allmählich nach. Nicht als ob ich ihr irgend etwas zu Danke gemacht hätte. Sie schalt und tadelte mich unaufhörlich. Alles war ungeschickt; Gott hatte mir zwei linke Hände erschaffen; mein Rock saß wie an einer Vogelscheuche; ich ging wie die Enten, mit einer Anmahnung an den Haushahn. Besonders zuwider war ihr meine Höflichkeit gegen die Kunden. Da ich nämlich bis zur Eröffnung der Kopieranstalt ohne Beschäftigung war und überlegte, daß ich dort mit dem Publikum zu tun haben würde, so nahm ich, als Vorübung, an dem Kleinverkauf im Grieslergewölbe tätigen Anteil, was mich oft halbe Tage lang festhielt. Ich wog Gewürze ab, zählte den Knaben Nüsse und Welkpflaumen zu, gab klein Geld heraus; letzteres nicht ohne häufige Irrungen, wo denn immer Barbara dazwischenfuhr, gewalttätig wegnahm, was ich eben in den Händen hielt, und mich vor den Kunden verlachte und verspottete. Machte ich einem der Käufer einen Bückling oder empfahl mich ihnen, so sagte sie barsch, ehe die Leute noch zur Türe hinaus waren: ›Die Ware empfiehlt!‹, und kehrte mir den Rücken. Manchmal aber war sie wieder ganz Güte. Sie hörte mir zu, wenn ich erzählte, was in der Stadt vorging; aus meinen Kinderjahren; von dem Beamtenwesen in der Kanzlei, wo wir uns zuerst kennengelernt. Dabei ließ sie mich aber immer allein sprechen und gab nur durch einzelne Worte ihre Billigung oder – was öfter der Fall war – ihre Mißbilligung zu erkennen.

Von Musik oder Gesang war nie die Rede. Erstlich meinte sie, man müsse entweder singen oder das Maul halten, zu reden sei da nichts. Das Singen selbst aber ging nicht an. Im Laden war es unziemlich, und die Hinterstube, die sie und ihr Vater gemeinschaftlich bewohnten, durfte ich nicht betreten. Einmal aber, als ich unbemerkt zur Türe hereintrat, stand sie eben auf den Zehenspitzen emporgerichtet, den Rücken mir zugekehrt und mit den erhobenen Händen, wie man nach etwas sucht, auf einem der höheren Stellbretter herumtastend. Und dabei sang sie leise in sich hinein. – Es war das Lied, mein Lied! – Sie aber zwitscherte wie eine Grasmücke, die am Bache das Hälslein wäscht und das Köpfchen herumwirft und die Federn sträubt und wieder glättet mit dem Schnäblein. Mir war, als ginge ich auf grünen Wiesen. Ich schlich näher und näher und war schon so nahe, daß das Lied nicht mehr von außen, daß es aus mir herauszutönen schien, ein Gesang der Seelen. Da konnte ich mich nicht mehr halten und faßte mit beiden Händen ihren in der Mitte nach vorn strebenden und mit den Schultern gegen mich gesenkten Leib. Da aber kam's. Sie wirbelte wie ein Kreisel um sich selbst. Glutrot vor Zorn im Gesichte, stand sie vor mir da; ihre Hand zuckte, und ehe ich mich entschuldigen konnte . . .

Sie hatten, wie ich schon früher berichtet, auf der Kanzlei öfter von einer Ohrfeige erzählt, die Barbara, noch als Kuchenhändlerin, einem Zudringlichen gegeben. Was sie da sagten von der Stärke des eher klein zu nennenden Mädchens und der Schwungkraft ihrer Hand, schien höchlich und zum Scherze übertrieben. Es ver-

hielt sich aber wirklich so und ging ins Riesenhafte. Ich stand wie vom Donner getroffen. Die Lichter tanzten mir vor den Augen. – Aber es waren Himmelslichter. Wie Sonne, Mond und Sterne; wie die Englein, die Versteckens spielen und dazu singen. Ich hatte Erscheinungen, ich war verzückt. Sie aber, kaum minder erschrokken als ich, fuhr mit ihrer Hand wie begütigend über die geschlagene Stelle. ›Es mag wohl zu stark ausgefallen sein‹, sagte sie, und – wie ein zweiter Blitzstrahl – fühlte ich plötzlich ihren warmen Atem auf meiner Wange und ihre zwei Lippen, und sie küßte mich; nur leicht, leicht; aber es war ein Kuß auf diese meine Wange, hier!« Dabei klatschte der alte Mann auf seine Backe, und die Tränen traten ihm aus den Augen. »Was nun weiter geschah, weiß ich nicht«, fuhr er fort. »Nur daß ich auf sie losstürzte und sie in die Wohnstube lief und die Glastüre zuhielt, während ich von der andern Seite nachdrängte. Wie sie nun, zusammengekrümmt und mit aller Macht sich entgegenstemmend, gleichsam an dem Türfenster klebte, nahm ich mir ein Herz, verehrtester Herr, und gab ihr ihren Kuß heftig zurück, durch das Glas.

Oho, hier geht's lustig her!‹ hörte ich hinter mir rufen. Es war der Griesler, der eben nach Hause kam. ›Nu, was sich neckt –‹, sagte er. ›Komm nur heraus, Bärbe, und mach keine Dummheiten! Einen Kuß in Ehren kann niemand wehren.‹ – Sie aber kam nicht. Ich selbst entfernte mich nach einigen halb bewußtlos gestotterten Worten, wobei ich den Hut des Grieslers statt des meinigen nahm, den er lachend mir in der Hand austauschte. Das war, wie ich ihn schon früher nannte, der Glückstag meines Lebens. Fast hätte ich gesagt: der einzige, was aber nicht wahr wäre, denn der Mensch hat viele Gnaden von Gott.

Ich wußte nicht recht, wie ich im Sinne des Mädchens stand. Sollte ich sie mir mehr erzürnt oder mehr begütigt denken? Der nächste Besuch kostete einen schweren Entschluß. Aber sie war gut. Demütig und still, nicht auffahrend wie sonst, saß sie da bei einer Arbeit. Sie winkte mit dem Kopfe auf einen nebenstehenden Schemel, daß ich mich setzen und ihr helfen sollte. So saßen wir denn und arbeiteten. Der Alte wollte hinausgehen. ›Bleibt doch da, Vater‹, sagte sie; ›was Ihr besorgen wollt, ist schon abgetan.‹ Er trat mit dem Fuße hart auf den Boden und blieb. Ab- und zugehend sprach er von diesem und jenem, ohne daß ich mich in das Gespräch zu mischen wagte. Da stieß das Mädchen plötzlich einen kleinen Schrei aus. Sie hatte sich beim Arbeiten einen Finger geritzt, und obgleich sonst gar nicht weichlich, schlenkerte sie mit der Hand hin und her. Ich wollte zusehen, aber sie bedeutete mich fortzufahren. ›Alfanzerei und kein Ende!‹ brummte der Alte, und vor das Mädchen hintretend, sagte er mit starker Stimme: ›Was zu besorgen war, ist noch gar nicht getan!‹, und so ging er schallenden Trittes zur Türe hinaus. Ich wollte nun anfangen, mich von gestern her zu entschuldigen; sie aber unterbrach mich und sagte: ›Lassen wir das, und sprechen wir jetzt von gescheitern Dingen.‹

Sie hob den Kopf empor, maß mich vom Scheitel bis zur Zehe und fuhr in ruhigem Tone fort: ›Ich weiß kaum selbst mehr den Anfang unserer Bekanntschaft, aber Sie kommen seit einiger Zeit öfter und öfter, und wir haben uns an Sie gewöhnt. Ein ehrliches Gemüt wird Ihnen niemand abstreiten, aber Sie sind schwach, immer auf Nebendinge gerichtet, so daß Sie kaum imstande wären, Ihren eigenen Sachen selbst vorzustehen. Da wird es denn Pflicht und Schuldigkeit von Freunden und Bekannten, ein Einsehen zu haben, damit Sie nicht zu Schaden kommen. Sie versitzen hier halbe Tage im Laden, zählen und wägen, messen und markten; aber dabei kommt nichts heraus. Was gedenken Sie in Zukunft zu tun, um Ihr Fortkommen zu haben?‹ Ich erwähnte die Erbschaft meines Vaters. ›Die mag recht groß sein‹, sagte sie. Ich nannte den Betrag. ›Das ist viel und wenig‹, erwiderte sie. ›Viel, um etwas damit anzufangen; wenig, um vom Breiten zu zehren. Mein Vater hat Ihnen zwar einen Vorschlag getan, ich riet Ihnen aber ab. Denn einmal hat er schon selbst Geld bei derlei Dingen verloren, dann‹, setzte sie mit gesenkter Stimme hinzu, ›ist er so gewohnt, von Fremden Gewinn zu ziehen, daß er es Freunden vielleicht auch nicht besser machen würde. Sie müssen jemand an der Seite haben, der es ehrlich meint.‹ – Ich wies auf sie. – ›Ehrlich bin ich‹, sagte sie. Dabei legte sie die Hand auf die Brust, und ihre Augen, die sonst ins Graulichte spielten, glänzten hellblau, himmelblau. ›Aber mit mir hat's eigene Wege. Unser Geschäft wirft wenig ab, und mein Vater geht mit dem Gedanken um, einen Schenkladen aufzurichten. Da ist denn kein Platz für mich. Mir bliebe nur Handarbeit, denn dienen mag ich nicht.‹ Und dabei sah sie aus wie eine Königin. ›Man hat mir zwar einen andern Antrag gemacht‹, fuhr sie fort, indem sie einen Brief aus ihrer Schürze zog und halb widerwillig auf den Ladentisch warf; ›aber da müßte ich fort von hier.‹ – ›Und weit?‹ fragte ich. – ›Warum? Was kümmert Sie das?‹ – Ich erklärte, daß ich an denselben Ort hinziehen wollte. – ›Sind Sie ein Kind!‹ sagte sie. Das ginge nicht an und wären ganz andere Dinge. ›Aber wenn Sie Vertrauen zu mir haben und gerne in meiner Nähe sind, so bringen Sie den Putzladen an sich, der hier nebenan zu Verkauf steht. Ich verstehe das Werk, und um den bürgerlichen Gewinn aus Ihrem Gelde dürften Sie nicht verlegen sein. Auch fänden Sie selbst mit Rechnen und Schreiben eine ordentliche Beschäftigung. Was sich etwa noch weiter ergäbe, davon wollen wir jetzt nicht reden. – Aber ändern müßten Sie sich! Ich hasse die weibischen Männer.‹

Ich war aufgesprungen und griff nach meinem Hute. ›Was ist? Wo wollen Sie hin?‹ fragte sie. – ›Alles abbestellen‹, sagte ich mit kurzem Atem. – ›Was denn?‹ – Ich erzählte ihr nun meinen Plan zur Errichtung eines Schreib- und Auskunftskontors. – ›Da kommt nicht viel heraus‹, meinte sie. ›Auskunft einziehen kann ein jeder selbst, und schreiben hat auch ein jeder gelernt in der Schule.‹ Ich bemerkte, daß auch Musikalien kopiert werden sollten, was nicht jedermanns Sache sei. – ›Kommen Sie schon wieder mit solchen Albernheiten?‹ fuhr sie mich an. ›Lassen Sie das Musizieren, und denken Sie auf die Notwendigkeit! Auch wären Sie nicht imstande, einem Geschäfte selbst vorzustehen.‹ Ich erklärte, daß ich einen Kompagnon gefunden hätte. – ›Einen Kompagnon?‹ rief sie aus. ›Da will man Sie gewiß betrügen! Sie haben doch noch kein Geld hergegeben?‹ – Ich zitterte, ohne zu wissen, warum. – ›Haben Sie Geld gegeben?‹ fragte sie noch einmal. Ich gestand die dreitausend Gulden zur ersten Einrichtung. – ›Dreitausend Gulden?‹ rief sie, ›so vieles Geld!‹ – ›Das übrige‹, fuhr ich fort, ›ist bei den Gerichten hinterlegt und jedenfalls sicher.‹ – ›Also noch mehr?‹ schrie sie auf. – Ich gab den Betrag der Kaution an. – ›Und haben Sie die selbst bei den Gerichten angelegt?‹ – ›Es war durch meinen Kompagnon geschehen.‹ – ›Sie haben doch einen Schein darüber?‹ – Ich hatte keinen Schein. – ›Und wie heißt Ihr sauberer Kompagnon?‹ fragte sie weiter. Ich war einigermaßen beruhigt, ihr den Sekretär meines Vaters nennen zu können.

Gott der Gerechte!‹ rief sie aufspringend und die Hände zusammenschlagend. ›Vater! Vater!‹ – Der Alte trat herein. – ›Was habt Ihr heute aus den Zeitungen gelesen?‹ – ›Von dem Sekretarius?‹ sprach er. – ›Wohl, wohl!‹ – ›Nun, der ist durchgegangen, hat Schulden über Schulden hinterlassen und die Leute betrogen. Sie verfolgen ihn mit Steckbriefen!‹ – ›Vater‹, rief sie, ›den da hat er auch betrogen! Er hat ihm sein Geld anvertraut. Er ist zugrunde gerichtet.‹ – ›Potz Dummköpfe und kein Ende!‹ schrie der Alte. ›Hab' ich's nicht immer gesagt?‹ Aber das war ein Entschuldigen. Einmal lachte sie über ihn, dann war er wieder ein redliches Gemüt. ›Aber ich will dazwischenfahren! Ich will zeigen, wer Herr im Hause ist. Du Barbara, marsch hinein in die Kammer! Sie aber, Herr, machen Sie, daß Sie fortkommen, und verschonen Sie uns künftig mit Ihren Besuchen. Hier wird kein Almosen gereicht.‹ – ›Vater‹, sagte das Mädchen, ›seid nicht hart gegen ihn, er ist ja doch unglücklich genug.‹ – ›Eben darum‹, rief der Alte, ›will ich's nicht auch werden. Das, Herr‹, fuhr er fort, indem er auf den Brief zeigte, den Barbara vorher auf den Tisch geworfen hatte, ›das ist ein Mann! Hat Grütz im Kopfe und Geld im Sack. Betrügt niemanden, läßt sich aber auch nicht betrügen; und das ist die Hauptsache bei der Ehrlichkeit.‹ – Ich stotterte, daß der Verlust der Kaution noch nicht gewiß sei. – ›Ja‹, rief er, ›wird ein Narr gewesen sein, der Sekretarius! Ein Schelm ist er, aber pfiffig. Und nun gehen Sie nur rasch, vielleicht holen Sie ihn noch ein!‹ Dabei hatte er mir die flache Hand auf die Schulter gelegt und schob mich gegen die Türe. Ich wich dem Drucke seitwärts aus und wendete mich gegen das Mädchen, die, auf den Ladentisch gestützt, dastand, die Augen auf den Boden gerichtet, wobei die Brust heftig auf und nieder ging. Ich wollte mich ihr nähern, aber sie stieß zornig mit dem Fuße auf den Boden, und als ich meine Hand ausstreckte, zuckte sie mit der ihren halb empor, als ob sie mich wieder schlagen wollte. Da ging ich, und der Alte schloß die Türe hinter mir zu.

Ich wankte durch die Straßen zum Tor hinaus, ins Feld. Manchmal fiel mich die Verzweiflung an, dann kam aber wieder Hoffnung. Ich erinnerte mich, bei Anlegung der Kaution den Sekretär zum Handelsgerichte begleitet zu haben. Dort hatte ich unter dem Torwege gewartet, und er war allein hinaufgegangen. Als er herabkam, sagte er, alles sei berichtigt, der Empfangsschein werde mir ins Haus geschickt werden. Letzteres war freilich nicht geschehen, aber Möglichkeit blieb noch immer. Mit anbrechendem Tage kam ich zur Stadt zurück. Mein erster Gang war in die Wohnung des Sekretärs. Aber die Leute lachten und fragten, ob ich die Zeitungen nicht gelesen hätte? Das Handelsgericht lag nur wenige Häuser davon ab. Ich ließ in den Büchern nachschlagen, aber weder sein Name noch meiner kam darin vor. Von einer Einzahlung keine Spur. So war denn mein Unglück gewiß. Ja, beinahe wäre es noch schlimmer gekommen. Denn da ein Gesellschaftskontrakt bestand, wollten mehrere seiner Gläubiger auf meine Person greifen. Aber die Gerichte gaben es nicht zu. Lob und Dank sei ihnen dafür gesagt! Obwohl es auf eines herausgekommen wäre.

In all diesen Widerwärtigkeiten war mir, gestehe ich's nur, der Griesler und seine Tochter ganz in den Hintergrund getreten. Nun da es ruhiger wurde und ich anfing, zu überlegen, was etwa weiter geschehen sollte, kam mir die Erinnerung an den letzten Abend lebhaft zurück. Den Alten, eigennützig, wie er war, begriff ich ganz wohl, aber das Mädchen! Manchmal kam mir in den Sinn, daß, wenn ich das Meinige zu Rate gehalten und ihr eine Versorgung hätte anbieten können, sie wohl gar – aber sie hätte mich nicht gemocht.« – Dabei besah er mit auseinanderfallenden Händen seine ganze dürftige Gestalt. – »Auch war ihr mein höfliches Benehmen gegen jedermann immer zuwider.

So verbrachte ich ganze Tage, sann und überlegte. Eines Abends im Zwielicht – es war die Zeit, die ich gewöhnlich im Laden zuzubringen pflegte – saß ich wieder und versetzte mich in Gedanken an die gewohnte Stelle. Ich hörte sie sprechen, auf mich schmähen, ja es schien, sie verlachten mich. Da raschelte es plötzlich an der Türe, sie ging auf, und ein Frauenzimmer trat herein. – Es war Barbara. – Ich saß auf meinem Stuhl angenagelt, als ob ich ein Gespenst sähe. Sie war blaß und trug ein Bündel unter dem Arme. In die Mitte des Zimmers gekommen, blieb sie stehen, sah rings an den kahlen Wänden umher, dann nach abwärts auf das ärmliche Geräte und seufzte tief. Dann ging sie an den Schrank, der zur Seite an der Mauer stand, wickelte ihr Paket auseinander, das einige Hemden und Tücher enthielt – sie hatte in der letzten Zeit meine Wäsche besorgt –, zog die Schublade heraus, schlug die Hände zusammen, als sie den spärlichen Inhalt sah, fing aber gleich darauf an, die Wäsche in Ordnung zu bringen und die mitgebrachten Stücke einzureihen. Darauf trat sie ein paar Schritte vom Schranke hinweg, und die Augen auf mich gerichtet, wobei sie mit dem Finger auf die offene Schublade zeigte, sagte sie: ›Fünf Hemden und drei Tücher. So viel habe ich gehabt, so viel bringe ich zurück.‹ Dann drückte sie langsam die Schublade zu, stützte sich mit der Hand auf den Schrank und fing laut an zu weinen. Es schien fast, als ob ihr schlimm würde, denn sie setzte sich auf einen Stuhl neben dem Schranke, verbarg das Gesicht in ihr Tuch, und ich hörte aus den stoßweise geholten Atemzügen, daß sie noch immer fortweinte. Ich war leise in ihre Nähe getreten und faßte ihre Hand, die sie mir gutwillig ließ. Als ich aber, um ihre Blicke auf mich zu ziehen, an dem schlaff hängenden Arme bis zum Ellenbogen emporrückte, stand sie rasch auf, machte ihre Hand los und sagte in gefaßtem Tone: ›Was nützt das alles? Es ist nun einmal so. Sie haben es selbst gewollt, sich und uns haben Sie unglücklich gemacht; aber freilich sich selbst am meisten. Eigentlich verdienen Sie kein Mitleid‹ – hier wurde sie immer heftiger – ›wenn man so schwach ist, seine eigenen Sachen nicht in Ordnung halten zu können; so leichtgläubig, daß man jedem traut, gleichviel ob es ein Spitzbube ist oder ein ehrlicher Mann. – Und doch tut's mir leid um Sie. Ich bin gekommen, um Abschied zu nehmen. Ja, erschrekken Sie nur. Ist's doch Ihr Werk. Ich muß nun hinaus unter die groben Leute, wogegen ich mich so lange gesträubt habe. Aber da ist kein Mittel. Die Hand habe ich Ihnen schon gege-

ben, und so leben Sie wohl – für immer.‹ Ich sah, daß ihr die Tränen wieder ins Auge traten, aber sie schüttelte unwillig mit dem Kopfe und ging. Mir war, als hätte ich Blei in den Gliedern. Gegen die Türe gekommen, wendete sie sich noch einmal um und sagte: ›Die Wäsche ist jetzt in Ordnung. Sehen Sie zu, daß nichts abgeht. Es werden harte Zeiten kommen.‹ Und nun hob sie die Hand auf, machte wie ein Kreuzeszeichen in die Luft und rief: ›Gott mit dir, Jakob! – In alle Ewigkeit, Amen!‹ setzte sie leiser hinzu und ging.
Nun erst kam mir der Gebrauch meiner Glieder zurück. Ich eilte ihr nach, und auf dem Treppenabsatze stehend, rief ich ihr nach: ›Barbara!‹ Ich hörte, daß sie auf der Stiege stehenblieb. Wie ich aber die erste Stufe hinabstieg, sprach sie von unten herauf: ›Bleiben Sie!‹ und ging die Treppe vollends hinab und zum Tore hinaus.

Ich habe seitdem harte Tage erlebt, keinen aber wie diesen; selbst der darauffolgende war es minder. Ich wußte nämlich doch nicht so recht, wie ich daran war, und schlich daher am kommenden Morgen in der Nähe des Grieslerladens herum, ob mir vielleicht einige Aufklärung würde. Da sich aber nichts zeigte, blickte ich endlich seitwärts in den Laden hinein und sah eine fremde Frau, die abwog und Geld herausgab und zuzählte. Ich wagte mich hinein und fragte, ob sie den Laden an sich gekauft hätte? ›Zur Zeit noch nicht‹, sagte sie. – Und wo die Eigentümer wären? – ›Die sind heute frühmorgens nach Langenlebarn gereist.‹ – ›Die Tochter auch?‹ stammelte ich. – ›Nun freilich auch‹, sagte sie, ›sie macht ja Hochzeit dort.‹

Die Frau mochte mir nun alles erzählt haben, was ich in der Folge von andern Leuten erfuhr. Der Fleischer des genannten Ortes nämlich – derselbe, den ich zur Zeit meines ersten Besuchs im Laden antraf – hatte dem Mädchen seit lange Heiratsanträge gemacht, denen sie immer auswich, bis sie endlich in den letzten Tagen, von ihrem Vater gedrängt und an allem übrigen verzweifelnd, einwilligte. Desselben Morgens waren Vater und Tochter dahin abgereist, und in dem Augenblick, da wir sprachen, war Barbara des Fleischers Frau.
Die Verkäuferin mochte mir, wie gesagt, das alles erzählt haben, aber ich hörte nicht und stand regungslos, bis endlich Kunden kamen, die mich zur Seite schoben und die Frau mich anfuhr, ob ich noch sonst etwas wollte, worauf ich mich entfernte.

Sie werden glauben, verehrtester Herr, daß ich mich nun als den unglücklichsten aller Menschen fühlte. Und so war es auch im ersten Augenblicke. Als ich aber aus dem Laden heraustrat und, mich umwendend, auf die kleinen Fenster zurückblickte, an denen Barbara gewiß oft gestanden und herausgesehen hatte, da kam eine selige Empfindung über mich. Daß sie nun alles Kummers los war, Frau im eigenen Hause, und nicht nötig hatte, wie wenn sie ihre Tage an einen Herd- und Heimatlosen geknüpft hätte, Kummer und Elend zu tragen, das legte sich wie ein lindernder Balsam auf meine Brust, und ich segnete sie und ihre Wege.

Wie es nun mit mir immer mehr herabkam, beschloß ich, durch Musik mein Fortkommen zu suchen; und solange der Rest meines Geldes währte, übte und studierte ich mir die Werke großer Meister, vorzüglich der alten, ein, welche ich abschrieb; und als nun der letzte Groschen ausgegeben war, schickte ich mich an, von meinen Kenntnissen Vorteil zu ziehen, und zwar anfangs in geschlossenen Gesellschaften, wozu ein Gastgebot im Hause meiner Mietfrau den ersten Anlaß gab. Als aber die von mir vorgetragenen Kompositionen dort keinen Anklang fanden, stellte ich mich in die Höfe der Häuser, da unter so vielen Bewohnern doch einige sein mochten, die das Ernste zu schätzen wußten – ja endlich auf die öffentlichen Spaziergänge, wo ich denn wirklich die Befriedigung hatte, daß einzelne stehenblieben, zuhörten, mich befragten und nicht ohne Anteil weitergingen. Daß sie mir dabei Geld hinlegten, beschämte mich nicht. Denn einmal war gerade das mein Zweck, dann sah ich auch, daß berühmte Virtuosen, welche erreicht zu haben ich mir nicht schmeicheln konnte, sich für ihre Leistungen, und mitunter sehr hoch, honorieren ließen. So habe ich mich, obzwar ärmlich, aber redlich fortgebracht bis diesen Tag.

Nach Jahren sollte mir noch ein Glück zuteil werden. Barbara kam zurück. Ihr Mann hatte Geld verdient und ein Fleischhauergewerbe in einer der Vorstädte an sich gebracht. Sie war Mutter von zwei Kindern, von denen das älteste Jakob heißt, wie ich. Meine Berufsgeschäfte und die Erinnerung an alte Zeiten erlaubten mir nicht, zudringlich zu sein, endlich ward ich aber selbst ins Haus bestellt, um dem ältesten Knaben Unterricht auf der Violine zu geben. Er hat zwar nur wenig Talent, kann auch nur an Sonntagen spielen, da ihn in der Woche der Vater beim Geschäft verwendet, aber Barbaras Lied, das ich ihn gelehrt, geht doch schon recht gut; und wenn wir so üben und hantieren, singt manchmal die Mutter mit darein. Sie hat sich zwar sehr verändert in den vielen Jahren, ist stark geworden und kümmert sich wenig mehr um Musik, aber es klingt noch immer so hübsch wie damals.« Und damit ergriff der Alte seine Geige und fing an, das Lied zu spielen, und spielte fort und fort, ohne sich weiter um mich zu kümmern. Endlich hatte ich's satt, stand auf, legte ein paar Silberstücke auf den nebenstehenden Tisch und ging, während der Alte eifrig immer fortgeigte.

Bald darauf trat ich eine Reise an, von der ich erst mit einbrechendem Winter zurückkam. Die neuen Bilder hatten die alten verdrängt, und mein Spielmann war so ziemlich vergessen. Erst bei Gelegenheit des furchtbaren Eisganges im nächsten Frühjahre und der damit in Verbindung stehenden Überschwemmung der niedrig gelegenen Vorstädte erinnerte ich mich wieder an ihn. Die Umgegend der Gärtnergasse war zum See geworden. Für des alten Mannes Leben schien nichts zu besorgen, wohnte er doch hoch oben am Dache, indes unter den Bewohnern der Erdgeschosse sich der Tod seine nur zu häufigen Opfer ausersehen hatte. Aber entblößt von aller Hilfe, wie groß mochte seine Not sein! Solange die Überschwemmung währte, war nichts zu tun, auch hatten die Behörden nach Möglichkeit auf

Schiffen Nahrung und Beistand den Abgeschnittenen gespendet. Als aber die Wasser verlaufen und die Straßen gangbar geworden waren, beschloß ich, meinen Anteil an der in Gang gebrachten, zu unglaublichen Summen angewachsenen Kollekte persönlich an die mich zunächst angehende Adresse zu befördern.

Der Anblick der Leopoldstadt war grauenhaft. In den Straßen zerbrochene Schiffe und Gerätschaften, in den Erdgeschossen zum Teil noch stehendes Wasser und schwimmende Habe. Als ich, dem Gedränge ausweichend, an ein zugelehntes Hoftor hintrat, gab dieses nach und zeigte im Torwege eine Reihe von Leichen, offenbar behufs der amtlichen Inspektion zusammengebracht und hingelegt; ja, im Innern der Gemächer waren noch hie und da, aufrecht stehend und an die Gitterfenster angekrallt, verunglückte Bewohner zu sehen – es fehlte eben an Zeit und Beamten, die gerichtliche Konstatierung so vieler Todesfälle vorzunehmen.

So schritt ich weiter und weiter. Von allen Seiten Weinen und Trauergeläute, suchende Mütter und irregehende Kinder. Endlich kam ich an die Gärtnergasse. Auch dort hatten sich die schwarzen Begleiter eines Leichenzuges aufgestellt, doch, wie es schien, entfernt von dem Hause, das ich suchte. Als ich aber näher trat, bemerkte ich wohl eine Verbindung von Anstalten und Hinundhergehenden zwischen dem Trauergeleite und der Gärtnerswohnung. Am Haustor stand ein wacker aussehender, ältlicher, aber noch kräftiger Mann. In hohen Stiefeln, gelben Lederhosen und langherabgehendem Leibrocke sah er einem Landfleischer ähnlich. Er gab Aufträge, sprach aber dazwischen ziemlich gleichgültig mit den Nebenstehenden. Ich ging an ihm vorbei und trat in den Hofraum. Die alte Gärtnerin kam mir entgegen, erkannte mich auf der Stelle wieder und begrüßte mich unter Tränen. »Geben Sie uns auch die Ehre?« sagte sie. »Ja, unser armer Alter! Der musiziert jetzt mit den lieben Engeln, die auch nicht viel besser sein können, als er es war, schon hienieden. Die ehrliche Seele saß da oben sicher in seiner Kammer. Als aber das Wasser kam und er die Kinder schreien hörte, da sprang er herunter und rettete und schleppte und trug und brachte in Sicherheit, daß ihm der Atem ging wie ein Schmiedegebläs. Ja – wie man denn nicht überall seine Augen haben kann –, als sich ganz zuletzt zeigte, daß mein Mann seine Steuerbücher und die paar Gulden Papiergeld im Wandschrank vergessen hatte, nahm der Alte ein Beil, ging ins Wasser, das ihm schon an die Brust reichte, erbrach den Schrank und brachte alles treulich. Da hatte er sich wohl verkältet, und wie im ersten Augenblicke denn keine Hilfe zu haben war, griff er in die Phantasie und wurde immer schlechter und schlechter, ob wir ihm gleich beistanden nach Möglichkeit und mehr dabei litten, als er selbst. Denn er musizierte in einem fort, mit der Stimme nämlich, und schlug den Takt und gab Lektionen. Als sich das Wasser ein wenig verlaufen hatte und wir den Bader holen konnten und den Geistlichen, richtete er sich plötzlich im Bette auf, wendete Kopf und Ohr seitwärts, als ob er in der Entfernung etwas gar Schönes hörte, lächelte, sank zurück und war tot. Gehen Sie nur hinauf, er hat oft von Ihnen gesprochen. Die Madam ist auch oben. Wir haben ihn auf unsere Kosten begraben lassen wollen, die Frau Fleischermeisterin gab es aber nicht zu.«

Sie drängte mich die steile Treppe hinauf bis zur Dachstube, die offenstand und ganz ausgeräumt war bis auf den Sarg in der Mitte, der, bereits geschlossen, nur der Träger wartete. An dem Kopfende saß eine ziemlich starke Frau, über die Hälfte des Lebens hinaus, im buntgedruckten Kattunüberrocke, aber mit schwarzem Halstuch und schwarzem Band auf der Haube. Es schien fast, als ob sie nie schön gewesen sein konnte. Vor ihr standen zwei ziemlich erwachsene Kinder, ein Bursche und ein Mädchen, denen sie offenbar Unterricht gab, wie sie sich beim Leichenzuge zu benehmen hätten. Eben, als ich eintrat, stieß sie dem Knaben, der sich ziemlich tölpisch auf den Sarg gelehnt hatte, den Arm herunter und glättete sorgfältig die herausstehenden Kanten des Leichentuches wieder zurecht. Die Gärtnersfrau führte mich vor; da fingen aber unten die Posaunen an zu blasen, und zugleich erscholl die Stimme des Fleischers von der Straße herauf. »Barbara, es ist Zeit!« Die Träger erschienen, ich zog mich zurück, um Platz zu machen. Der Sarg ward erhoben, hinabgebracht, und der Zug setzte sich in Bewegung. Voraus die Schuljugend mit Kreuz und Fahne, der Geistliche mit dem Kirchendiener. Unmittelbar nach dem Sarge die beiden Kinder des Fleischers und hinter ihnen das Ehepaar. Der Mann bewegte unausgesetzt, als in Andacht, die Lippen, sah aber dabei links und rechts um sich. Die Frau las eifrig in ihrem Gebetbuche, nur machten ihr die beiden Kinder zu schaffen, die sie einmal vorschob, dann wieder zurückhielt, wie ihr denn überhaupt die Ordnung des Leichenzuges sehr am Herzen zu liegen schien. Immer aber kehrte sie wieder zu ihrem Buche zurück. So kam das Geleite zum Friedhof. Das Grab war geöffnet. Die Kinder warfen die ersten Handvoll Erde hinab. Der Mann tat stehend dasselbe. Die Frau kniete und hielt ihr Buch nahe an die Augen. Die Totengräber vollendeten ihr Geschäft, und der Zug, halb aufgelöst, kehrte zurück. An der Türe gab es noch einen kleinen Wortwechsel, da die Frau eine Forderung des Leichenbesorgers offenbar zu hoch fand. Die Begleiter zerstreuten sich nach allen Richtungen. Der alte Spielmann war begraben.

Ein paar Tage darauf – es war ein Sonntag – ging ich, von meiner psychologischen Neugierde getrieben, in die Wohnung des Fleischers und nahm zum Vorwande, daß ich die Geige des Alten als Andenken zu besitzen wünschte. Ich fand die Familie beisammen ohne Spur eines zurückgebliebenen besonderen Eindrucks. Doch hing die Geige mit einer Art Symmetrie geordnet neben dem Spiegel und einem Kruzifix gegenüber an der Wand. Als ich mein Anliegen erklärte und einen verhältnismäßig hohen Preis anbot, schien der Mann nicht abgeneigt, ein vorteilhaftes Geschäft zu machen. Die Frau aber fuhr vom Stuhle empor und sagte: »Warum nicht gar! Die Geige gehört unserem Jakob, und auf ein paar Gulden mehr oder weniger kommt es uns nicht an!« Dabei nahm sie das Instrument von der Wand, besah es von allen Seiten, blies den Staub herab und legte es in die Schublade, die sie, wie einen Raub befürchtend, heftig zustieß und abschloß. Ihr Gesicht war dabei von mir abgewandt, so daß ich nicht sehen konnte, was etwa darauf vorging. Da nun zu gleicher Zeit die Magd mit der Suppe eintrat und der Fleischer, ohne sich durch den Besuch stören zu lassen, mit lauter Stimme sein Tischgebet anhob, in das die Kinder gellend einstimmten, wünschte ich gesegnete Mahlzeit und ging zur Türe hinaus. Mein letzter Blick traf die Frau.

Sie hatte sich umgewendet, und die Tränen liefen ihr stromweise über die Backen.

MATTHIAS CLAUDIUS

DER TOD

Ach, es ist so dunkel in des Todes Kammer,
tönt so traurig, wenn er sich bewegt
und nun aufhebt seinen schweren Hammer
und die Stunde schlägt.

FRIEDRICH HÖLDERLIN

ABENDPHANTASIE

Vor seiner Hütte ruhig im Schatten sitzt
der Pflüger; dem Genügsamen raucht sein Herd.
Gastfreundlich tönt dem Wanderer im
friedlichen Dorfe die Abendglocke.

Wohl kehren jetzt die Schiffer zum Hafen auch,
in fernen Städten fröhlich verrauscht des Markts
geschäft'ger Lärm; in stiller Laube
glänzt das gesellige Mahl den Freunden.

Wohin denn ich? Es leben die Sterblichen
von Lohn und Arbeit; wechselnd in Müh' und Ruh'
ist alles freudig; warum schläft denn
nimmer nur mir in der Brust der Stachel?

Am Abendhimmel blühet ein Frühling auf;
unzählig blühn die Rosen, und ruhig scheint
die goldne Welt; o dorthin nehmt mich,
purpurne Wolken! und möge droben

in Licht und Luft zerrinnen mir Lieb und Leid! –
Doch, wie verscheucht von törichter Bitte, flieht
der Zauber; dunkel wird's und einsam
unter dem Himmel, wie immer, bin ich. –

Komm du nun, sanfter Schlummer! zu viel begehrt
das Herz; doch endlich, Jugend! verglühst du ja,
du ruhelose, träumerische!
Friedlich und heiter ist dann das Alter.

JOSEPH FREIHERR VON EICHENDORFF

ZWIELICHT

Dämm'rung will die Flügel spreiten,
schaurig rühren sich die Bäume,
Wolken ziehn wie schwere Träume. –
Was will dieses Grau'n bedeuten?

Hast ein Reh du lieb vor andern,
laß es nicht alleine grasen,
Jäger ziehn im Wald und blasen,
Stimmen hin und wieder wandern.

Hast du einen Freund hienieden,
trau ihm nicht zu dieser Stunde,
freundlich wohl mit Aug' und Munde,
sinnt er Krieg im tück'schen Frieden.

Was heut müde gehet unter,
hebt sich morgen neugeboren.
Manches bleibt in Nacht verloren. –
Hüte dich, bleib wach und munter!

JOHANN WOLFGANG VON GOETHE

WANDERERS NACHTLIED

Der du von dem Himmel bist,
alles Leid und Schmerzen stillest,
den, der doppelt elend ist,
doppelt mit Erqickung füllest,

ach, ich bin des Treibens müde!
Was soll all der Schmerz und Lust?
Süßer Friede,
komm, ach komm in meine Brust!

EIN GLEICHES

Über allen Gipfeln
ist Ruh',
in allen Wipfeln
spürest du
kaum einen Hauch;
die Vögelein schweigen im Walde.
Warte nur, balde
ruhest du auch.

(64)

UNBEKANNTER DICHTER

ERNTELIED

Es ist ein Schnitter, der heißt Tod,
hat Gewalt vom höchsten Gott,
heut wetzt er das Messer,
es schneid't schon viel besser,
bald wird er drein schneiden,
wir müssen's nur leiden.
Hüte dich, schön's Blümelein!

Was heut noch grün und frisch dasteht,
wird morgen schon hinweggemäht:
die edlen Narzissen,
die Zierden der Wiesen,
die schön'n Hyazinthen,
die türkischen Binden.
Hüte dich, schön's Blümelein!

Vielhunderttausend ungezählt,
was nur unter die Sichel fällt,
ihr Rosen, ihr Lilien,
euch wird er austilgen.
Auch die Kaiserkronen
wird er nicht verschonen.
Hüte dich, schön's Blümelein!

Das himmelfarb'ne Ehrenpreis,
die Tulipanen gelb und weiß,
die silbernen Glocken,
die goldenen Flocken,
sinkt alles zur Erden,
was wird daraus werden?
Hüte dich, schön's Blümelein!

Ihr hübsch' Lavendel, Rosmarein,
ihr vielfarbigen Röselein,
ihr stolzen Schwertlilien,
ihr stolzen Basilien,
ihr zarten Violen,
man wird euch bald holen.
Hüte dich, schön's Blümelein!

Trotz Tod! Komm her, ich fürcht' dich nit!
Trotz! Eil daher in einem Schnitt!
Werd' ich nur verletzet,
so werd' ich versetzet
in den himmlischen Garten,
auf den alle wir warten.
Freu dich, schön's Blümelein!

MATTHIAS CLAUDIUS

EIN LIED HINTERM OFEN ZU SINGEN

Der Winter ist ein rechter Mann,
kernfest und auf die Dauer;
sein Fleisch fühlt sich wie Eisen an
und scheut nicht Süß noch Sauer.

War je ein Mann gesund, ist er's;
er krankt und kränkelt nimmer,
weiß nichts von Nachtschweiß noch Vapeurs
und schläft im kalten Zimmer.

Er zieht sein Hemd im Freien an
und läßt's vorher nicht wärmen
und spottet über Fluß im Zahn
und Kolik in Gedärmen.

Aus Blumen und aus Vogelsang
weiß er sich nichts zu machen,
haßt warmen Drang und warmen Klang
und alle warmen Sachen.

Doch wenn die Füchse bellen sehr,
wenn 's Holz im Ofen knittert
und um den Ofen Knecht und Herr
die Hände reibt und zittert;

wenn Stein und Bein vor Frost zerbricht
und Teich' und Seen krachen;
das klingt ihm gut, das haßt er nicht,
denn will er sich totlachen. –

Sein Schloß von Eis liegt ganz hinaus
beim Nordpol an dem Strande;
doch hat er auch ein Sommerhaus
im lieben Schweizerlande.

Da ist er denn bald dort, bald hier,
gut Regiment zu führen.
Und wenn er durchzieht, stehen wir
und sehn ihn an und frieren.

ABENDLIED

*Der Mond ist aufgegangen,
die goldnen Sternlein prangen
am Himmel hell und klar;
der Wald steht schwarz und schweiget,
und aus den Wiesen steiget
der weiße Nebel wunderbar.*

*Wie ist die Welt so stille
und in der Dämmrung Hülle
so traulich und so hold!
Als eine stille Kammer,
wo ihr des Tages Jammer
verschlafen und vergessen sollt.*

*Seht ihr den Mond dort stehen? –
Er ist nur halb zu sehen
und ist doch rund und schön!
So sind wohl manche Sachen,
die wir getrost belachen,
weil unsre Augen sie nicht sehn.*

*Wir stolze Menschenkinder
sind eitel arme Sünder
und wissen gar nicht viel;
wir spinnen Luftgespinste
und suchen viele Künste
und kommen weiter von dem Ziel.*

*Gott, laß uns dein Heil schauen,
auf nichts Vergänglichs trauen,
nicht Eitelkeit uns freun!
Laß uns einfältig werden
und vor dir hier auf Erden
wie Kinder fromm und fröhlich sein!*

*Wollst endlich sonder Grämen
aus dieser Welt uns nehmen
durch einen sanften Tod!
Und, wenn du uns genommen,
laß uns in'n Himmel kommen,
du unser Herr und unser Gott!*

*So legt euch denn, ihr Brüder,
in Gottes Namen nieder;
kalt ist der Abendhauch.
Verschon uns, Gott! mit Strafen
und laß uns ruhig schlafen!
Und unsern kranken Nachbar auch!*

Alphabetisches Verzeichnis der Gedichtanfänge

QUELLENNACHWEIS

Josef Weinheber, »Im Grase«, aus: SPÄTE KRONE, Gedichte,
© *Hoffmann und Campe Verlag*, Hamburg, 1953.
»Kalendarium« und »Durch Bauernland«, beide aus: SÄMTLICHE WERKE, I. Band,
© 1953 by *Otto Müller Verlag*, Salzburg

Stefan George, »Komm in den totgesagten Park und schau«,
aus: DAS JAHR DER SEELE, Düsseldorf und München (*Küpper vorm. G. Bondi*) 1964

Peter Rosegger, »Dreihundertvierundsechzig und eine Nacht«,
aus: WALDHEIMAT, © *L. Staackmann Verlag KG,* München 1974

Hans Fallada, »Geschichte von der Murkelei«,
aus: GESCHICHTEN AUS DER MURKELEI,
© by *Emma D. Hey*, Braunschweig

Hermann Hesse, »Im Nebel«, aus: GESAMMELTE WERKE,
Suhrkamp Verlag, Frankfurt 1970

Rainer Maria Rilke, »Das Karussel« und »Herbsttag«,
beide aus: SÄMTLICHE WERKE, *Insel Verlag*, Frankfurt 1955

Hugo von Hofmannsthal, »Reiselied« und »Terzinen« (Über Vergänglichkeit),
beide aus: GEDICHTE UND KLEINE DRAMEN, *Insel Verlag*, Frankfurt

Manfred Kyber, »Der Mausball«, aus: Manfred Kyber, DAS MANFRED KYBER BUCH,
© *Rowohlt Verlag GmbH*, Reinbek bei Hamburg 1972

Börries von Münchhausen, »Ballade vom Brennesselbusch« und »Das alizarinblaue Zwergenkind«,
beide aus: DAS BALLADENBUCH, © *Deutsche Verlags-Anstalt GmbH*, Stuttgart

Ina Seidel, »Trost«, aus: GEDICHTE,
© *Deutsche Verlags-Anstalt GmbH*, Stuttgart

Joachim Ringelnatz, »Kindersand«, »Ernster Rat an Kinder«, »Arm Kräutchen« und »Schenken«,
alle aus: Joachim Ringelnatz, UND AUF EINMAL STEHT ES NEBEN DIR,
© *Henssel Verlag*, Berlin 1967

Georg Trakl, »Ein Winterabend« und »Verklärter Herbst«,
beide aus: Georg Trakl, DICHTUNGEN UND BRIEFE,
Otto Müller Verlag, Salzburg 1969

Bildnachweis:
Sämtliche Bilder von *Otto Ubbelohde*
wurden uns mit freundlicher Genehmigung
der N. G. Elwert'schen Verlagsbuchhandlung, Marburg/Lahn,
zur Verfügung gestellt.

Die Illustrationen zu der Erzählung
»Der arme Spielmann« von Franz Grillparzer wurden
von *Wilhelm M. Busch* gezeichnet.